HARDY GRÜNE

FUSSBALL**WAPPEN**

VERLAG DIE WERKSTATT

DANKE

Diese Wappensammlung wäre ohne die Unterstützung engagierter Mitstreiter nie gelungen. Allen voran möchte ich meine Wappenzeichner Thomas Senftleben, Artur Piwko und Andreas Ziener nennen, die Hunderte von Emblemen in mühsamer und zeitabsorbierender Kleinarbeit anhand historischer Vorlagen rekonstruiert haben. Ihre Leidenschaft für Fußballwappen trägt auch dieses Buch. Stefan Wellmer gebührt Dank für seine jahrzehntelange Recherche und Rekonstruktion historischer Wappen. Zahlreiche seiner Fundstücke sind in diesem Buch zum ersten Mal in Farbe abgebildet. Großartige Unterstützung unterschiedlicher Art, und das teilweise über Jahrzehnte, erfuhr ich von Klaus und Dieter Dings, Till Scholtz-Knobloch, Eric Lindon und Hansjürgen Jablonski. Marcus A.M. Keune steuerte Wappen und Expertise bei. Als Experten für ihre Vereine verdienten sich Dank: Jens „Gurke" Batzdorf, Bernd Bremer, Oliver Deha, Carina Deike, Thomas Franke, Nils Friedrich, André Göhre, Basti Hattermann, Markus Horn, Peter Kaiser, Hagen Leopold, Ulrich Matheja, Patrick Nawe, Andi Nowey, Saro Pepe, Benedikt Pfister, Matthias Rech, Laurin Rosenberg, Werner Roterstern, Raimund Simmet, Uwe Schnellinger, Tino Schumann, Gernot Speck, Uwe Strootmann, Terence Träber, Dirk Unschuld, Jens Völkert, Hermann Volke, Rüdiger Vollborn, Stefan Wahle, Uwe Wick, Arnd Zeigler.

Gewidmet ist dieses Buch meinem lieben Freund und Sammlerkollegen Baldur Willamowski, der vor einigen Jahren viel zu früh verstarb. Baldur „brannte" förmlich vor Liebe zu historischen Fußballwappen, und zahlreiche nie zuvor veröffentlichte Wappen in diesem Buch liegen nur dank seiner akribischen Forschungsarbeit vor. R.I.P., lieber Baldur!

Bibliografische Information der Deutschen Nationalbibliothek
Die Deutsche Nationalbibliothek verzeichnet diese Publikation in der Deutschen Nationalbibliografie; detaillierte bibliografische Daten sind im Internet über http://dnb.d-nb.de abrufbar.

3., überarbeitete und aktualisierte Auflage 2024

Siekerwall 21, 33602 Bielefeld
www.werkstatt-verlag.de

Satz und Gestaltung: Die Werkstatt Medien-Produktion GmbH, Göttingen
Druck und Bindung: Grafisches Centrum Cuno GmbH & Co. KG, Calbe

ISBN 978-3-7307-0693-0

FSC www.fsc.org MIX Papier | Fördert gute Waldnutzung FSC® C043106

INHALT

VORWORT

In meiner persönlichen Fanbiografie gibt es drei entscheidende „Entdeckungsstufen": erst Fankultur, dann Vereinswappen, schließlich Fußball. Im Grunde kann ich also sagen, dass ich den Fußball zuletzt entdeckte. Die Wappen stehen jedenfalls ziemlich am Anfang meiner Fanliebe, und ich darf wohl sagen, dass ich ohne sie niemals zu einem Fußballhistoriker geworden wäre und es wohl kein einziges Buch mit dem Autorennamen „Hardy Grüne" geben würde. Insofern ist dieses Buch auch für mich sehr passend.

Ich entdeckte die Welt der Fußballwappen in meiner Geburtsstadt Dortmund. Der BVB, Anfang der 1970er Jahre in den tristen Tiefen der Regionalliga West spielend, warb für seine Heimspiele mit großen Ankündigungsplakaten, die überall im Stadtgebiet aufgehängt wurden. In Zeiten vor dem Internet war das ein probates Mittel, um potenzielle Besucher über Spieltag, Anstoßzeit und Gegner zu informieren. Da auch damals die Aufmerksamkeitsspanne der Menschen im öffentlichen Raum gering war und die Werbebranche mit allerlei Dingen um das Interesse der Passanten buhlte, brauchte es klare Erkennungssymbole, die dem Betrachter eine sofortige Zuordnung des Gesehenen erlaubten. Beim BVB-Plakat geschah das durch ein großes Vereinswappen. Es war der emotionale „Eyecatcher", der direkt ins Herz des Betrachters stieß.

Im Grunde ist das noch immer die zentrale Aufgabe eines Vereinswappens: Zugehörigkeit symbolisieren. Darin erinnern Fußball und vor allem Fankultur durchaus ein bisschen an Krieg. Früher marschierten die Bataillone hinter der eigenen Fahne. Und wer heute am Samstagvormittag mit der Bahn durch die Republik fährt, trifft überall diese kleinen „Fußballarmeen", die sich über Farben und Wappen definieren und ihren Zusammenhalt erfahren.

Wappen begleiten den Fußball seit seinen Anfängen. In der Vereins- und Lebenskultur des ausklingenden 19. Jahrhunderts wurde gar nicht erst in Frage gestellt, ob eine Gemeinschaft oder ein Verein ein verbindendes Emblem benötigte. Zumeist wurden schon auf der Gründungsversammlung die Vereinsfarben festgelegt, machte sich irgendjemand daran, ein Wappen zu entwerfen. Gab es jemanden mit künstlerischem Talent, fiel das Emblem ästhetisch ansprechend aus. War niemand Begabtes im Gründerkreis, gab es nüchtern-sachliche Wappen. Manchmal wurden landsmännische oder regionale Symbole übernommen, manchmal Sportgeräte aufgegriffen, oft schlicht mit den Buchstaben der Vereinsinitialen gearbeitet.

Getragen wurden diese Wappen vor allem als emaillierte Anstecknadeln, die zur Jahrhundertwende bereits weit verbreitet waren. In der Anschaffung recht teuer, stellten sie einen exklusiven „Fanartikel" dar, der am Revers des Anzugs befestigt wurde. Auch Wimpel wurden angeschafft, während die Frage, wie das Emblem auf die Spielerhemden kommen sollte, schwieriger zu lösen war. Aufwendig gestickte Wappen waren für die Klubs oft nicht zu finanzieren, zumal man so etwas wie „Trikotsätze" noch nicht kannte – schauen Sie sich mal ein Mannschaftsbild von vor dem Ersten Weltkrieg an, wie viele unterschiedliche Hemden da zum Einsatz kamen. Also griff man zu Notlösungen. Borussia Dortmund beispielsweise lief vor dem Ersten Weltkrieg mit einem schlichten „B" auf den Jerseys auf und dokumentierte damit seine Identität. Bis Wappen auf den Trikots Normalität wurden, vergingen Jahrzehnte. Erst in den 1980er Jahren, als das Merchandising langsam anlief und man erkannte, dass die Fans bereit waren, viel Geld für ein Trikot zu bezahlen, rückte das Vereinsemblem als fester Bestandteil auf die Spielerbrust. Borussia Dortmund, um bei diesem Beispiel zu bleiben, spielt erst seit der Saison 1986/87 dauerhaft mit Wappen auf dem Trikot – zuvor war die Spielkleidung (mit wenigen Ausnahmen) wappenlos. Das sieht bei vielen Vereinen nicht anders aus.

Im Lauf der Jahrzehnte wurden Wappen zu einem wichtigen Bestandteil der Tradition eines Vereins. Geändert wurden sie normalerweise nicht – es sei denn, es gab einen Anlass. Das war in der Regel eine Fusion. Als 1919 in Hamburg der SC Germania 87, der HSV/HFC 88 und der FC Falke 06 zum HSV verschmolzen, entstand jene Rautenfahne, die bis heute auf der Brust der Rothosen zu sehen ist. Das Element einer Fahne (auch hier ist eine deutliche Anleihe bei militärischen Gepflogenheiten zu erkennen) war übrigens schon von den Vorgängern Germania und HFC 88 getragen worden. Während der HSV also sein Wappen quasi gar nicht änderte, gab es bei anderen Vereinen Evolutionen. Werder Bremen startete mit einem verschnörkelten Buchstabengewimmel, gab sich anschließend ein Schildwappen und kam nach dem Ersten Weltkrieg zu jenem Rhombus mit dem im zeitgemäßen Jugendstil gehaltenen „W", unter dem man heute noch spielt. Bei anderen Klubs fielen die Änderungen filigraner aus. Der 1. FC Nürnberg experimentierte über die Jahre mit unterschiedlichen Schrifttypen und auch Rottönen, beim FC Schalke 04 entwickelte sich aus einem schlichten „S04" ein sehr feinsinniges und geschicktes Emblem, in dem neben dem „S04" auch ein „G" für Gelsenkirchen sowie ein aus der Bergbautradition stammendes Hammerwerkzeug (Schlägel) zu sehen sind.

Schalkes Wappen wäre damit ein Meisterstück der Fußballheraldik – theoretisch. Denn die Interpretation der Wappen aus heutiger Sicht ist immer auch ein wenig mit Unsicherheit verbunden. Ob es sich bei dem Schlägel nämlich tatsächlich um einen solchen handelt, man auf Schalke Anfang der 1930er Jahre also ganz bewusst auf dieses Stilmittel setzte, oder alles eigentlich nur Zufall war, ist unter Experten umstritten. Das gilt auch für Fortuna Düsseldorf, deren Name der Legende zufolge von einem zufällig vorbeifahrenden Lastwagen der Brotfabrik „Fortuna" stammen soll. Vereinshistoriker haben bis heute allerdings vergeblich versucht, eine solche Brotfabrik aus der damaligen Zeit im Großraum Düsseldorf ausfindig zu machen, weshalb die Legende möglicherweise genau das ist: Legende. Und bei Ajax Amsterdam ist gar nicht Namensgeber Ajax im Emblem zu sehen, sondern Menelaos, der König von Sparta.

Manche Vereine waren in ihrer Geschichte sehr offen für Experimente. Der MSV Duisburg ist da zu nennen. 20 Wappen sind für die „Zebras" aus Meiderich nachgewiesen. Allein bis das Emblem, das man heute mit dem Klub verbindet, in seiner Urform entstand, hatte man bereits unter acht bisweilen sehr unterschiedlichen Motiven gespielt. Von Hannover 96 sind 16 Wappen nachgewiesen, von denen sich elf jedoch bis auf geringe Unterschiede stark ähneln. Denn seit den 1970er Jahren hat man in Hannover regelmäßig die Ausdrucksform der „96" verändert (besonders häufig übrigens, seitdem Martin Kind den Verein übernahm), ehe 2007 das heutige Emblem eingeführt wurde.

Hannover 96 ist auch ein gutes Beispiel für eine weitere Besonderheit: die gleichzeitige Verwendung von unterschiedlichen Vereins- und Trikotwappen. Das 96-Vereinswappen war jahrzehntelang eine schwarz-weiß-grüne Fahne, die aber nie auf den Trikots auftauchte. Dort prangte seit 1919 die „96", die eine klare Aussagekraft hatte und zudem einfacher abzubilden war. Lange existierten beide Wappen nebeneinander, ehe der Verein 1967 entschied, die Fahne aufzugeben und nur noch das „96" als Klubwappen zu nutzen. Auch beim FC Bayern oder Bayer 04 Leverkusen gab es über Jahrzehnte unterschiedliche Vereins- bzw. Trikotwappen.

In moderner Zeit wird spürbar häufiger Hand an das Klubwappen gelegt. Die Digitalisierung macht es notwendig, dass Embleme leicht reproduzierbar und vor allem auch in kleiner Abbildung noch deutlich zu erkennen sind. Schaut man sich die Evolution des FC-Bayern-Wappens an, wird dies deutlich: Alles Filigrane verschwand allmählich (sogar die ü-Punkte in „München"!), klare Konturen rückten ins Zentrum. Juventus Turin ging 2017 noch einen Schritt weiter und ersetzte das bis in die Gründerzeit zurückreichende Traditionsemblem durch ein Piktogramm, das aus einem Computerspiel stammen könnte. 2021 votierte Inter Mailand für ein vergleichbares Wappenlaunch, der eine Gratwanderung zwischen Tradition und Moderne darstellt und sich nicht zuletzt auf den asiatischen Fanmarkt richtet.

Das wirft die wichtige Unterscheidung zwischen Wappen und Logos auf. Wappen sind traditionelle Zeichen, die oft Jahrzehnte alt sind und als Transporteure von Geschichte dienen. Ein Wappen ändert man bestenfalls marginal. Ein Logo indes ist ein Symbol, das dem Marketing entspringt. Es hat zumeist kaum historischen Wert und oft auch keine lange Laufzeit. Man kann es ändern, wie man will. Global agierende Profifußballvereine schwanken heute in ihrer Emblematik oft zwischen Wappen und Logo. Sie begreifen ihr Emblem als Wappen, das die Tradition transportieren soll, behandeln es aber wie ein Logo. Im Zuge der Auslagerungen von Spielbetriebsgesellschaften nahm die „Logoisierung" ohnehin spürbar zu, wie vor allem das erwähnte Beispiel Juventus zeigt. Im Grunde genommen ist das nur konsequent, denn bei einer ausgelagerten Spielbetriebsgesellschaft handelt es sich zweifelsohne eher um ein gewinnorientiertes Unternehmen (das ein Logo braucht) als um einen der Gemeinschaft dienenden Verein (e. V.) mit entsprechendem Wappen.

Wie sensibel Fußballfans auf Änderungen in der Symbolik ihres Klubs reagieren, dafür gibt es zahlreiche Beispiele. In Wolfsburg kämpft eine Faninitiative seit Jahren für die Rückkehr des alten VfL-Wappens. In Stuttgart gelang es derweil, das über Jahrzehnte getragene Emblem wieder zum offiziellen Signum zu machen. Oft entstehen umstrittene Novitäten, wenn externe Marketingagenturen mit der Schaffung neuer Wappen beauftragt werden. Einer der ersten solchen Fälle in Deutschland war der Karlsruher SC, der sich 1998 von einer Werbeagentur eine rot-gelbe Pyramide hinter das klassische KSC-Emblem stellen ließ, deren Sinn niemand verstand (sie stellte tatsächlich eine Pyramide dar, siehe Seite 44-45). Und bei Leeds United ging ein gut gemeinter Versuch, eine populäre Geste aus der Fankultur ins Wappen zu übernehmen, kürzlich furchtbar schief. Beim Emblem reagiert die Fanseele eben sensibel.

Weit über 1.000 Wappen enthält dieses Buch. Viele erstmals veröffentlichte historische Wappen wurden aufwändig von Wappenzeichnern rekonstruiert. Als Vorlagen dienten alte Mannschaftsfotos mit Trikotemblemen, Anstecknadeln, Sammelbilder oder Vereinskorrespondenz. Die angegebenen Zeiträume basieren zumeist auf Recherchen und Interpretationen, denn bei kaum einem Verein wurden diese Daten jemals festgehalten. Viele Vereinsexperten und –archivare leisteten Unterstützung bei einer möglichst exakten Datierung. Dennoch blieben offene Frage, und vermutlich schlummern auch noch weitere Wappen im Verschollenen. Im Vergleich zur ersten Auflage enthält diese Auflage von FUSSBALLWAPPEN bereits rund 80 zusätzliche historische Wappen – die Recherche geht also weiter.

Zu berücksichtigen ist außerdem, dass sich Wappen über Jahrzehnte mitunter in Nuancen unterschieden. Das lag oft an den technischen Möglichkeiten, die feine Darstellungen oder die Verwendung bestimmter Schrifttypen nicht immer zuließen. Exemplarisch das Beispiel Borussia Dortmund (Seite 16-17). Solchen vermeintlichen Wappenänderungen gingen keine Willenserklärungen oder gar Mitgliederentscheidungen voraus, sie waren schlicht Zufall. Selbiges gilt für die Farbtöne, die erst Mitte der 1990er Jahre im Zuge der Corporate-Identity-Aktivitäten der Vereine exakt definiert wurden. Bis dahin konnte Werder-Grün oder BVB-Gelb „irgendetwas in der Richtung" sein. Heute mögen Wappen mit Pantone-Farbcodes, Winkel, Strichstärken usw. exakt definiert sein, kann man fast tagesgenau ihren Einsatz festmachen. Für die Geschichte gilt das nicht. Da braucht es deutlich mehr gedankliche Flexibilität.

Und nun „Wappen frei"!

GEGRÜNDET:
27. Februar 1900

SPIELSTÄTTE:
Allianz-Arena (75.000 Plätze)

GRÖSSTER ERFOLG:
Triple 2013, 2020 (Meister, Pokal, Champions-League-Sieger)

- ❶❷ Die ersten Embleme mit „FCB" bzw. „MFCB"
- ❸ 1901: Verwirrendes Buchstabenwappen
- ❹ 1906: Als „Bayern im Münchner SC"
- ❺ MSC-Wappen
- ❻ 1919: FA im TV Jahn
- ❼-❿ Varianten 1923-25
- ⓫ 1923: Spielerwappen mit bayerischen Rauten
- ⓬ 1925: Vereinswappen
- ⓭ 1948: Spielerwappen
- ⓮ 1954: Neues Vereinswappen
- ⓯ 1962: Das heutige Wappen entsteht
- ⓰ 1963: querliegende Rauten
- ⓱ Trikotwappen bis 1976
- ⓲ 1978: Roter Außenkreis
- ⓳ 1997: Neue Schrifttype, blauer Außenring
- ⓴ 2002: Ausgliederung Profis aus dem „e. V."
- ㉑ 2017: Verringerung der Rauten

BAYERN MÜNCHEN

Die Bayern sind ein Verein, bei dem nichts dem Zufall überlassen wird. Das gilt auch für das Wappen, das für einen Klub, der auf globaler Ebene mitspielen will, einen hohen PR-Wert hat. Es muss überall „verstanden" werden, darf keine in irgendeinem Teil dieser Welt als „beleidigend" oder „verletzend" empfundenen Bestandteile aufweisen und muss unverwechselbar sein. All das trifft auf das Bayern-Wappen zu.

Der Schweizer Architekturstudent Karl Köpplin gab dem Klub 1900 sein erstes Emblem: Eine zeitgemäße Fahne mit dem Buchstabenensemble „FCB" bzw. „MFCB". Schon 1901 wurde es von einem reinen Buchstabenwappen abgelöst, das aus der Feder von Torhüter Otto Naegele stammte. Mit etwas Fantasie kann man die vier Buchstaben „FCBM" erkennen. Nach dem Anschluss an den Münchner Sport-Club im Januar 1906 wurde aus dem „F" ein „S", trug man auf dem Trikot das Emblem des Stammvereins Münchner SC.

Nach ihrem Wechsel zum TV Jahn 1919 trug die „Fußballabteilung Bayern" ein völlig neues Symbol, ehe es mit der Trennung vom TV Jahn 1923 einen raschen Wechsel zwischen insgesamt vier Wappen gab, die laut Klubchronik von 1925 „alle keine befriedigenden Lösung darstellten." Zum Jubiläum in jenem Jahr kehrte man daher zurück zum Buchstabenwappen von 1901, das nun über klarere Formen verfügte.

Neben dem Vereinswappen gab es beim FC Bayern zudem schon früh ein sogenanntes Spielerabzeichen, das ausschließlich auf dem Trikot getragen wurde. Über jenes kamen im Oktober 1923 erstmals die bayerischen Rauten in die Vereinssymbolik. Die weiß-himmelblauen Rauten – auch „Wecken" genannt – stammen vom Wappen der Grafen von Bogen und waren 1242 von den Wittelsbachern übernommen worden, der Herrscherfamilie Bayerns bis ins 20. Jahrhundert.

1948 erhielt das Spielerwappen die Kopfzeile „Bayern" und wurde zum Vorläufer eines ähnlichen Vereinswappen, das 1954 das 1925er Buchstabenemblem nach über 50 Jahren ablöste. Vereins- und Spielerwappen hatten sich damit deutlich angenähert und waren kaum noch zu unterscheiden.

1962 wurde die runde Urfassung des heutigen Emblems vorgelegt, das in einer 1963 leicht veränderten Form ab 1964 auch auf dem Trikot getragen wurde. Seitdem war es nur noch leichten Veränderungen unterworfen: 1978 kam ein roter Randkreis hinzu, wurde aus dem Himmelblau der Rauten ein dunkles „Bayernblau", das man auch auf den Trikots als dritte Farbe neben Rot und Weiß aufgriff.

Seit 1997 gibt es den wuchtigen und gut lesbaren aktuellen Buchstabenschnitt, erhielt das „ü" in München jenen charakteristischen Keil, der dem Emblem eine einzigartige Note gibt. Mit der Ausgliederung der Profis aus dem „e. V." 2002 entfiel dieser Zusatz, während beim letzten Relaunch von 2017 die Zahl der Rauten reduziert wurde.

GEGRÜNDET:
4. Februar 1899

SPIELSTÄTTE:
Weserstadion (42.500 Plätze)

GRÖSSTER ERFOLG:
Europapokal der Pokalsieger 1992

❶ Das Gründerwappen des FV Werder Bremen

❷ Trikotwappen von 1902

❸ 1908: Schildwappen mit spielerischen Elementen

❹ 1923: Noch keine Rhombus-Form, aber schon ein Jugendstil-W

❺ 1929: Erste Variante des heutigen Wappens

❻❼ Das Wappen 1936 bzw. 1949

❽ Das Werder-W in seiner heutigen Form mit geringem Zwischenabstand oben im W

❾ Speckflaggen-Outfit und Bremer Schlüssel – das Wappen der Profis von 1971-74

❿ In den 1980er Jahren verwendetes Wappen mit doppeltem Rand

WERDER BREMEN

Moderne Designer tun sich häufig schwer mit den historisch oft überladenen Fußballwappen. Das des SV Werder Bremen indes überzeugt auch sie. „Nicht grandios, aber gut. Etwas seltsam sind die einander zugewandten Spitzen im ‚W'. Könnte auch ein Boxverein sein", heißt es etwa auf „designtagebuch.de", das 2006 eine etwas andere Bundesliga-Tabelle veröffentlichte: die der Attraktivität von Vereinslogos. Der SV Werder nimmt dabei Platz 3 ein. Es ist wohl das Minimalistische, was Designern am Werder-W gefällt.

Werder begann seine Geschichte 1899 als „Fußball-Verein Werder". Damals gab es ein kalligrafisches Buchstabenwappen mit den in sich verschlungenen Buchstaben FVW. Dieses wurde nur auf den Trikots getragen und bereits 1902 abgelöst von einem zunächst nüchternen Schildwappen, dem 1908 ein sichtlich filigraneres Schildemblem folgte. Drei Jahre, nachdem 1920 aus dem „Fußball-Verein Werder" der „Sport-Verein Werder" geworden war, wagte man einen Sprung in die Moderne und gab sich jenes verspielte „W" im zeitgemäßen Jugendstil, das seinerzeit mit sämtlichen Vorgaben der Fußballheraldik brach. Zunächst in einer grün gehaltenen Ellipse präsentiert, folgte 1929 der Wechsel zur Rhombus-Raute, die im ersten Anlauf noch etwas wuchtig daherkam und bereits im Folgejahr von einer schlankeren und ausgefeilteren Variante abgelöst wurde.

Seitdem hat der SV Werder sein Logo kaum mehr angerührt – eine Seltenheit im Spitzenfußball. Allerdings stimmt das auch nicht so ganz. Denn zwischen 1971 und 1974 lief der SV Werder nicht nur in rot-weiß gestreiften Trikots, sondern auch mit dem „Bremer Schlüssel" auf dem Jersey auf. Es war ein symbolisierter Dank an die Stadt Bremen, die in ihrem Wappen eben jenen Schlüssel führt (der übrigens erstmals 1366 im Stadtsiegel Bremens auftauchte und für den Apostel Petrus steht, den Schutzpatron des Bremer Doms). Begründung: „Bremens Industrie und Handel haben uns wesentliche Hilfe bei der Verpflichtung der neuen Spieler geleistet und ihnen außergewöhnliche Lebensstellungen zugesichert." Vereinfacht gesagt hatte sich der SV Werder also „verkauft".

Das Logo wurde seinerzeit ausschließlich von der Bundesligamannschaft getragen - ebenso wie die rot-weißen „Speckflaggentrikots", die mit ihren Streifen an die „Speckflagge" genannte rot-weiß gestreifte Stadtfahne erinnerten. Weil es in den ungewohnten Farben sportlich nicht wie erhofft lief und Werder statt in die Spitze vorzudringen in den Abstiegskampf rutschte, kehrte man im Verlauf der Saison 1973/74 jedoch klammheimlich zum bewährten Rhombus-W und dem traditionellen Grün-Weiß zurück. Offizielle Begründung: Die Speckflaggentrikots seien mit der Zeit eingelaufen, und weil es sich um teure Sonderanfertigungen handelte (Stückpreis: 60 Mark), würde man die alten Trikots wieder verwenden.

Schon im Februar 1974 prangte auf den Eintrittskarten der Bundesligamannschaft wieder das altbewährte Werder-W.

1 2 3 4

5 6 7

8 9 10

GEGRÜNDET:
29. September 1887

SPIELSTÄTTE:
Volksparkstadion (57.000 Plätze)

GRÖSSTER ERFOLG:
Europapokal der Landesmeister 1983

1 Die HSV-Raute in ihrer Ur-Form als Fahne ...

2 ... und aus den 1920er Jahren

3 Die Raute auf der Spielkluft der 1920er Jahre hatte einen deutlich dünneren schwarzen Kasten und ein umso größeres weißes Viereck

4 Die Raute in ihrer ganzen Klarheit

5 6 7 8 Die Wappen der Vorgängervereine SC Germania 1887, FC Falke 06 und Hamburger FC 88 bzw. Hamburger SV 88 (aus dem HFC 1888 wurde 1914 der HSV 1888)

HAMBURGER SV

Die Kunst, ein „gutes" Logo zu schaffen, ist eine hohe. Es muss einfach sein, es muss einen großen Wiedererkennungswert besitzen und es muss einzigartig sein. Wer immer das HSV-Wappen entworfen hat – es gibt da unterschiedliche Optionen –, hat seinerzeit einen Glückstreffer gelandet. Seit fast 100 Jahren besitzt es eine zeitgemäße Modernität – das ist keinem anderen Fußballverein in der Republik gelungen.

Über die Ursprünge des HSV-Emblems kursieren verschiedene Varianten. Sicher ist, dass eine Anlehnung an Reederei-Wappen (sogenannte „Hauswappen") erwünscht war. Der junge Großverein suchte die Nähe zur Wirtschaft und stand mit seiner weltoffenen Einstellung der Schifffahrt nahe. In jener spielen mit klaren Symbolen versehene Flaggen als Kommunikationsmittel auf hoher See eine lebenswichtige Rolle. Auch entsprach es der Tradition Hamburger Reedereien, ihre Residenzen mit Flaggen zu versehen. Insofern könnte die HSV-Raute auch über der Kehrwiederspitze flattern – und diese Vielseitigkeit macht sie so genial. Erstaunlich zudem die Ähnlichkeiten mit der Hausflagge der Deutschen Ost-Afrika-Linie, die ihren Sitz in Hamburg hatte.

Als Erschaffer werden zwei Ur-HSVer gehandelt: Otto Sommer und Henry Lütjens. Über Jahrzehnte war es Sommer, dem die Raute zugeschrieben wurde. Bei der Fusion von SC Germania 87, Hamburger SV 88 und FC Falke 06 zum HSV 1919 war der Sohn des Rothenbaum-Platzwartes gerade einmal 14 Jahre alt und stürmte für die HSV-Schülermannschaft. Künstlerisch angehaucht – er arbeitete später als Werbegrafiker –, soll er seinerzeit den über ein Vereinswappen grübelnden Klubgründern die bahnbrechende Variante vorgelegt haben. Im Frühjahr 1996 präsentierte „Bild Hamburg" mit Henry Lütjens jedoch plötzlich einen anderen Rauten-Erfinder und zitierte einen Zeitzeugen namens Stöwahse, ebenfalls HSV-Urgestein, der 1957 den „Vereinsnachrichten" erzählt hatte: „Alle Mitglieder standen treu zu Fahne, für deren Spieltracht Henry Lütjens das Vereinszeichen, das auf der Spitze stehende blau-weiß-schwarze Quadrat erfand."

Lütjens und Sommer haben das Geheimnis um die Raute mit in ihre Gräber genommen. Elke Wagenknecht, Nichte des 1947 verstorbenen Lütjens: „Mein Onkel war ein bescheidener Mensch. Er hat sich nie mit etwas gebrüstet." Und Sommers Witwe Inge „kann es auch nicht beschwören. Mein Mann hat immer gesagt: ‚Der Rhombus stammt von mir.'"

Die Raute ist auf jeden Fall ein grafisches Meisterwerk und in ihrer Einfachheit genial. Obwohl es sich um eine frappierend simple Form handelt, gehen von ihr sowohl Lebendigkeit als auch Stolz aus. Das Wappen passt perfekt zu jener bürgerlich-städtischen Ausstrahlung, die schon die HSV-Gründer mit der Bildung des Großklubs anstrebten. Hinzu kam das hanseatische Flair, das es zu einem „Hamburger" Symbol machte – ganz so, wie sich der HSV als „Hamburger" Verein verstand und versteht.

1

2

3

G

5

4

Falke 06

6

H
F. C.
v.88.

7

H.S.V
v. 88

8

GEGRÜNDET:
19. Dezember 1909

SPIELSTÄTTE:
Signal Iduna Park (81.360 Plätze)

GRÖSSTER ERFOLG:
Champions-League-Sieger 1997

1 1918: Mit einem Kreis

2 1926: Klareres „B"

3 1930: Dicker Außenkreis

4 Nach dem Zweiten Weltkrieg bis ca. 1950 auf den Trikots getragen

5 In den 1960er Jahren als Hommage an die Stadt auf den Anzügen getragen

6 1960: Nun mit drei Außenkreisen

7 Variante von offiziellen Wimpeln der 1970er

8 9 Varianten der 1970er Jahre

10 1977/78 brüllte der „Samson"-Löwe vom BVB-Trikot

11 1980: Mit spitzem „V"

12 Nie offizielles Logo, dennoch verbreitet

13 1993: Moderne Variante des Ursprungslogos

BORUSSIA DORTMUND

Es ist an Schlichtheit kaum zu toppen – und bietet im Gegenzug eine brillante Klarheit. BVB 09, damit ist alles gesagt. Seit fast 100 Jahren läuft der Ballspiel-Verein Borussia 09 nun schon mit diesem Wappen umher, was die Genialität einer Kreation unterstreicht, die alle Modetrends überdauert hat.

Entworfen wurde es unmittelbar nach dem Ersten Weltkrieg vermutlich von Edi Birk, einem Dortmunder Grafiker, der dem BVB nahestand. Seinen Ursprung hat das Buchstabenwappen bereits im Jahr 1913, als sich der BVB zitronengelbe Trikots anschaffte, die den blau-weißen (!) Dress der Anfangsjahre verdrängten. Auf Brusthöhe prangte fortan ein großes „B". Daraus wurde um 1918 jenes BVB 09 im Rundwappen, das heute weltweit für die Schwarz-Gelben steht.

Im Laufe der Jahrzehnte änderten sich allerdings immer mal wieder einige Details. Das betraf vor allem den umlaufenden Kreis (bzw. die Kreise), den gelben Farbton sowie die Buchstabentypen. Letzteres war nicht zuletzt den technischen Rahmenbedingungen zuzuschreiben, denn moderne Fonts, die auf allerlei Gerätschaften nutzbar sind, gibt es erst seit der Massennutzung des Computers. Zuvor musste man im Bleisatz schauen, was man hatte. Eine Besonderheit stellte ein in den 1970er Jahren verwendeter offizieller Wimpel dar, der in der Mitte weiß ist. Auch dafür gab es einen technischen Grund, denn die in der gestickten Urfassung verwendeten feinen Goldfäden wurden im Druck in Weiß umgewandelt.

Neben dem offiziellen Wappen trug der Verein bisweilen unterschiedliche Trikotembleme. So wurde 1963 den Ausgehanzügen des damaligen Deutschen Meisters das Stadtwappen mit dem BVB-Logo im Zentrum aufgesetzt, während in den späten 1940er Jahren ein Wappen auf den Trikots zu sehen war, in dem zusätzlich der Schriftzug „Dortmund" stand. Auffällig beim BVB grundsätzlich: Bis in die frühen 1980er Jahre präsentierte der Verein nur äußerst selten ein Wappen auf dem Trikot – BVB-Hemden waren schlicht gelb mit schwarzem Kragen.

Die große Ausnahme ist das Spieljahr 1977/78. Damals avancierten die Westfalen zum Vorreiter des heute so beklagten „Ausverkaufs" und änderten ihr Trikotwappen zugunsten eines Werbepartners. 300.000 DM zahlte der niederländische Tabakhersteller „Samson" dafür, dass auf dem BVB-Wappen anstelle des „BVB 09" das Firmensymbol – ein Löwenkopf – zu sehen war. Das passte seinerzeit zum als „cool" empfundenen Klub, der unter Trainer Otto Rehhagel gerade erst in die Bundesliga zurückgekehrt war und den (damals nicht nur beim BVB üblichen) Fanruf „Otto, lass die Löwen los!" pflegte. Offizielles Emblem blieb seinerzeit allerdings das gewohnte „BVB 09".

❶ ❷ ❸ ❹

❺ ❻ ❼ ❽ ❾

❿

⓫ ⓬ ⓭

GEGRÜNDET:
9. September 1893

SPIELSTÄTTE:
MHPArena (60.449 Plätze)

GRÖSSTER ERFOLG:
Deutscher Meister 1950, 1952, 1984, 1992, 2007

1. Gründungswappen des Stuttgarter FV 1893
2. FC Krone Cannstatt
3. Das erste VfB-Wappen nach der Fusion
4. Briefbogenvarianten der 1920er Jahre
5. Von 1949 bis 1994 getragen
6. 1994: Begradigung der Frakturschrift und des heraldischen Wappens
7. 1998: Statt Jahreszahl „1893" nun „Stuttgart", im „VfB" wird das „V" leicht nach oben geöffnet
8. 2013: Rückkehr des Traditionswappen, nun allerding mit hellerem Gelbton

VFB STUTTGART

Zwischen 2010 und 2013 steckte der VfB Stuttgart in einem Zerreißprozess. Es ging um sein Vereinswappen. Das war 1994 deutlich geliftet worden – sehr zum Ärger vieler Fans und vor allem der Ultravereinigung „Commando Cannstatt". Aus deren Reihen entstand eine Initiative „Pro altes VfB-Wappen", die über 25.000 Unterschriften sammelte. Nachdem sich auch Sportdirektor Fredi Bobic für die Rückkehr zum Traditionswappen ausgesprochen hatte, rückte das Thema schließlich auf die Tagesordnung der Vereinsversammlung im Juli 2013. Dort sprachen sich fast 80 Prozent der anwesenden VfB-Mitglieder für die Wiedereinführung des historischen Wappens aus. Ein bemerkenswerter Erfolg einer fangesteuerten Initiative, die über einen langen Zeitraum mit allerlei Choreografien und Aktionen auf ihr Anliegen aufmerksam gemacht hatte.

Für die Verfechter des neuen Wappens war es hingegen ein Rückschlag, denn dass der VfB sein Traditionslogo geändert hatte, war von ihnen als „Schritt in die Zukunft" gesehen worden. 1994 hatte man zunächst die in Frakturschrift gehaltenen Buchstaben „VfB" entrümpelt und das württembergische Wappen – drei Hirschgeweihe im gelben Schild – sichtlich geglättet. Vier Jahre später wurde dann die Jahreszahl „1893" durch den Schriftzug „Stuttgart" ersetzt, erhielt das württembergische Wappenschild eine weitere Glättung, erinnerten die Hirschgeweihe plötzlich eher an einen Igel. Hintergrund war, dass der Klub fürchtete, sein Wappen könne in den aufbrechenden Märkten in Asien nicht verstanden werden. Zudem sei ein Hinweis auf die Heimatstadt notwendig. Peter Godenrath, damals Marketingdirektor: „In der Wirtschaft interessiert es nicht, wie alt ein Verein ist, sondern nur, wo er herkommt." Unter den Fans war die Meinung gespalten. Eine Fraktion begrüßte die Neuerung, eine andere weigerte sich, das neue Logo zu verwenden. Erst seit 2013 herrscht nun wieder Einigkeit auf dem Wasen.

Historisch wurde das Logo 1924 vom Stuttgarter Künstler Hermann Stammler entworfen. Er nahm das heraldische Schild des Hauses Württemberg, unter dem der VfB seit seiner Gründung 1912 (Fusion Kronen-Club Cannstatt und Stuttgarter FV 1893) spielte, und verband es mit dem Schriftzug „VfB" in Frakturschrift. Erst 1949 wurde das heute (wieder) gültige Logo entworfen, als das Wappen Württembergs, der VfB-Schriftzug und die Jahreszahl 1893 (als Hommage an den Gründerklub Stuttgarter FV 1893) in jenem rot umrandeten Wappenschild vereint wurden, dem der VfB nun die Treue halten will.

1

2

3

4

5

8

6

7

GEGRÜNDET:
1. August 1900

SPIELSTÄTTE:
Borussia-Park (54.018 Plätze)

GRÖSSTER ERFOLG:
UEFA-Pokalsieger 1975, 1979

1 2 Wappenschild von 1900 in zwei Varianten

3 Trikot-Wappen der Frühzeit ...

4 ... ab 1910 eingebettet in eine Fahne

5 - 8 Als VfTuR trug man eine „89" auf dem Trikot und ein Buchstabenemblem bzw. eine Fahne als Symbol

9 Der „Borussia-Adler"

10 Anfang der 1930er Jahre rückte ein „B"-Wappenschild auf die Trikots

11 12 1946: Das heutige Wappen entsteht

13 14 1964: Raute mit dickem Rand und klareren Konturen, zunächst eingebettet in einen grünen und 1980 in einen farblosen Rahmen

15 Seit 1995 steht die Raute wieder für sich

BORUSSIA MÖNCHENGLADBACH

Ein schlichtes „B" in einer Raute mit Querstreifen – das Wappen von Borussia Mönchengladbach kommt in nüchterner Strenge daher und verzichtet auf jegliche Spielereien. Dabei ist es ein schlaues Symbol, das geschickt die Verbindung von „damals" zu heute schlägt. Denn das „B" trug die Borussia schon 1912 auf ihrem Jersey, als sie erstmals das Endspiel um die Westdeutsche Meisterschaft erreichte.

Der Weg zum heutigen Wappen war ein langer. Er begann im Gründungsjahr 1900 mit einem Wappenschild und verschnörkeltem „Borussia" sowie dem Ortszusatz „Eicken", der eigentlichen Geburtsstätte des Klubs vom Bökelberg. Auf dem Jersey trug man seinerzeit die Buchstaben „FCB" (FC Borussia), die dann zum zehnjährigen Jubiläum 1910 in einem neuen Fahnenwappen, das das Wappenschild ablöste, aufgegriffen wurden. Zwei Jahre später schließlich tauchte das schlichte „B" auf den Trikots auf – Borussias Wappen nahm allmählich Form an.

Zwischen 1919 und 1921 bildete Borussia mit dem TV Germania den Fusionsverein VfTuR, von dem ein Buchstabenwappen überliefert ist. Außerdem gab es zwei unterschiedliche Fahnensymbole, während ein „89" (für das Germania-Gründungsjahr) als Trikotemblem diente. Bisweilen stand auf den Trikots auch ein einfaches „R" für „Rasenspiele" – damit wurde die Borussia 1920 erstmals Westdeutscher Meister. Mit der Trennung vom TV Germania im folgenden Jahr entstand der heutige Borussia VfL, der zunächst einen Adler auf den Jerseys trug und dessen Leichtathleten ein schwarz-weiß gestreiftes Wappenschild aufwiesen, das ab Anfang der 1930er Jahre auch auf den Trikots der Fußballer zu sehen war. 1933/34 gab es dann ein kurzes Intermezzo als SC Borussia 1894 nach dem auf politischen Druck erfolgten Zusammenschluss mit Erzrivale SC Mönchengladbach (ein Wappen ist nicht überliefert), ehe nach dem Zweiten Weltkrieg erstmals das heutige Emblem zu sehen war.

Dabei blieb es bis etwa 1964, als man sich der vollständigen Vereinsfarben Schwarz-Weiß-Grün erinnerte und einen grünen Kasten um die Raute zog. Das neue Wappen kam allerdings zunächst nur ausgewählt zum Einsatz (z. B. auf Spielplakaten), während auf den Trikots und Wimpeln weiterhin die pure Variante verwendet wurde. Erst 1969 erhielt auch das Trikot das grün umrahmte „B", das sich jedoch nicht lange hielt: 1980 verschwand das Grün zumindest auf den Jerseys wieder aus dem Kasten (der nun farblos wurde), und seit 1995 läuft die Borussia erneut mit jenem schlichten Traditionswappen herum, das längst zur Legende einer Legende geworden ist.

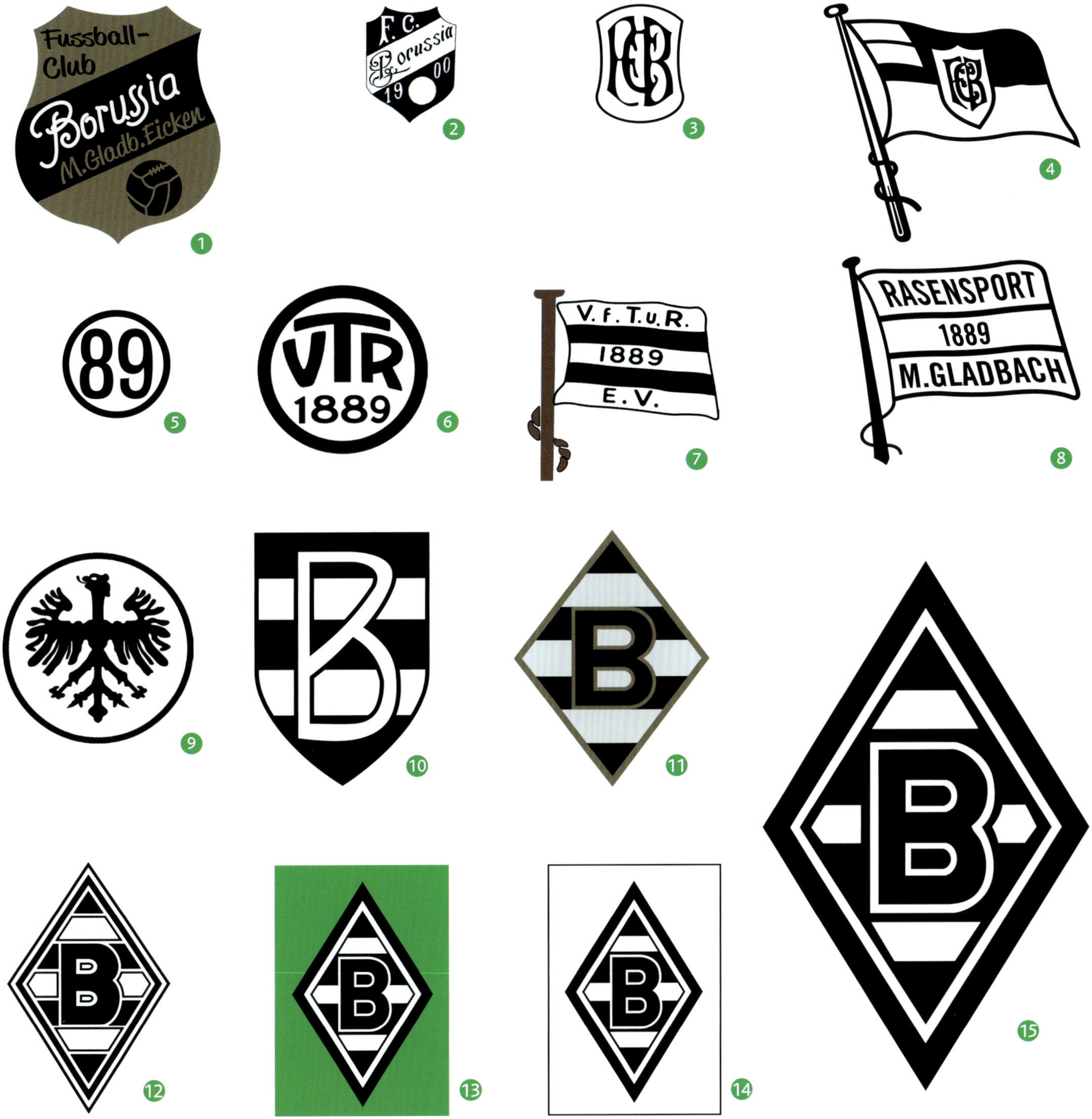
Fussball-
Club
Borussia
M.Gladb.Eicken
1
F.C.
Borussia
1900
2
3
4
89
5
VTR
1889
6
V.f.T.u.R.
1889
E.V.
7
RASENSPORT
1889
M.GLADBACH
8
9
B
10
B
11
B
12
B
13
B
14
B
15

GEGRÜNDET:
4. Mai 1904

SPIELSTÄTTE:
Veltins-Arena (62.271 Plätze)

GRÖSSTER ERFOLG:
UEFA-Pokalsieger 1997

1 Nach Anschluss der Westfalia an den TV 1877 als TuS 1877 Schalke in Blau-Weiß

2 3 1924: Eigenständig als FC Schalke 04

4 1928: Mit „G" für Gelsenkirchen nach dem Bau der Kampfbahn Glückauf

5 Schon kurz darauf trat auch der in Blau gehaltene Schlägel auf

6 7 8 Das Kreiselspiel gelangte Anfang der 1950er Jahre ins Wappen und entwickelte sich bis 1998 über insgesamt drei Varianten

9 1998: Nüchtern entrümpelt, für den digitalen Einsatz optimiert und mit blasserem Königsblau. Schalke aktuell

FC SCHALKE 04

Ein „S", ein „04" – das ist das Schalke-Wappen. Oder etwa doch nicht? Wer genau hinschaut, erkennt zusätzlich noch ein weißes „G" im umlaufenden Kreis. „G" wie „Gelsenkirchen". Und wer dann noch ein bisschen Ahnung von Bergbaugeschichte hat, sieht zudem einen blauen Schlägel. Das ist eine Art Hammer, mit dem im Bergbau das Hangende bearbeitet wird – eine perfekte Hommage an jene Industrie, der S04 seine Existenz und vor allem seinen mitreißenden Aufschwung ab Ende der 1920er Jahre verdankt. Auch wenn die Interpretation des Schlägels diskutiert wird und eine Absicht nicht nachzuweisen ist – Schalkes Wappen ist ein heraldisches Glanzstück!

Schalke-Urzelle Westfalia begann mit einem Westfalen-Pferd auf den Trikots. Das erste überlieferte Emblem stammt von einer Anstecknadel aus dem Jahr 1919, als der SC Westfalia 04 Schalke dem TV 1877 Schalke beitrat und man fortan gemeinsam unter dem Namen TuS 1877 Schalke auflief. Von da an trug Schalke auch Königsblau, nachdem die Westfalia noch in Rot-Gelb aufgelaufen war. Blau wurde im Übrigen mit den Einwanderern aus Ostpreußen verbunden, unter denen auch Szepans und Kuzorras Eltern gewesen waren. Ein Zeitzeuge: „Wir sagten immer: ‚Da ist ein Kartoffelzug gekommen.' Die führten die Gans an der Leine mit. Ihre Habe war gebündelt in einem blau-weißen Bettzeug."

1924 lösten sich die Fußballer aus dem TuS 1877 heraus und gründeten den FC Schalke 04. Dessen Logo erhielt die bis heute prägenden Bestandteile „S" und „04" und auch schon die runde Form. Mitte der 1920er Jahre wurde es abgelöst von einem „FCS 04", ehe 1928 das heutige Logo in seiner Urform Einzug hielt. Vorausgegangen war eine Namensänderung des Klubs in „FC Gelsenkirchen-Schalke 04", nachdem sich die Stadt Gelsenkirchen beim Bau der Kampfbahn Glückauf finanziell engagiert hatte. Das Dankeschön der Königsblauen an die Stadtväter war fortan auch ein „G" im Klubwappen.

Schon kurz darauf legte Schalke abermals Hand an sein Logo und fügte jenes Gebilde hinzu, das an einen Schlägel erinnert. Diese heraldische Meisterleistung ist zugleich ein Dokument für die tiefsinnige Bedeutung von Bestandteilen eines Fußballwappens, die heutzutage weitestgehend verloren ist. Bis in die frühen 1950er Jahre blieb es bei diesem Kreiswappen bestehend aus „G", „S04" und Schlägel, ehe anlässlich der 50. Jubiläumsfeier der berühmte „Schalker Kreisel" hinzugefügt wurde. Zunächst waren es zwei blaue Kreise, ab ca. 1967 dann deren drei. 1990 wurde aus diesen dreien einer, ehe die Kreisel 1998 komplett verschwanden. Damals wurde das gesamte Logo entrümpelt und in die digitale Moderne überführt, die klare Formen und Strukturen fordert.

Auf den Trikots trugen die Königsblauen ihr Wappen jahrzehntelang übrigens fast gar nicht. Die „goldenen Jahre" zwischen 1933 und 1942, als man sechsmal Deutscher Meister wurde, kamen ebenso ohne „bewappnete" Jerseys aus wie die ersten Bundesliga Jahrzehnte.

1

9

2

3

5

7

4

6

8

GEGRÜNDET:
13. Februar 1948

SPIELSTÄTTE:
Rheinenergiestadion
(49.968 Plätze)

GRÖSSTER ERFOLG:
Deutscher Meister 1962, 1964, 1978

- ❶❷❸❹ Vereins- bzw. Spielerwappen der Vorgängervereine Kölner BC und SpVgg Sülz 07 bzw. SpVgg Köln 07
- ❺ Das 1948 von Walter Hertel entworfene Urwappen
- ❻ Im September 1950 wurde der Geißbock auf das Wappen gestellt
- ❼ Schwarz zieht als dritte Farbe ins FC-Logo ein
- ❽ Rückkehr des dominanten Rot
- ❾ 1992 wird der Schriftzug „Köln" weiß und grafisch an den „1. FC"-Balken angelegt
- ❿ Nur kurz in Verwendung: Wappen mit Glanzeffekt

1. FC KÖLN

Der FC und sein Geißbock – das ist eine einzigartige Geschichte in der Heraldik des deutschen Profifußballs. Und im Grunde genommen ein riesiger Zufall. Rückblick: 1948 vereinten sich der Kölner BC und die SpVgg Sülz 07 zum 1. FC Köln. Der brauchte ein neues Wappen. Die Farben waren klar – es sollte das der Stadt Köln sein. Und weil man sich als deren designiertes Fußball-Aushängeschild empfand, rückte auch das bekannteste Wahrzeichen Kölns ins neue Logo: der Dom.

Verantwortlich für das erste Wappen zeichnete Walter Hertel, ein aus Sachsen stammender Grafiker, der 1928/29 mit den Handballern des KBC die Endrunde um die Rheinbezirksmeisterschaft erreicht hatte. Eigentlich war Hertel also gar kein Fußballer. Als dem FC eng verbundener Layouter war er aber in vielerlei Hinsicht für den Klub im Einsatz. Das von ihm entworfene Wappen war von bestechender Schlichtheit und Klarheit. Ab 1949/50 prangte es auf den Jerseys der Rheinländer.

Im Laufe jener Saison erhielten die Kölner anlässlich ihrer 2. Karnevalssitzung am 13. Februar 1950 dann einen lebenden Geißbock als Glücksbringer. „Hennes" genannt – nach dem damaligen Trainer Hennes Weisweiler –, wurde das possierliche Tierchen ad hoc zum neuen Liebling der Fangemeinde. Schon im September 1950 rückte der Geißbock ins offizielle Klublogo, indem man ihn auf das bisherige Rundwappen stellte. Damit war der FC der erste Fußballverein in Deutschland, der mit einem Maskottchen im Vereinswappen arbeitete. Bis in die 1960er Jahre standen beide Wappen parallel im Einsatz – das schlichte Rundwappen mit dem Dom und jenes mit dem springenden Geißbock. Zugleich kam Schwarz als zusätzliche Farbe hinzu, sowohl für den Geißbock als auch den eingefärbten Dom.

Am 17. April 1954 präsentierten die Kölner das kombinierte Geißbock-Dom-Wappen beim DFB-Pokalfinale gegen den VfB Stuttgart erstmals auch auf den Trikots. Damit war das heutige FC-Wappen geboren, und dass der FC seit 1960/61 stets mit einem Wappen auf dem Trikot auflief, machte ihn abermals zu einem Vorreiter. Viele andere Vereine wie Schalke oder Dortmund kickten schließlich noch bis in die späten 1980er Jahre in wappenlosen Jerseys.

Im Laufe der Jahrzehnte wurde immer mal wieder Hand angelegt an das FC-Emblem. Die Strukturen des Geißbocks veränderten sich von einer sehr filigranen und detailgetreuen Darstellung zu einer klareren Silhouette, seit 1992 ist der Schriftzug „Köln" zudem in Weiß gehalten und ungerundet in Schrägschrift unter den Balken mit dem „1. FC" gestellt. Nur kurz zum Einsatz kam indes ein Logo mit Glanzeffekt.

GRÜNDET:
8. März 1899

SPIELSTÄTTE:
Deutsche Bank Park
(58.000 Plätze)

GRÖSSTER ERFOLG:
UEFA-Cup-Sieger 1980

❶❷	Eintracht-Urzelle FV Frankfurter Kickers
❸	FFC Victoria 1899
❹	Frankfurter FV
❺	1920: TSG Eintracht
❻❼	Ab 1927: SG Eintracht
❽	Anfang der 1930er mit erklärendem Namensring
❾❿ ⓫	Verwendete Varianten bis in die 1970er Jahre
⓬	Anzugwappen aus den 1960er Jahren
⓭	Moderne Fassung der 1970er
⓮	1980: Der „Binding-Adler"
⓯	1999: Zum 100. Jubiläum Rückkehr zum Traditionswappen, dessen Rechte man allerdings nicht mehr besaß

EINTRACHT FRANKFURT

Der Adler bildet das zentrale Element im Wappen der Frankfurter Eintracht. Er steht in der Mythologie für „Unsterblichkeit, Mut, Weitblick und Kraft" und ist zugleich das Wappentier der Stadt Frankfurt. Mit den Feldzeichen der römischen Legionen war er dereinst an den Main gekommen und galt zunächst als Herrschaftszeichen des römischen Imperiums bzw. später des römisch-deutschen Kaisertums. Seit dem frühen 13. Jahrhundert ist er Wappentier Frankfurts und wird von diversen Turn- und Sportvereinen der Stadt als Symbol genutzt.

Auch die Eintracht-Urzellen Frankfurter FC Victoria 1899 und Frankfurter Kickers hatten jeweils einen Adler im Wappen, den der Fusionsverein Frankfurter FV 1911 übernahm. Nur zwischen 1920 und 1927, als die heutigen Eintracht-Fußballer in einer Fusion mit der Frankfurter TG 1861 zur TSG Eintracht steckten, verfügte der Klub über ein adlerloses Buchstabenwappen, das wohl ein Tribut an den Jugendstil war.

Mit der Aufspaltung der TSG Eintracht in SG Eintracht und TG Eintracht im Zuge der „reinlichen Scheidung" zwischen Turnen und Sport 1927 kehrte der Adler als Wappensymbol zurück – sowohl bei den Fußballern der SG, als auch bei den Turnern der TG. Seitdem machte er alle Höhen und Tiefen der Eintracht mit, wobei er sein Erscheinungsbild über die Jahrzehnte mehrfach veränderte und von einer sehr detailreichen Abbildung zur heutigen Silhouette mutierte.

Für die SG Eintracht wurde 1927 ein Wappen vorgelegt, das dem heutigen sehr ähnlich war: roter Adler auf weißem Grund in einem roten Ring. Anfang der 1930er Jahre wurde der Adler dann wieder filigraner und als weiße Silhouette auf eine rote Fläche gestellt, die von einem schwarzen Ring mit dem vollständigen Vereinsnamen umgeben war. Nach der Wiedervereinigung von SG Eintracht und TG Eintracht (inzwischen TFG Eintracht) zu „Eintracht Frankfurt e. V." im September 1968 kursierte zunächst eine Variante ohne Vereinsnamen. Damit wurde die Eintracht 1974 und 1975 DFB-Pokalsieger, ehe im Laufe der Saison 1979/80 ein völlig modifiziertes Symbol Einzug hielt: ein deutlich schlichterer Adler auf schwarzem Grund und mit Klubnamen im Zentrum. Der sogenannte „Binding-Adler" (nach dem Wappentier der Binding-Brauerei) war ein Tribut an die Moderne und wurde am 8. März 1999 vom aktuellen Wappen abgelöst, das sich an jenem aus den späten 1920er Jahren orientiert. Dies wiederum ist eine Hommage an die Klubgründer und ein gelungener Versuch, an die Vergangenheit des Vereins anzuknüpfen.

1

2

3

4

5

6

7

8

9

10

11

12

13

14

15

GEGRÜNDET:
2. Juni 1900

SPIELSTÄTTE:
Fritz-Walter-Stadion
(49.780 Plätze)

GRÖSSTER ERFOLG:
Deutscher Meister 1951, 1953, 1991, 1998

❶ FC Kaiserslautern 1900

❷ FC Palatia von 1901

❸ FC Bavaria von 1902

❹❺❻❼ 1909: Fusion zum FV Kaiserslautern

❽ FVK-Wappen zum 25-jährigen Jubiläum 1925

❾ 1929 kam der 1910 entstandene Spielverein Phönix dazu

❿ 1929: FVK/Phönix

⓫ 1931: Das „Pac-Man-Wappen"

⓬⓭⓮ Übergangswappen nach dem Zweiten Weltkrieg

⓯ 1950: Verschlankte Buchstabentype

⓰ 1965 bis 2001 und wieder seit 2012: Wuchtigere Buchstabentype

⓱ 2001 bis 2005: Wappenschild

⓲ 2011 bis 2012: Rückkehr zum Traditionslogo

1. FC KAISERSLAUTERN

Als Traditionsverein Hand an sein Wappen zu legen, ist eine heikle Angelegenheit. Als der 1. FC Kaiserslautern 2001 ein Schild um sein Rundlogo mit dem Zeichen „1FCK" platzierte, verweigerte sich der Großteil der Anhänger der Novität und blieb einfach beim alten Emblem. Es war nachvollziehbar, denn schöner geworden war das Markenzeichen der „Roten Teufel" sicher nicht. Das neue Wappen floppte, und schon 2003 war das Vorgängermodell wieder auf den Jerseys zu sehen.

Das hielt den Klub nicht davon ab, sich 2011 erneut an einer Wappenumgestaltung zu versuchen. Wieder war es sicher gut gemeint, denn anlässlich des 111-jährigen Vereinsjubiläums kehrte jenes Emblem, unter dem Fritz Walter und Co. in den 1950er Jahren so herausragende Erfolge gefeiert hatten, auf die Briefbögen und Trikots zurück. Auch diese Änderung fiel bei den Fans jedoch durch, denn zum einen war es in Weinrot und nicht dem klassischen FCK-Rot gehalten, zum anderen war aus dem ab 1965 verwendeten Nachfolger selbst ein Traditionswappen geworden. Seit 2012 spielt man auf dem Betzenberg nun wieder unter jenem Logo mit den dicken Buchstaben, für das der FCK europaweit bekannt ist.

Der FCK ist ein Fusionsverein mit insgesamt neun Vorläufern. Nicht alle davon waren bedeutend, nicht von allen sind Wappen überliefert. Das der Urzelle – Fußballclub 1900 Kaiserslautern – immerhin liegt vor und zeigt ein schlichtes schwarzweißes Wappenschild. Auch die Embleme der Fusionspartner FC Palatia und FC Bavaria, die in Blau-Weiß bzw. Weiß-Blau spielten, hinterließen keine heraldischen Einflüsse auf den heutigen FCK. Vom 1909 durch Zusammenschluss von FCK, Palatia und Bayern entstandenen FV Kaiserslautern sind zwei Buchstabenwappen sowie drei Embleme, die das Stadtwappen von Kaiserslautern aufgreifen, überliefert. Letzteres unterstrich seinerzeit den Anspruch des Vereins, lokale Nummer eins zu sein. Es zeigt einen in Rot umfassten weißen Pfahl, der für den namensgebenden Bach Lauter steht, sowie einen blauen Fisch, bei dem es sich entweder um einen Hecht oder einen Karpfen handelt.

1929 vereinte sich der FV Kaiserslautern mit dem aus dem Jahr 1910 stammenden Spielverein Phönix zum FVK/Phönix und gab sich ein Buchstabenwappen mit etwas dünn geratenem Adler. Seitdem spielt man auf dem Betzenberg in Rot-Weiß, den Stadtfarben von Kaiserslautern. Nur zwei Jahre später wurde aus dem kompliziert benannten FVK/Phönix der 1. FC Kaiserslautern, der zunächst ein heute als „Pac-Man-Wappen" bezeichnetes Buchstabenlogo erhielt, aus dem sich unmittelbar nach dem Zweiten Weltkrieg über drei Schritte der Vorläufer des aktuellen Wappens entwickelte. Zum Jubiläum am 2. Juni 1950 wurde daraus jenes Emblem mit der schlanken Buchstabentype, unter dem die großen Erfolge der Walter-Ära gefeiert wurden. 1965 wurde die Buchstabentype dann in die heutige, wuchtigere Form verändert, und ab 1973 trug der Klub sein Wappen in der Regel auch auf den Trikots.

GEGRÜNDET:
1. Juli 1904

SPIELSTÄTTE:
BayArena (30.210 Plätze)

GRÖSSTER ERFOLG:
UEFA-Pokalsieger 1988

1. Das Gründungswappen
2. 1908: Geflügelter Löwe auf dem Trikot
3. 1909: Wappenschild
4. Frühe 1920er bis 1950er Jahre „L" des TuS 04
5. 1923: Fußballer als FVL
6. Der ab 1923 fußballlose TuS 04
7. Erstmals mit Bayer-Kreuz
8. Um 1935 mit SV statt Sp.Vg. Bayer
9. 1948: Mit L statt Kreuz
10. 1949: Dreiecksraute mit „04" in Rot...
11. ... oder Schwarz-Rot
12. Trikotsymbol ab 1968
13. 1976: Modernisiertes Trikotwappen
14. 1976: Bayer-Einheitswappen
15. Nach der Fusion 1984 zum TSV Bayer 04

BAYER LEVERKUSEN

Als Werksverein steht das Logo des Bayer-Konzerns im Zentrum der Fußballer. Ein Werksverein ist man seit seiner Gründung am 1. Juli 1904. Damals nannte sich der Klub wuchtig „Turn- und Spielverein der Farbenfabriken vorm. Friedr. Bayer & Co.", was bald zu „TuS 04" abgekürzt wurde. Auf der Spielkleidung trug man einen geflügelten Löwen mit Weltkugel. Der Löwe hatte ab 1895 als Unternehmenswappen gedient, ehe er 1904 vom Bayer-Kreuz abgelöst worden war. Um 1909 wechselte der Klub zu einem Buchstabenemblem „LTSpV" (Leverkusener Turn- und Spielverein), das 1923 von einem geschlungenen „L" abgelöst wurde. Im selben Jahr verselbständigten sich die Fußballer als FV 04, der das geschwungene „L" übernahm und die Farbkombination Rot-Schwarz einführte. 1928 verschmolz der FVL mit dem Box- und SV Wiesdorf zunächst zur Sp.Vg. Wiesdorf-Leverkusen 04, die sich ab 1931 Sp.Vg. Leverkusen 04 nannte. Die Wappenfrage ist unklar. 1935 kehrten die Kicker als SV Bayer 04 in den Schoß des nunmehr „I.G. Farbenindustrie" genannten Werkes zurück und liefen 1936 erstmals mit Bayer-Kreuz auf dem Trikot auf. Überlieferung zufolge geschah dies auf Initiative von Spielern, die im Werk arbeiteten. Zwischen 1938 und 1942 musste man die Bezeichnung „BSG der I.G. Farbenindustrie A.G." tragen (kein Wappen überliefert), ehe bis 1945 wieder der Name Bayer 04 galt.

Nach Kriegsende und Zerschlagung der I.G. Farben zunächst als SV 04 auflaufend, durfte ab 1948 wieder als SV Bayer 04 gespielt werden. Als Emblem fungierte nun ein Dreieck mit schlichtem „L", das bereits 1949 abgelöst wurde von einem Schild mit Bayer-Kreuz und charismatischer „04". Anlass war laut Vereinschronik die „Notwendigkeit einer Vereinheitlichung und auch einer Dauerhaftigkeit" in der Wappenfrage. Als Klubwappen in Rot gehalten, wurde es ab den 1950er Jahren auch in Schwarz-Rot auf den Trikots getragen. Auf jenen prangte ab Ende der 1960er Jahre wiederum das freigestellte Bayer-Kreuz mit integrierter „04", das 1976 modernisiert wurde.

Ebenfalls 1976 legte die Werbeabteilung des Konzerns für alle Bayer-Sportvereine (also auch Uerdingen etc.) ein Einheitsemblem vor. Die Doppelvignette zeigte links das Bayer-Kreuz mit den jeweiligen Klubfarben und rechts Orts- bzw. Vereinsname. Damit erreichte die SV Bayer 04 1979 die Bundesliga, wo es am 1. Juli 1984 zur Wiedervereinigung von Fußballern und TuS 04 zum heutigen TSV Bayer 04 kam. Auch der erhielt die Doppelvignette, in der ab 1987 statt des prominenten „Bayer" die „04" herausgezoomt war. Mit der Fusion war zudem Rot-Weiß zur Klubfarbe geworden.

Leverkusens Fußballer durften sich 1996 ein eigenes Signet zulegen. Das Ensemble im neoheraldischen Stil zeigt das Bayer-Kreuz, das gehalten wird von zwei Löwen aus dem Stadtwappen bzw. dem historischen Werkssymbol. Bereits seit 1994 diente ein Löwe als Maskottchen der Fußballprofis. Die letzte Änderung erfolgte 2002, als Bayer-Kreuz und Konturen neue Schrifttypen erhielten.

16 Ab 1987

17 1996 Bayer-Fußballer

18 2002: Feinere Schrift

GEGRÜNDET:
25. Juli 1892

SPIELSTÄTTE:
Olympiastadion (74.475 Plätze)

GRÖSSTER ERFOLG:
Deutscher Meister 1930, 1931

❶ 1892: Mit dem „H" auf dem Herzen

❷ 1912: Urform der Hertha-Fahne

❸ 1923: Nach der Fusion mit den Fußballern des BSC mit dem Reichsadler

❹ 1929: Nach der Trennung vom BSC kehrte die Fahne zurück

❺ Ab 1933 war die Fahne zentraler Bestandteil

❻ 1950/51: Kombi-Wappen Hertha/Dresdner SC

❼ 1950er Jahre: Neben dem „H" ist nun auch „Hertha BSC" zu sehen

❽ 1979: Der „Diskoball"

❾ 1986: Rückkehr zur Fahne

❿ 1995-2012: Mit falscher Berlin-Dopplung

HERTHA BSC

Zunächst ein wichtiger Hinweis: „Hertha BSC Berlin" ist falsch! Das würde nämlich „übersetzt" heißen: „Hertha Berliner Sport-Club Berlin". Für Fans und Medien macht es das nicht einfacher, ist doch im Falle Herthas der Stadtname nur schwer mit dem Klubnamen in Verbindung zu bringen – die Folge einer Fusion im Jahr 1923, die aus einem nur mäßig erfolgreichen Fußballklub in Berlin das unumstrittene Aushängeschild der Stadt machte.

Damals vereinten sich der Berliner FC Hertha und die Fußballer des Berliner Sport-Clubs zu Hertha-BSC (ja, mit Bindestrich!). Der BSC war ein wohlhabender Leichtathletikverein mit viel Geld und wenig Empathie für Fußball. Er wurde vor allem gebraucht, um den Aufschwung des neuen Klubs zu finanzieren. Die Fußballseele der Blau-Weißen hingegen war die Hertha, geboren 1892 im Norden der Stadt und zunächst mit einem schlichten „H" im Wappenschild auflaufend. Schon 1912 hatte man sich allerdings eine Fahne als Klubemblem gegeben. Das war damals en vogue (in Berlin tragen u. a. auch Tasmania, Blau-Weiß 90, Hertha Zehlendorf und der BSV 92 Fahnenwappen) und der kaiserlichen Vorliebe für die Flotte zu verdanken, die sich neben der populären Matrosenmode eben auch in Schiffsflaggen für Vereine und Gesellschaften äußerte. Auch unter studentischen Verbindungen waren Fahnen sehr populär – und die wiederum dienten jungen Fußballern als Vorbilder.

Mit der Fusion 1923 verschwand die Fahne zunächst, rückte der vom Berliner SC eingebrachte Reichsadler ins Wappen. Als sich BSC und Hertha 1929 wieder trennten – wobei Hertha den Namenszusatz „BSC" für eine Ausgleichszahlung in Höhe von 76.000 Reichsmark behalten durfte (und der Bindestrich entfiel) –, kehrte die Fahne zurück in das Logo der Blau-Weißen, die zwischen 1926 und 1931 sechsmal in Folge das Endspiel um die Deutsche Meisterschaft erreichten. Ab 1933 war die Fahne dann wieder alleiniger Bestandteil des Hertha-Wappens und wurde im Laufe der Zeit immer mal wieder modifiziert. Besonders bemerkenswert: Als 1950 zahlreiche Spieler des ehemaligen Dresdner SC nach Berlin flohen und sich dem Klub anschlossen, spielte man ein knappes halbes Jahr mit einem kombinierten Hertha/DSC-Wappen auf den Jerseys. Einzigartig im deutschen Spitzenfußball.

Im Zuge der psychedelischen Modewelle der 1970er Jahre gab man sich 1979 ein futuristisch anmutendes Buchstabenwappen, das an einen Fußball erinnern sollte, von den Hertha-Fans aufgrund der „Strahlenwirkung" aber „Diskoball" genannt wurde. Nach vielen Protesten kehrte der Klub 1986 auf Beschluss der Mitgliederversammlung zur Fahne zurück, um diese nur neun Jahre darauf in einem Rundwappen mit dem Schriftzug „Hertha BSC Berlin" einzurahmen. Was die Marketingabteilung seinerzeit ritt, das doppelte „Berlin" ins Wappen zu stellen, ist nicht überliefert, jedenfalls erregte das neue Logo geharnischte Proteste und fand nur wenig Anklang. 2012 schließlich gab die Klubführung nach, und seitdem ist die zeitlose, schlichte Hertha-Fahne wieder das offizielle Emblem des Vereins.

1

2

3

4

5

9

6

7

8

10

GEGRÜNDET:
14. April 1938

SPIELSTÄTTE:
Vonovia Ruhrstadion
(27.599 Plätze)

GRÖSSTER ERFOLG:
DFB-Pokalfinalist 1968, 1988,
UEFA-Cup-Teilnahme 1998, 2005

❶❷❸ Die Vorgängervereine des VfL Bochum: TV 1848 Bochum (mit dem Signet des nationalen Dachverbandes Deutsche Turnerschaft/DT in Rot) , TuS 08 Bochum und SV Germania 06 Bochum

❹ Die Urform des VfL-Wappens mit leicht verspieltem „Bochum"-Schriftzug

❺ Das zeitlose heutige VfL-Wappen

❻ Variante mit Ball, Anfang der 1990er Jahre eine Zeit lang zu sehen, aber niemals als offizielles Wappen

VFL BOCHUM

Vom ersten Tag an „sein" Wappen gefunden zu haben und es im Verlauf seiner Existenz niemals zu verändern – das können nicht viele Vereine von sich behaupten. Der VfL Bochum schon. Allerdings entstand der Klub auch erst im Jahre 1938, als die Ära der filigranen Fußball-Heraldik der Jahrhundertwende längst einer zeitgemäß nüchternen Schlichtheit gewichen war.

Dass der VfL mitten im „Tausendjährigen Reich" entstand, ist ihm am Namen anzusehen. Über Jahrzehnte hatte der Streit zwischen Turnern und Sportlern die Körperkultur im Deutschen Reich beherrscht und bisweilen gelähmt. Als die Nationalsozialisten 1933 die Macht übernahmen, beendeten sie die Diskussionen mit einem Federstrich. Ihr Lieblingswort für sowohl Turnen als auch Sport war „Leibesübungen". Ein Begriff, der vor 1933 nur sporadisch oder als Anhängsel in einem Vereinsnamen auftauchte (wie beispielsweise 1. FC Nürnberg – Verein für Leibesübungen), anschließend jedoch Hochkonjunktur hatte.

In Bochum diente er als Bindeglied zwischen dem TuS 08 Bochum, dem SV Germania sowie dem TV 1848, die am 14. April 1938 zum Verein für Leibesübungen (VfL) Bochum 1848 fusionierten. Schon lange hatte man in der Ruhrstadt über einen Zusammenschluss diskutiert, aber keinen gemeinsamen Nenner zwischen den feinen Herren des TV 1848 bzw. des TuS (der ehemaligen Fußballabteilung des TV 1848) und den proletarisch angehauchten Germanen gefunden. Unter dem Hakenkreuz spielten derlei Befindlichkeiten keine Rolle mehr, lockte zudem Bochums NSDAP-Oberbürgermeister Otto Piclum mit Schuldentilgung sowie Verwandlung des Sportplatzes an der Castroper Straße in ein modernes Stadion.

Der neue Klub gab sich die Bochumer Stadtfarben Blau-Weiß und ein Schildwappen, das in zeitloser Schlichtheit daherkam – und bis heute überdauerte. Lediglich die Schrifttype änderte sich im Verlauf der Jahrzehnte hin und wieder. Zunächst war der Schriftzug „Bochum" in verspielter Type zu sehen, ehe jene nüchterne Serifenschrift ins Schild rückte, die dort auch heute noch zu sehen ist. In den 1990er Jahren gab es kurzzeitig eine Variante mit einem Fußball im weißen Feld, und gelegentlich wechselte das Farbspektrum, wurden die rechte Hälfte in Blau und der „VfL"-Streifen auf der linken Seite in Weiß gehalten. Das diente aber stets nur vorübergehenden pragmatischen Erwägungen und war niemals offizielles Wappen.

1

2

3

5

4

6

GEGRÜNDET:
4. Mai 1900

SPIELSTÄTTE:
Max-Morlock-Stadion
(50.000 Plätze)

GRÖSSTER ERFOLG:
Deutscher Meister 1920, 1921, 1924, 1925, 1927, 1936, 1948, 1961, 1968

❶	Schildwappen aus der Gründungszeit
❷	Das „1. FCN" hält Einzug
❸❹❺	Varianten mit unterschiedlicher Buchstabentype
❻	In den 1920er Jahren trug man das Stadtwappen auf dem Trikot
❼	Nürnberg unterm Hakenkreuz
❽	Nach dem Zweiten Weltkrieg rückte eine klarere Buchstabenformation auf die Spielkluft
❾	Um 1961: wuchtigere Buchstaben
❿	1978: Die Buchstabentype wird verschlankt und das Layout kompakter
⓫	Seit 2011 trägt der FCN nun auch im Wappen Weinrot
⓬	In den Spielzeiten 1973/74 und 1974/75 trug die Mannschaft ein kombiniertes Werbe-/Vereinslogo auf dem Trikot

1. FC NÜRNBERG

Schlicht, klar und mit hohem Wiedererkennungswert – das Wappen des 1. FC Nürnberg ist ein Klassiker in der Fußball-Heraldik. Und es hat bereits mehr als ein Jahrhundert auf dem Buckel! Nur in seiner unmittelbaren Gründungsphase lief der „Club" nicht mit dem charakteristischen „1. FCN" auf, sondern trug ein Schildwappen mit dem Vereinsnamen und einer damals üblichen Fußball-Darstellung.

Schon kurz nach der Gründung im Jahr 1900 gelangte das heutige Buchstabenwappen in Benutzung. Ersonnen wurde es von Hans Hofmann, Club-Mitbegründer und langjähriger Stammspieler, der später Ehrenpräsident des FCN werden sollte. Seine Idee veränderte im Laufe der Jahrzehnte zwar immer mal wieder ein bisschen ihr Outfit, im Kern aber blieb sie bis heute bestehen. So tauchten in den 1920er Jahren Serifen auf der Schrifttype auf, gab es eine Version mit Kleinbuchstaben und unterschiedlicher Punktierung. Ursprünglich waren die „1" und das „F" bzw. „C" mit Punkten abgetrennt, was orthografisch richtig ist. Später erhielt auch das „N" noch einen Punkt.

Mitte der 1920er Jahre lief der „Club" übrigens mit dem Nürnberger Stadtwappen auf den Jerseys auf und feierte damit u. a. 1924, 1925 und 1927 jeweils die Deutsche Meisterschaft. Es war auch ein Dankeschön an die Stadt Nürnberg, die dem Verein immer wieder finanziell unter die Arme gegriffen hatte. Im Dritten Reich wiederum kursierte ein in Nazi-Ästhetik stilisierter Reichsadler mit dem FCN-Wappen im Zentrum, den es beispielsweise als Vereinsnadel gab.

Als der „Club" 1948 mit einem 2:1 im Endspiel über den 1. FC Kaiserslautern die erste deutsche Nachkriegsmeisterschaft nach Nürnberg holte, tat er dies unter einem relaunchten „1. FCN". Die Punkte waren verschwunden, jegliche Spielereien an den Buchstaben ebenfalls. Das neue Logo war klar und nüchtern. 1978 rückte dann jenes Wappen an seine Stelle, mit dem der FCN auch heute noch verbunden wird: Eine etwas schlankere Schrifttype und ein kompakterer Satz waren nun zu sehen. 2011 schließlich löste jenes Weinrot, das der FCN seit langem als Trikotfarbe trägt und unter dem er weltweit bekannt ist, das helle Rot ab.

Noch ein Blick in die Vergangenheit. Als der 1. FC Nürnberg 1973 mit „AEG" erstmals einen Trikotsponsor erhielt, lief die Mannschaft für zwei Spielzeiten mit einem kombinierten Werbe-/Vereinslogo auf. Das wurde nicht nur dem Trikot getragen, sondern kam beispielsweise auch auf Spielankündigungsplakaten zum Einsatz. Offiziell galt in den beiden Spielzeiten 1973/74 und 1974/75 weiterhin das offizielle Buchstabenwappen.

1 2 3 4

5 11 12

6

7 8 9 10

GEGRÜNDET:
2. Juni 1902

SPIELSTÄTTE:
Schauinsland-Reisen-Arena
(31.500 Plätze)

GRÖSSTER ERFOLG:
Deutscher Vizemeister 1964,
UEFA-Pokal-Halbfinalist 1979

1 Das erste Wappen

2 Meidericher TuS 1880

3 - 6 Varianten der 1920er Jahre

7 1927: Wappenschild mit Zebrastreifenanmutung

8 9 1930er-1940er Jahre

10 Trikotwappen 1951

11 1950: Urform des heutigen Wappens

12 Ab 1964

13 Nun mit Duisburg. 1967-77, 1978-82, 1989-2002

14 Mit Meiderichs „De Meierksche Haanes"

15 Mit Stadtwappen nach Vizemeisterschaft 1964

16 Im Jubiläumsjahr 1977/78

17 1982-89

18 19 2002: Das Zebra ist wieder da!. Mit und ohne e.V.

20 Seit 2017

MSV DUISBURG

„Zebrastreifen weiß und blau – ein jeder weiß genau – das ist der EM – ES – VAU", heißt es in der Hymne des MSV Duisburg. Das „M" steht für Meiderich, einen lange von grimmiger Industriearbeit geprägten Stadtteil, aus dem die „Zebras" stammen. Aber wie kommt ein Verein aus dem Herzen des Ruhrpotts zum Synonym Zebras? Es ist natürlich die an ein Zebra erinnernde weiß-blau quergestreifte Spielkleidung! Aus dem Jahr 1908 ist ein erstes Mannschaftsfoto überliefert, das die MSV-Elf in Zebratrikots zeigt – und der Volksmund war damals recht fix mit Kosenamen.

Im Wappen tauchte das Zebra erst Jahrzehnte später auf. Die Meidericher begannen mit einem schlichten Buchstabenwappen, und auch die 1919 erfolgte Fusion mit dem Meidericher TV 1880 zum Meidericher TuS 1880 trug ein solches. Nach Wiedererlangung der Eigenständigkeit 1923 wurde es wild, liegen diverse Embleme vor, die sich zeitlich nicht exakt zuordnen lassen. 1927 tauchten dann erstmals Zebrastreifen im Emblem auf. Wenig später erhielt der Klub ein Buchstabenwappen mit ineinander verschlungenem „MSV", das erste Ähnlichkeiten mit dem heutigen Wappen aufwies.

Nach dem Zweiten Weltkrieg ging es turbulent weiter. Erst 1950 wurde die Rohfassung des aktuellen Emblems vorgelegt, das wiederum mit der Bundesligasaison 1963/64 erstmals zum Einsatz kam. Damals noch schlicht mit „Meidericher Spielverein 02", denn das „Duisburg" gesellte sich erst 1967 nach entsprechender Umbenennung in MSV Duisburg dazu. Bei der Gelegenheit entfielen auch die feinen Außenlinien von Buchstaben wie Außenkreis.

Parallel kursierten zwei völlig andere Embleme mit dem „Meierksche Haanes", dem Wappentier der ehemaligen Stadt Meiderich, bzw. dem Stadtwappen von Duisburg. Das Hahn-Emblem ist nachzuweisen für 1955, das Schild mit dem Stadtwappen trug die Vizemeistermannschaft 1964 auf ihren Ausgehanzügen.

Anlässlich des 75. Jubiläums gelangte dann erstmals ein Zebra ins Wappen. Am 3. September 1977 stellte der MSV beim 1:1 gegen den TSV 1860 München ein Symbol mit frech grinsendem Zebrakopf vor. Während der Verein nach Saisonende 1977/78 zum Traditionswappen der 1960er Jahre zurückkehrte, wurde der charakterstarke Zebrakopf von einigen Fanklubs weiterverwendet. Mit dem Bundesligaabstieg 1982 kam dann ein von der Lokalpresse geschaffenes schlichtes „MSV"-Wappen in Nutzung, das nach der Rückkehr in die 2. Bundesliga 1989 wieder vom Traditionswappen der 1960er abgelöst wurde.

Dass 2002 erneut ein Zebra Bestandteil des MSV-Wappens wurde, war Joachim Schulze zu verdanken. Viele Jahre Werbeleiter bei einem späteren MSV-Sponsor, entwickelte Schulze eine Kombination aus Zebra-Silhouette und Traditionswappen, die in zwei Varianten Verwendung fand. 2017 kehrte der Klub schließlich erneut zum Traditionswappen zurück, in dem nun allerdings das „e.V." entfernt wurde.

1 2 3 4 5

6 7 8 9 10 11

12

13 16

14 15

17 18 19 20

GEGRÜNDET:
12. April 1896

SPIELSTÄTTE:
Heinz-von-Heiden-Arena
(49.200 Plätze)

GRÖSSTER ERFOLG:
Deutscher Meister 1938, 1954

1 Damit fing es 1896 an

2 96 wird zum Fußballklub

3 Trikotwappen um 1910

4 1912: Unter schwarz-weiß-grüner Fahne

5 1913 vereinte sich der HFC 96 mit dem BV Hannovera 1898 zum HSV 1896, dessen Fahnenwappen zum gemeinsamen Emblem wurde

6 1919: Debüt der „96" als Trikotwappen im Kreis

7 1935: Begradigte „96"

8 Bis 1967 blieb die Fahne offizielles Vereinswappen

9 - 16 Entwicklung eines Zahlenwappens: 1977, 1981, 1985, 1996, 1998, 2002, 2004 und 2005

17 Das seit 2007 verwendete Logo

HANNOVER 96

Ein Logo, das man auf den Kopf stellen kann und das trotzdem sein Gesicht wahrt: Das Emblem von Hannover 96 ist in seiner Funktionalität ziemlich einzigartig – nur beim Hamburger SV funktioniert das ähnlich. Zudem ist Hannover 96 ein prächtiges Beispiel, wie sich aus einem Trikotlogo allmählich ein Vereinswappen entwickelt. Denn über Jahrzehnte war es eine schwarz-weiß-grüne Fahne, die das offizielle Logo der „Roten" darstellte. Erst 1967 wurde die „96" zum offiziellen Wappen des Vereins.

Der Weg dorthin war verschlungen, und mit insgesamt 16 Logovarianten gehören die Niedersachsen zu den Rekordhaltern im deutschen Profifußball. Es begann in grauer Vorzeit, als man bei 96 noch nicht einmal Fußball spielte, sondern lediglich Rugby und Leichtathletik betrieb. Genau die beiden Disziplinen sind über das Rugby-Ei und den geflügelten Fuß auch im Urwappen abgebildet. Nach dem Wechsel zum Fußball 1901 kam das Wappenschild in eine Rundform, in der der Klubname zu lesen war. Parallel trug man ein verschlungenes „HFC" auf den Jerseys.

Schon vor der Fusion mit dem BV Hannovera zum HSV 1896 im Juli 1913 wurde die schwarz-weiß-grüne Fahne ab 1912 neues Erkennungszeichen. Auf den Trikots wiederum tauchte bereits 1919 die Zahl „96" auf; zunächst in einem geschlossenen Kreis, ab ca. 1935 dann in einer Variante, bei der die Enden der 9 bzw. 6 den Kreis durchbrechen. Nachdem 1956 zum 60. Jubiläum noch unter dem Fahnenlogo gefeiert worden war, kam ab Anfang der 1960er Jahre allmählich auch der 96-Kreis auf offiziellen Vereinspublikationen zum Einsatz. Mehr als ein Jahrzehnt standen sowohl Fahne als auch Kreiswappen in Verwendung, ehe sich das Zahlenemblem allmählich durchsetzte und zum offiziellen Klublogo wurde.

Dabei blieb es allerdings regelmäßigen Veränderungen unterworfen. Zunächst in zarten und dünnen Zahlen dargestellt, rückte Anfang der 1980er Jahre eine deutlich dickere Schrifttype ins Zentrum. Bereits 1977 war ein umgebendes grünes Viereck dazugekommen, mit dem die Klubfarben Schwarz-Weiß-Grün dargestellt wurden. 1985 näherte man sich schließlich der heute verwendeten Schrifttype an, bei der die Enden der 9 bzw. 6 nur noch in Andeutungen aus dem Kreis treten. Nach dem Abstieg in die Regionalliga im Jubiläumsjahr 1996 wurde zudem das Viereck wieder abgetrennt, trat das Grün stattdessen in den Kreis. Das heutige Wappen nahm Form an!

Allerdings bedurfte es noch einiger Schritte, ehe die derzeit aktuelle Version entstand. So gab es ab 2004 ein Emblem mit leicht kitschigem Glitzereffekt, prangte 2005/06 zudem der Schriftzug „Die Roten seit 1896" unter dem Wappen. Seit 2007 ist nun das heutige Logo im Einsatz.

1 2 3

4 5 8

6 7

9 10

11

17

12 13 14 15 16

GEGRÜNDET:
12. September 1945

SPIELSTÄTTE:
Volkswagen Arena
(30.000 Plätze)

GRÖSSTER ERFOLG:
Deutscher Meister 2009

1. Mit Zinnen begann es 1945
2. Schon kurz darauf rückte der Wolf auf der Wolfsburger Burg ins Wappen
3. Von 1952 bis 1991 im Einsatz: die Zinnen auf dem „W". Sie stehen für die Wolfsburger Burg
4. Um die Marke kenntlicher zu machen, erhielt das alte Wappen 1991 einen Ring mit der erklärenden Inschrift „VfL Wolfsburg"
5. Seit 2002 im Einsatz und in Fankreisen ziemlich umstritten – „Nach oben offen", jubelte der VfL zur Präsentation, „wie die Entwicklung des Bundesligafußballs in Wolfsburg"

VFL WOLFSBURG

„FasZINNation Wolfsburg" steht seit Jahren auf einem Transparent, das in der Nordkurve der Volkswagen Arena hängt. Ein Statement vieler VfL-Fans, die das alte Klublogo mit den Zinnen zurückhaben wollen. Denn als 2002 die neue Wolfsburger Fußball-Arena ihre Pforten öffnete, gab sich der örtliche VfL auch gleich ein Logo-Lifting. Aus einem leicht angestaubt wirkenden Emblem mit drei Zinnen, die ein „W" formten und eine Reminiszenz an die Wolfsburger Burg darstellten, wurde ein beinahe futuristisches Ensemble, das direkt aus den Designerstudios des VW-Werkes zu stammen schien. Viele erinnerte es mit seinen abgerundeten Kanten und dem offenen Kreis allerdings an das „@"-Symbol bzw. das Logo der Fast-Food-Kette „Burger King". Dass es von einem in Braunschweig residierenden Designer entworfen wurde, machte die Sache nicht einfacher.

Beim Verein indes war man begeistert. „Zu einer Vorwärtsentwicklung gehört auch Veränderung, das ist untrennbar miteinander verbunden. Wir streben diese Vorwärtsentwicklung an – und das sollte auch im Interesse der Fans sein", freute sich der damalige VfL-Manager Peter Pander über den Wechsel, der mit Schaffung einer „Corporate Identity" begründet wurde. Und auch Sportmarketingexperte Dr. Peter Rohlmann jubelte im Juni 2017 im Interview mit „VICE": „Der VfL Wolfsburg hat mittlerweile eines der modernsten Logos in Deutschland – geschwungene Typenführung, sehr puristisch, und die Fans haben es mitgemacht und für gut befunden."

Mit seiner Einschätzung bezüglich der Akzeptanz seitens der Fanszene lag er jedoch falsch. Denn es gab und gibt in Wolfsburg stattdessen Dauerprotest unter dem Slogan „Neues Logo niemals!". Das moderne Wappen wird als Traditionsbruch empfunden – ein Punkt, an dem Anhänger des VfL Wolfsburg aufgrund des ständigen Vorwurfes der vermeintlichen Traditionslosigkeit ihres Vereins ohnehin sensibel sind.

Vermisst werden vor allem besagte Zinnen im „W", die symbolisch für die Wolfsburger Burg und damit die Verbindung von Stadt und Verein stehen. Seit 1952 zierten sie das Wappen des Vielspartenvereins VfL und lösten das Logo aus dem Jahr 1946 ab, in dem die Wolfsburger Burg noch als richtiger Umriss mitsamt Wolf abgebildet gewesen war. Begonnen hatte Wolfsburg Wappengeschichte 1945 mit einem nur kurz in Erscheinung getretenen Schildwappen, in dem ebenfalls Zinnen zu sehen waren.

Die VfL-Anhänger wollen auch in Zukunft nicht lockerlassen. So kann man sich beispielsweise im Nordkurvensaal vor der Fankurve für 5 Euro im Rahmen der „Umnähaktion" das alte Wappen aufs neue Trikot nähen lassen und damit seine Einstellung demonstrieren. Inzwischen hat sich der Verein vor dem Hintergrund des Dauerprotestes tatsächlich etwas geöffnet und zeigt das Zinnen-Wappen zumindest im historischen Kontext wieder. Eine Rückkehr auf die Briefbögen bzw. Trikots jedoch schließt man aus.

1

2

3

4

5

GEGRÜNDET:
6. Juni 1894

SPIELSTÄTTE:
Wildparkstadion (29.699 Plätze)

GRÖSSTER ERFOLG:
DFB-Pokalsieger 1955, 1956

1 2 Wappenvarianten des Ursprungsvereins FC Phönix 1894 ...

3 ... und des Fusionspartners VfB 1905 Mühlburg

4 Das Fusionswappen 1952 mit dickem schwarzem Umrandungskreis (vom FC Phönix) sowie dem Hellblau des VfB Mühlburg

5 Später wurde es filigraner und dunkler

6 Bei den Fans durchgefallen: das „Pyramidenwappen" von 1998 bis 2004

7 Variante ohne Außenkreis

8 Das heutige Wappen: schlicht, zeitlos, nüchtern – und blauem statt wie einst schwarzem Außenkreis

KARLSRUHER SC

Gut gemeint ist nicht immer auch gut gemacht. 1998 machte man sich in Karlsruhe Gedanken um seine Zukunft. Noch hallte der Jubel vom legendären 7:0 über Valencia fünf Jahre zuvor durch den Wildpark, träumte man von der dauerhaften Etablierung in Europas Spitzenfußball. „KSC 2000" hieß das Projekt, mit dem sich die Badener für die Zukunft aufstellen wollten. Dazu gehörte auch ein Wappenlaunch. Also stellte man um das aus dem Gründungsjahr 1952 (Fusion von Phönix Karlsruhe und VfB Mühlburg) stammende Rundlogo mit den Buchstaben „KSC" eine Pyramide in Rot-Gelb.

Eine Pyramide in Rot-Gelb?

Nun, die Farben dockten sowohl an Karlsruhes Stadtfarben als auch an die des ehemaligen Landes Baden an, und die Pyramide ist Karlsruhes Wahrzeichen. Auf dem zentralen Marktplatz der Stadt steht tatsächlich eine 6,81 Meter hohe Pyramide aus rotem Sandstein nach ägyptischem Vorbild. In ihr befindet sich die Gruft mit den Überresten des Stadtgründers Karl Wilhelm von Baden-Durlach. Die waren ursprünglich in der Konkordienkirche begraben, nach deren Abriss die Gruft zunächst mit einer behelfsmäßigen Holzpyramide geschützt worden war. Zwischen 1823 und 1825 entstand daraus schließlich eine „echte" Pyramide.

Karlsruhes einzigartiges Bauwerk ins Klubwappen zu integrieren, war also im Grunde genommen eine durchaus schlaue Idee. Bei den Fans fiel sie dennoch gnadenlos durch. Das lag sicher zunächst am ungewohnten Anblick, zumal Außenstehende in der Novität keine Pyramide sahen (wer erwartet so etwas auch in Karlsruhe!), sondern schlicht ein nutzloses Dreieck, das durch die Farbkombination Rot-Gelb-Blau zudem ziemlich bunt daherkam (der KSC spielte seinerzeit übrigens häufig in Rot-Gelb, was bei den Fans ebenfalls nicht gut ankam). Vor allem aber fiel die Neuerung zeitlich zusammen mit dem Einsetzen des gnadenlosen sportlichen und wirtschaftlichen Absturzes des Klubs, der sich noch im Jahr des Wappenlaunches (also 1998) aus der Bundesliga und zwei Jahre später sogar aus der 2. Bundesliga verabschieden musste. Statt in Europa aufzulaufen, reiste der Pyramiden-KSC also nach Pfullendorf und Aalen.

2004, inzwischen zurück in der 2. Bundesliga, dann die Kehrtwende und Rückkehr zum ursprünglichen Wappen, das eine typische Kreation der 1950er Jahre ist. Damals galt es, die bis ins Jahr 1894 zurückreichende Tradition des Karlsruher FC Phönix mit den Klubfarben Schwarz-Blau und die des VfB Mühlburg, 1905 gegründet und in Hellblau-Weiß spielend, miteinander zu verbinden. Anfangs trug das KSC-Wappen noch einen dem Phönix geschuldeten schwarzen Ring, der jedoch bald zugunsten einer klareren Form geopfert wurde. Auch der schmale blaue Außenring verschwand phasenweise, gehört aber aktuell wieder zu einem Wappen, das man wohlwollend als schlicht und zeitlos bezeichnen kann.

GEGRÜNDET:
5. Mai 1895

SPIELSTÄTTE:
Merkur Spiel-Arena
(54.600 Plätze)

GRÖSSTER ERFOLG:
Deutscher Meister 1933

❶ Auf einer Ehrenurkunde von Dezember 1920 abgebildetes erstes Wappen des Düsseldorfer TSV Fortuna 1895

❷ Nur von der Jugend- und Turnabteilung benutztes Wappenschild um 1924

❸ 1925 erhielt die Fortuna anlässlich des 30-jährigen Jubiläums ihr charismatisches Logo mit dem „F95"

❹❺❻ Varianten eines Logos über die Jahrzehnte

❼ Nie offiziell, dennoch eine Zeit lang in Gebrauch

FORTUNA DÜSSELDORF

Fortuna ist in der römischen Mythologie die Glücks- und Schicksalsgöttin. Eigentlich ein perfekter Name für einen Fußballklub. Und doch erhielt die Düsseldorfer Fortuna nicht etwa durch einen mit der Antike vertrauten Zeitgenossen ihren Namen, sondern – zumindest der allerdings nicht belegbaren und auch umstrittenen Legende nach – von einem zufällig vorbeizockelnden Pferdefuhrwerk. Das stammte von einer Düsseldorfer Brotfabrik namens „Fortuna" und soll die Initialzündung für die Umbenennung des 1911 in Flingern gegründeten FK Alemannia in Fußballklub Fortuna Düsseldorf gewesen sein. 1919 wurde daraus nach Zusammenschluss mit dem Flinger Turnverein 1895 der heutige Düsseldorfer Turn- und Sportverein Fortuna 1895.

Als dessen Klubemblem diente zunächst ein Rundwappen mit dem Vereinskürzel „DTFSV", wobei das „F" bereits Anlehnungen an das aktuelle Wappen zeigte. Im Bereich der Jugend- und Turnabteilung kursierte unterdessen ein schlichtes Wappenschild in Rot und Weiß, auf dem der Klubname, das Düsseldorfer Stadtwappen mit dem Bergischen Löwen sowie die vier „F" der Turnbewegung („Frisch, fromm, fröhlich, frei") zu sehen waren. Anlässlich des 30-jährigen Jubiläums erhielt der inzwischen zum städtischen Aushängeschild aufgestiegene Klub 1925 sein heutiges Wappen mit dem großen und markanten „F" sowie der „95" als Verweis auf das Gründungsjahr 1895. Zu sehen war es erstmals auf der damaligen Jubiläumsfestschrift und rückte um 1927 auch auf die Trikots der Fortunen; außerdem wurde es zu einer eigenen Schrifttype des Vereins.

Seitdem ist es geblieben, wie es ursprünglich war. Schlicht und zeitlos, einzigartig, mit hohem Wiedererkennungswert. Für die Fortuna gab es also keinen Grund, ihr Logo zu verändern. Zwar lief die Mannschaft in den 1940er Jahren eine Zeit lang mit einem dicken „F" im roten Kreis auf den Trikots auf, offizielles Emblem aber blieb das rote „F95" mit den zwei schmalen, unterschiedlich hellen Ringen. Im Laufe der Jahrzehnte gab es davon verschiedene Varianten, die jedoch vermutlich nicht bewusst herbeigeführt wurden, sondern schlicht den Bedingungen der Zeit geschuldet waren. So sah man Mitte der 1970er Jahre zeitweise nur einen weißen Ring, war ab Ende der 1970er Jahre (u. a. beim Europapokalfinale 1979) ein Wappen mit sehr breitem weißem Innenring auf den Jerseys zu sehen, gibt es auch Versionen in umgekehrter Farbreihenfolge; einmal sogar auf dem Briefbogen des Vereins. Auch das „F" änderte sich bisweilen und wurde im Laufe der Jahre filigraner, während die Zahlen ihre Type wechselten.

Niemals offizielles Emblem, aber dennoch eine Zeit lang sehr gebräuchlich war indes ein Rundwappen mit dem Schriftzug „Fortuna Düsseldorf" um das „F95".

1

2

4

3

5

6

7

GEGRÜNDET:
15. Dezember 1895

SPIELSTÄTTE:
Eintracht-Stadion (23.325 Plätze)

GRÖSSTER ERFOLG:
Deutscher Meister 1967

1 Das erste überlieferte Wappen des damaligen FC Eintracht

2 1920: Braunschweiger SV Eintracht

3 Zwischen 1945 und 1949 spielte man als TSV Braunschweig

4 5 6 1949: Der heutige Braunschweiger TSV Eintracht 1895 entsteht

7 Zwischen 1973 und 1978 für 100.000 DM per annum offizielles Klubwappen: „Jägermeister"-Hirsch statt Löwe

8 Von 1986 bis 2012 war der Löwe in eine Raute gepresst

9 Klare Konturen entschlackter Löwe: das aktuelle Wappen

EINTRACHT BRAUNSCHWEIG

Anfang 1973 schrieb Eintracht Braunschweig Fußballgeschichte. Rund fünfeinhalb Jahre nach dem Gewinn der Deutschen Meisterschaft war der Klub klamm und rang um sein finanzielles Überleben. Günter Mast, am Fußball nicht sonderlich interessierter, aber geschäftstüchtiger Spirituosenfabrikant aus dem benachbarten Wolfenbüttel, hatte die Lösung parat: „Ändert euer Vereinswappen in mein Firmenlogo, und ihr bekommt 100.000 DM!" Zuvor hatte Mast das Firmenlogo zu Werbezwecken auf das Eintracht-Jersey drucken lassen wollen, was vom DFB jedoch mit Verweis auf die Statuten abgelehnt worden war. Auf der Spielerbrust sei lediglich das Vereinsemblem erlaubt.

Deshalb griff Mast in die Trickkiste, und tatsächlich bewilligte die Mitgliederversammlung der Eintracht am 8. Januar 1973 mit 145 Ja- und sieben Nein-Stimmen das neue Logo, stand fortan nicht mehr der Löwe im Zentrum des Eintracht-Emblems, sondern der Hirschkopf mitsamt Kreuz-Halo über dem Kopf – also das Markenzeichen von Masts Premiumprodukt „Jägermeister". Der DFB war platt und gab zähneknirschend grünes Licht. 1983, inzwischen war Mast Präsident der Eintracht, gab es sogar einen Antrag, den Klub in SV Jägermeister umzubenennen, woraufhin der DFB seine Satzung per Eilantrag modifizierte. Als Mast 1985 im Streit aus der Klubführung ausschied, endete die „Jägermeister"-Episode. Der Löwe war bereits 1978 ins Wappen zurückgekehrt.

Er verweist auf Heinrich den Löwen, der während seiner Regentschaft in Braunschweig um 1166 ein Löwenstandbild errichten ließ, das zum Stadtsymbol wurde. Als 1895 mit dem Fußball- und Cricket-Club Eintracht die Urzelle des BTSV entstand, nahm der aufrecht stehende stilisierte Löwe in den Stadtfarben Rot und Weiß das Zentrum des Klubwappens ein. Das war selbstverständlich, denn der Löwe war längst Symbol für die Löwenstadt. Neben der Eintracht tragen ihn weitere Sportklubs wie der HSC Leu, der MTV, die Freie Turnerschaft oder die Basketball Löwen im Emblem.

Über die Jahrzehnte änderte die Eintracht zwar mehrfach ihren Namen, der Löwe aber blieb – mit Ausnahme der „Jägermeister"-Episode – im Wappen. Zudem blieb es beim Kreiswappen mit umherlaufendem Ring, in dem der Vereinsname steht, das seit Gründungstagen in Gebrauch war. Lediglich zwischen 1986 und 2012 spielte man unter einer Raute.

1 BRAUNSCHWEIGER F.C. EINTRACHT

2 BRAUNSCHWEIGER SPORTVEREIN · EINTRACHT E.V. 1895

3

4 BRAUNSCHWEIGER · TURN-u. SPORTVEREIN · EINTRACHT · 1895

9 BRAUNSCHWEIGER TURN- U. SPORTVEREIN · EINTRACHT E.V. 1895

5 BRAUNSCHWEIGER TURN-U. SPORTVEREIN · EINTRACHT E.V. 1895

6 B. T. S. V. EINTRACHT 1895 E.V.

7 BRAUNSCHWEIGER TURN-U. SPORTVEREIN · EINTRACHT E.V. 1895 ·

8

GEGRÜNDET:
17. Mai 1860

SPIELSTÄTTE:
Städtisches Stadion an der Grünwalder Straße (12.500 Plätze)

GRÖSSTER ERFOLG:
Deutscher Meister 1966

❶ Das erste Wappen der 1860-Fußballer

❷ 1919: Wappen der 1860-Fußballabteilung

❸ 1920 erstmals mit dem Löwen am Ball

❹❺ 1924: Spaltung in TV 1860 (links) und SV 1860 (rechts)

❻❼ 1934: Rückkehr zum Achteck, wobei der Gesamtverein die „1860" trägt, die Fußballer nicht

❽ Filigranerer Löwe in den 1960er Jahren

❾ Paralleles Fußballwappen: Raute mit Löwenemblem

❿ Das aktuelle Wappen

TSV 1860 MÜNCHEN

Einen Löwen im Wappen haben viele Klubs. Doch für keinen Verein wird der Begriff „Die Löwen" derart synonym verwendet wie für den TSV München 1860. Dabei kam das Wappentier tatsächlich erst 1911 ins Klublogo, trug man bis dahin die vier „F" der Turnbewegung („Frisch, fromm, fröhlich, frei") als Emblem. Weil der damalige TV 1860 jedoch längst kein reiner Turnverein mehr war und u.a. eine aufstrebende Fußballabteilung aufwies, brauchte man ein neues Abzeichen. Franz Grundner, laut Vereinschronik ein „städtischer Angestellter, der auch gerne in seiner Freizeit Lieder und Gedichte schrieb, um die Leichtathleten aufzumuntern", soll es gewesen sein, der den bayerischen Löwen vorschlug, der Mut und Ausdauer symbolisieren sollte. Der Löwe diente zudem bereits seit dem 13. März 1880 als Symboltier des Vereins, darüber hinaus war Münchens Stadtgründer Heinrich der Löwe gewesen.

Der bekannte Bildhauer und 1860-Förderer Bertl Rungas machte sich daraufhin ans Werk und schuf ein Wappen, das in seinem Kernelement – dem doppelschwänzigen Löwen – bis heute verwendet wird. Mit einer feinen Ausnahme: Nach Protesten der Löwenbrauerei, deren Wappen dem 1860-Logo glich, gab Rungas dem 1860-Löwen einen miteinander verschlungenen doppelten Schwanz statt des symmetrisch verlaufenden der Brauerei, was dem 1860-Wappentier eine einzigartige Note verlieh.

Für die 1860-Fußballer war der Löwe zunächst vor allem ein Trikotwappen, während man auf den Briefköpfen andere Logos zeigte. Noch vor der „reinlichen Scheidung" zwischen Turnern und Sportlern, durch die sich der ab 1919 TSV 1860 genannte Klub 1924 in den TV 1860 (= Turner) und den SV 1860 (= Fußballer) aufspaltete, wurde der Löwe im achteckigen Kasten jedoch zum offiziellen Klubwappen. Nach ihrer Trennung trugen TV 1860 und SV 1860 weiterhin sehr ähnliche Wappen – die Fußballer verzichteten in ihrem lediglich auf das „1860", das ohnehin auf die Gründung der Turnabteilung hinwies (die Fußballsektion der „Löwen" stammt aus dem Jahr 1899).

Nach der Wiedervereinigung von Turnern und Fußballern 1934 als TSV 1860 blieb das „1860" für den Gesamtverein unter dem Löwen im achteckigen Kasten, während die Fußballer zunächst weiterhin ohne Jahreszahl aufliefen. Erst in den frühen 1960er Jahren rückte das „1860", mit dem längst auch die Fußballer untrennbar verbunden waren, auf die Trikots der weißblauen Kicker. Parallel in Verwendung war zudem eine weißblau-weiße Raute mit dem Löwenwappen im Zentrum, die man auch schon zu Zeiten der „reinlichen Scheidung" in den 1920er Jahren getragen hatte.

1972 schließlich erhielt der Löwe sein Lifting mit einer an die des bayerischen Staatswappens angelehnten filigraneren Gestaltung, die auch heute noch in Verwendung ist.

1

2

3

10

4

5

8

9

6

7

GEGRÜNDET:
1904

SPIELSTÄTTE:
Europa-Park-Stadion
(24.000 Plätze)

GRÖSSTER ERFOLG:
Achtelfinale Europa League 2024

❶ Das Wappen der Freiburger Turnerschaft von 1844

❷ 1924: Nach Gründung des SC mit Greif im ovalen Wappen

❸ Von 1945 bis 1949 lief man als VfL Freiburg auf

❹ Von ca. 1952 bis 1958 verwendetes Buchstabenwappen

❺❻ Varianten aus den 1950er und 1960er Jahren

SC FREIBURG

Tiere spielen in der Heraldik eine wesentliche Rolle. Sie symbolisieren Attribute, die sich der Träger gerne zuschreibt, und sie schlagen eine Verbindung zur Mythologie, die in den Gründerjahren auch im Fußball populär war. 1924 gab sich der just wiedererstandene Sport-Club Freiburg ein neues Logo, auf dem der Kopf eines Greifs zu sehen war. Es ist jenes Wappen, unter dem der Klub bis heute am Ball ist. Der Greif ist ein mythisches Mischwesen (oft mit dem Kopf eines Raubvogels, dem Körper eines Löwen sowie Flügeln dargestellt) und zugleich das Wappentier der Herzöge von Zähringen, dereinst Stadtgründer Freiburgs. Er symbolisiert neben seiner mythischen Attribute also auch die Verbindung des Klubs zur Breisgau-Metropole.

Im Wappen der Freiburger Turnerschaft, aus der sich der Sport-Club seinerzeit herauslöste, ist ebenfalls ein Greif zu sehen. Die Freiburger Turnerschaft ist jene Gemeinschaft, der sich die Fußballvorgänger des Sport-Clubs, der 1912 aus dem Zusammenschluss von FC Union und SV 04 (die auf ihren Trikots jeweils das rot-weiße Sankt-Georgs-Kreuz des Freiburger Stadtpatrons trugen) entstanden war, nach dem Ersten Weltkrieg angeschlossen hatten. Aufgrund der „reinlichen Scheidung" zwischen Turnern und Sportlern spielte man jedoch nur fünf Jahre unter einem Dach, ehe die Fußballer 1924 wieder ausschieden und sich als „Sport-Club" erneut verselbstständigten. Ob der Greif im SC-Wappen tatsächlich auf die Stadtgründer zurückgeht, ist übrigens umstritten. Denn die Vereinsgaststätte des Klubs, der „Ganter"-Brauereiausschank, gehörte seinerzeit zur „Ganter"-Brauerei, die ebenfalls einen Greif als Label trug. Es mag also auch eine frühe Form des Sponsorings gewesen sein.

Der Wappenerschaffung im Jahr 1924 ging im Übrigen eine „Farbenaffäre" genannte, hitzige Diskussion über die Vereinsfarben voraus. Die waren seit 1904 mit Schwarz-Weiß-Gold festgelegt, was jedoch im Laufe der Jahre verschüttgegangen war. In einem zeitgenössischen Zeitungsartikel heißt es: „Wie so alles andere, so hat eben auch unser Gedächtnis unter der modernen Zeitströmung sehr gelitten, sonst hätte es jener unerquicklichen Debatten nicht bedurft." Heute sind die offiziellen Farben übrigens Weiß-Rot, was wiederum die Freiburger Stadtfarben sind – so viel zu „modernen Zeitströmungen".

Zwischen 1938 und 1952 traten die Kicker von der Dreisam zudem unter anderen Emblemen auf. 1938 kehrte der Sport-Club zur Freiburger Turnerschaft zurück und kickte erneut unter deren Greif-Wappen, ehe nach dem Zweiten Weltkrieg unter französischer Besatzungspolitik einstweilen Schluss war mit den alten Vereinen und sich sämtliche Klubs in der französischen Zone neue Namen geben mussten. Die Freiburger Turnerschaft – respektive der Sport-Club – votierte für die Bezeichnung VfL Freiburg. Erst 1949 durfte man zum alten Namen zurückkehren, ehe sich die FT-Fußballabteilung 1952 als Sport-Club abermals verselbstständigte – und zum Greifvogel-Wappen zurückkehrte.

1

3

4

2

5

6

GEGRÜNDET:
27. März 1905

SPIELSTÄTTE:
Mewa Arena (34.034 Plätze)

GRÖSSTER ERFOLG:
Bundesliga-Fünfter 2011

❶ Das erste Wappen nach der Fusionsgründung

❷ 1923: Schildwappen mit Doppelfahne „05 e.V."

❸ bzw. „e.V. 05"

❹ Trikotwappen von 1926. Das heutige Emblem nimmt erste Formen an

❺ 1928: Urform des heutigen Wappens

❻ Emblem auf der Festschrift im Jahr 1930

❼ Mit dem Stadtwappen auf dem Trikot in der Saison 1930/31

❽ Feinere Ausprägungen mit Rauten-0

❾ Jubiläumsschrift 1955

❿ ⓫ Parallel verwendete Farbvarianten

⓬ 1973 Bauchigere Zahlen, mit Namensring

⓭ ⓮ Freigestellt ohne & mit Name

⓯ Erneut mit Namensring, ohne e.V.

⓰ 2019: aktuelles Emblem mit feiner Kreislinie

1. FSV MAINZ 05

Die Ästhetik von Fußballwappen ist immer auch eine Geschmacksfrage und wird insofern vielschichtig interpretiert. Das zeigt das Beispiel des 1. FSV Mainz 05, bei dessen Wappen es im Grunde genommen lediglich zwei Meinungen gibt: „wunderbar schlicht und klar" oder „schrecklich einfallslos und langweilig".

Welcher Fraktion man auch angehört – das Mainzer Wappen hat Tradition und zudem einen einzigartigen Charakter. Von Beginn an arbeitete man bei den Rheinhessen mit einem Buchstabenwappen. Als der 1. FSV Mainz 05 nach dem Ersten Weltkrieg aus einer Fusion zwischen dem 1. FV Mainz 05 (1905 gegründet als 1. Mainzer FC Hassia) und SV 08 Mainz entstand (keine Wappen überliefert), gab er sich ein Kreisemblem, das ein großes „M" in eigentümlich verzerrter Form zeigte. Auf der Jubiläumsschrift von 1925 wiederum ist ein gänzlich anders gestaltetes Emblem abgebildet, das etwa 1923 aufgekommen war. In einem Wappenschild war auf einer Art Doppelfahne die Inschrift „MFSV" (Mainzer Fußball-Sport-Verein) zu lesen. In der Urform stand darunter „05 e.V.". In einer weiteren Variante, die u. a. an der Vereinsgaststätte „Zur Sportklause" an der Binger Straße zu sehen war, hieß es dort wiederum „e.V. 05".

Um 1926 trugen die Fußballer auf ihren Trikots erstmals jenes „M05", das heute als einzigartiges Erkennungszeichen des Vereins dient. Zunächst etwas rudimentär gezeichnet, wurde es 1928 auf den Briefbögen des Vereins bereits in der Urfassung des heutigen Symbols gezeigt. Das Ensemble war ein wunderbares Beispiel für die zahlreichen jugendstilgeprägten Fußballwappen der Zeit. Auf den Trikots trugen die 05er in der Saison 1930/31 allerdings das Mainzer Stadtwappen mit dem Kürzel „M05".

Im Laufe der Jahre veränderte sich das Jugendstil-Wappen, wobei unklar ist, ob dies mit Absicht geschah oder den technischen Möglichkeiten der Zeit geschuldet war. Die „0" im 05 wurde nun zur Raute, die „5" kam verspielt und leicht gezerrt daher. Die Farben wechselten zwischen rotem Hintergrund und weißer Schrift sowie weißem Hintergrund mit roten Zeichen. Die Festschrift 1955 zeigt das Wappen vergleichsweise schlicht und mit Ballhintergrund, was mit hoher Wahrscheinlichkeit den technischen Möglichkeiten geschuldet war, denn auf dem Trikot blieb es bei der filigranen Variante mit der Rauten-0.

Um 1973 wurde das Emblem kräftig renoviert. „0" und „5" kamen nun bauchiger daher; die Rauten-0 verschwand. Zudem war das Ensemble von einem Namensring umgeben. Der entfiel bald wieder, denn noch in den 1970er Jahren stand das „M05" wieder für sich. 1982 wurde auch der Außenkreis entfernt, ehe 1989 der freistehende Vereinsname in der unteren Hälfte hinzukam – so zu sehen u. a. auf der Festschrift zum 100-jährigen Jubiläum. Varianten mit und ohne Name waren fortan zeitgleich im Einsatz. Seit 2019 ist das Emblem wieder von einem feinen Ring umgeben, nutzt der Klub eine eigens für ihn anhand des Wappens gezeichnete Schrifttype.

GEGRÜNDET:
18. April 1903

SPIELSTÄTTE:
Ludwigsparkstadion
(17.000 Plätze)

GRÖSSTER ERFOLG:
Deutscher Vizemeister 1943, 1952

1. Das Wappen des FV Saarbrücken, der ab 1909 unter diesem Namen spielte
2. Nachdem der FVS 1945 verboten wurde, entstand der 1. FC Saarbrücken als Nachfolger
3. Zwischen 1947 und 1955 kickte man unter dem Saarkreuz und erhielt ein „Barça-Wappen"
4. 1955 wurden das neue und das alte Wappen zum heutigen verschmolzen
5. Aktuelle Variante des FCS-Wappens

1. FC SAARBRÜCKEN

Gewisse Ähnlichkeiten mit dem Wappen des FC Barcelona sind nicht zu verleugnen, und wie das Barça-Emblem ist auch das Logo des 1. FC Saarbrücken prall gefüllt mit kulturhistorischer Symbolik. So findet sich im oberen rechten Feld der goldgekrönte Löwe mit vier Kreuzen, der bis zur Gründung der Großstadt Saarbrücken durch Zusammenschluss von Saarbrücken, St. Johann und Malstatt-Burbach im Jahr 1909 als Wappen der Stadt Saarbrücken gedient hatte.

Er prangte auch zwischen 1947 und 1955 dort, als das FCS-Wappen noch viel deutlicher an das des FC Barcelona erinnerte. Damals war das linke Feld vom weißen Saarkreuz im blau-roten Feld besetzt, standen als zentrale Längszeile die Buchstaben „FCS". Die wiederum hatten eine doppeldeutige Aussage, denn sie galten sowohl für „FC Saarbrücken" als auch für „FC Sarrebruck", als der man 1948/49 in der zweiten Division Frankreichs mitspielte. Hintergrund: Nach dem Zweiten Weltkrieg stand das Saarland unter französischem Protektorat und war Zankapfel zwischen Frankreich und Deutschland bzw. der Bundesrepublik. Die Fahne des Saarlands war damals jenes weiße Kreuz auf blau-rotem Tuch, das auch im FCS-Wappen zu sehen war.

Als der Klub nach Rückkehr in den DFB-Spielbetrieb 1952 das Endspiel um die Deutsche Meisterschaft erreichte (2:3 gegen den 1. FC Kaiserslautern), geriet er abermals zwischen die Mühlsteine der Politik, wurden vor allem die saarländischen Farben Blau-Weiß-Rot kritisiert, weil jene auch in der französischen Trikolore zu finden sind. Noch vor Beitritt des Saarlandes zur Bundesrepublik am 23. Oktober 1955 gab sich der 1. FC Saarbrücken daher auf einer Mitgliederversammlung am 22. August sein heutiges Wappen in den Farben Schwarz-Blau und mit dem verschlungenen „1. FCS" statt des Saarkreuzes im oberen linken Feld.

Das wiederum war eine Erinnerung an den alten FV Saarbrücken, der 1903 als Fußballabteilung im TV Malstatt entstanden war und unter einem Dreieckswappen mit den Buchstaben „FVS" sowie in den Farben Schwarz-Blau gespielt hatte. Weil der FVS 1945 aufgrund von Anordnungen der französischen Militärregierung nicht hatte wiedergegründet werden dürfen, entstand der 1. FC Saarbrücken, der bis zu dem französischen Intermezzo 1947 bis 1955 ebenfalls ein Dreieckswappen mit seinen Initialen trug.

1

2

3

4

5

GEGRÜNDET:
23. September 1903

SPIELSTÄTTE:
Sportpark Ronhof Thomas Sommer (18.000 Plätze)

GRÖSSTER ERFOLG:
Deutscher Meister 1914, 1926, 1929

1. 1903 entstand die SpVgg als Fußballabteilung im TV Fürth
2. SpVgg-Wappen bis Mitte der 1920er Jahre
3. Mit dem Kleeblatt in der Raute
4. Variante aus den 1930er Jahren
5. Nach 1945 bekam die Raute einen schwarzen Umriss
6. 1996 fusionierte man mit dem TSV Vestenbergsgreuth
7. ... zur SpVgg Greuther Fürth mit Holzschuh, Kleeblatt und „Greuther"
8. Modernisiertes Logo mit den drei Meistersternen. Der Greuther Holzschuh ist in der Hierarchie hinter das Kleeblatt getreten
9. Seit 2017 spielen die „Kleeblätter" wieder nur mit dem Kleeblatt

SPVGG FÜRTH

2017 jubelten die Fans der Fürther „Kleeblätter". Endlich stand es wieder alleine, das berühmte Symbol, das ihrer Mannschaft den Namen gab und unter dem man dreimal Deutscher Meister geworden war. Seit 1996 hatte es seinen Platz teilen müssen mit einem eigentümlichen Symbol, das einen rot gefütterten schwarzen Holzschuh darstellte. Es war der Beitrag von Fußball-Fusionspartner TSV Vestenbergsgreuth, dessen Wappen identisch mit dem Ortswappen war. Historisch geht der Holzschuh auf das Stammwappen des Rittergeschlechts Holzschuher zurück, denen Vestenbergsgreuth ab 1756 gehörte.

Die Fusion war zwar keine Liebesheirat, wohl aber eine Vernunftehe. Die Spielvereinigung Fürth hatte die Tradition, den glanzvollen Namen und das legendäre Ronhof-Stadion. Der TSV Vestenbergsgreuth hatte den sportlichen Erfolg und Geldgeber, die realisiert hatten, dass in der 1.500-Einwohner-Gemeinde knapp 50 Kilometer nordwestlich von Fürth Profifußball nicht möglich war.

Der neue Name und das neue Kombi-Wappen waren ein herber Einschnitt für die Freunde der SpVgg Fürth, für die das Kleeblatt zentrales Symbol ihres Klubs war und ist. Historisch geht es zurück auf das dreiblättrige Fürther Stadtwappen, das 1562 erstmals in den Siegeln der Stadt auftauchte. Wo es herkam, ist umstritten. Eine volkstümliche Version behauptet, es symbolisiere die Dreiherrschaft der Markgrafen von Brandenburg-Ansbach, der Reichsstadt Nürnberg und des Domkapitels Bamberg (1400 bis 1792). Dies gilt allerdings als historisch nicht haltbar. Eine andere Variante verweist auf die in Fürth lange Zeit nahezu gleichermaßen stark vertretenen Protestanten, Katholiken und Juden, was durch die drei Blätter symbolisiert werden sollte. Auch dies ist wohl eine Legende. Vermutlich bildet das Wappen schlicht das Amtssiegel des Amtsmannes Johann Hornung der Bambergischen Dompropstei ab und steht für die Dreieinigkeit Gottes.

Als die SpVgg 1903 aus der Fußballsektion des TV 1860 Fürth entstand, rückten sowohl das Stadtwappen als auch die weiß-grünen Stadtfarben ins Emblem. Bis in die 1920er Jahre war das Kleeblatt in ein Wappenschild eingebettet, ehe es zum alleinigen Symbol wurde. Auf den Trikots getragen hatte man es bereits seit Ende des Ersten Weltkriegs. Mitte der 1920er Jahre wurde es in eine Raute integriert und mit dem kompletten Vereinsnamen versehen. Mit diesem Logo ging man 1996 in die erwähnte Fusion, aus der ein zeittypisches Rundwappen mit Kleeblatt und Holzschuh resultierte. Jenes wurde später abgelöst durch ein Wappenschild mit drei Sternen für die Meisterschaften 1914, 1926 und 1929, bei dem das Kleeblatt in der Hierarchie übrigens wieder vor dem Holzschuh stand!

Die Forderungen nach Rückkehr des Kleeblattes als einzigem Klubsymbol erfüllten sich 2017, und nun wünscht man sich in Fürth wohl nur noch den alten Klubnamen Spielvereinigung Fürth zurück, zumal die Verbindung nach Vestenbergsgreuth längst nur noch nostalgischen Charakter hat.

1

9

2

3

4

5

6

7

8

GEGRÜNDET:
7. Oktober 1900

SPIELSTÄTTE:
Holsteinstadion (13.400 Plätze)

GRÖSSTER ERFOLG:
Deutscher Meister 1912

1 2 Die Wappen der Vorgängervereine Kieler MTV 1844 und 1. Kieler FV 1900

3 4 Emblem des FV Holstein 02 Kiel in zwei kursierenden Varianten

5 Nach der Fusion 1917 gab es zunächst eine Raute mit dem altdeutschen „H"

6 Das Holstein-Wappen mit der fein herausgearbeiteten Barke

7 In den 1950er Jahren glich die Barke einer Banane

8 … und tat dies auch in den 1980er Jahren noch

9 Im Jubiläumsjahr 2000 erhielt die Barke wieder eine als solche erkennbare Form

10 2017 wurde aus der bildlich gemauerten Barke eine hölzerne mit durchgehenden Bohlen

HOLSTEIN KIEL

Das Wichtigste vorweg: Es heißt „die KSV". Kieler Sportvereinigung Holstein ist der offizielle Name des nördlichsten deutschen Profiklubs, und dass die „Störche" mit dem weiblichen Idiom herumrennen, sorgt seit ziemlich genau 100 Jahren für Verwirrung. 1917, mitten im Ersten Weltkrieg, entstand der Klub durch Zusammenschluss von 1. Kieler FV von 1900 und FV Holstein Kiel von 1902, jenem Verein, der 1912 die Deutsche Meisterschaft nach Kiel geholt hatte.

Während der FV Holstein mit einem Buchstabenwappen gearbeitet hatte, gab sich die KSV Holstein nach einem nur kurzzeitig geführten Rautenwappen mit Fraktur-„H" ihr heutiges Emblem. Und an dem kann man eine weitere Herausforderung der Fußballwappen-Heraldik absehen. Es gab nämlich Zeiten, da sah es aus, als würde sich im Holstein-Wappen eine Banane verbergen! Eine Banane in Kiel ist natürlich albern, und es sollte auch gar keine sein. Tatsächlich nämlich ist dieses halbmondförmige Gebilde im Zentrum des Wappens eine Barke. Die KSV Holstein hat es abgekupfert vom Stadtwappen Kiels. Das zeigt ein in Silber auf Rot gehaltenes holsteinisches Nesselblatt, welches historisch auf das Wappen des Adelsgeschlechts der Grafen von Schauenburg und Holstein zurückgeht. Und die Barke – eine Bootsgattung – verweist zum einen auf Kiels Rolle als Hafenstadt und symbolisiert zugleich die Stadtrechte, denn ungleich einem „richtigen" Boot ist die Wappen-Variante – wie eine Stadtbefestigung – gemauert. Heraldiker denken sich eben etwas bei dem, was sie tun!

Die Darstellung der gemauerten Barke war allerdings technisch nicht einfach, und so wurde sie nach dem Zweiten Weltkrieg zu einer Banane bzw. einem horizontal liegenden Halbmond. Erst zum 100. Jubiläum der KSV im Jahr 2000 erinnerte man sich an der Förde wieder des Ursprungswappens und restaurierte es – bzw. verwandelte die Banane wieder in eine Barke. 2017 wurde die bildlich gemauerte Barke innerhalb des Nesselblattes durch ein Gebilde mit durchgehenden Balken ersetzt, um eine echte Barke zu symbolisieren und der maritimen Tradition damit gerecht zu werden.

Und „Störche"? Nun, die Spielkleidung des FV Holstein von 1902 waren ein blaues Trikot, eine weiße Hose und rote Stutzen. Darin sah man damals einen Storch. Und genau das griff der Volksmund schon sehr früh auf.

1

2

3

4

5

10

6

7

8

9

GEGRÜNDET:
3. Mai 1905

SPIELSTÄTTE:
SchücoArena „Alm"
(26.515 Plätze)

GRÖSSTER ERFOLG:
Bundesliga-Achter 1983, 1984

1. Gründungswappen
2. Zwischen 1919 und 1922 war man Teil der TG Arminia Bielefeld
3. 4. 1922 folgte die erneute Eigenständigkeit als 1. Bielefelder FC Arminia
5. 1920er Jahre: Wimpelfahne mit Lorbeerkranz
6. Die Wimpelfahne ohne Lorbeerkranz, wie sie in den 1980er Jahren und von 1990 bis 2004 in Verwendung war
7. Zwischen 1980 und 1990 mit Wappenschild
8. Das seit 2004 gültige Logo mit dem vereinfachten Lorbeerkranz

ARMINIA BIELEFELD

Eine der Jugendbewegung des 1920er Jahre entlehnte Wimpelfahne ziert seit langem die Brust der Bielefelder Arminia. Mal mit Ährenkranz, mal ohne und zwischen 1980 und 1990 in einem blauen Wappenschild, bildet das Arminia-„A" längst ein einzigartiges Erkennungsmerkmal des Klubs.

Begonnen hatte man 1905 mit einer Ellipse, in deren Zentrum das rot-weiße Wappenschild der Grafschaft Ravensberg stand, deren Hauptort Bielefeld einst war. Die dort zu sehenden Sparren sind übrigens auch Teil des Bielefelder Stadtwappens. Zwischen 1919 und 1922 in einer Fusion mit der Bielefelder TG 1848 zur TG Arminia Bielefeld, kam der Klub zu einem Buchstabenwappen, das man nach erneuter Eigenständigkeit als 1. Bielefelder FC Arminia ab 1922 fortführte. Noch in den 1920er Jahren rückte dann die vom Volksmund als „Regattafahne" bezeichnete Wimpelfahne mit dem charakteristischen „A" an seinen Platz. Der anfänglich sehr filigran dargestellte Lorbeerkranz entfiel später eine Zeit lang, ehe er seit 2004 in seiner heutigen modifizierten Form getragen wird.

KFC UERDINGEN 05

Vom unabhängigen FC 05 Uerdingen zum Werksverein FC Bayer 05 Uerdingen zum unabhängigen KFC Uerdingen 05 – die Palette der Krefelder Vereinslogos spiegelt die Klubgeschichte anschaulich wider. Es ging los mit dem in Uerdingens Stadtfarben Rot und Blau gehaltenen Rundwappen des FC 05. Daraus wurde später ein Wappenschild, das man auch 1953 trug, als der FC 05 mit der Werkssportgruppe der ortsansässigen Farbenfabrik (gehörte zum Bayer-Konzern) zum FC Bayer 05 fusionierte. Fortan prangte ein Wappenschild auf den Jerseys, in dessen Zentrum das Bayer-Kreuz stand. Zunächst in einer Version mit dem Kürzel „Ue" für „Uerdingen", später mit ausgeschriebenem Ortsnamen. 1976 vereinheitlichten alle Bayer-Teams ihre Wappen, sahen sich die von Bayer Uerdingen, Bayer Leverkusen und Handballbundesligist Bayer Dormagen fortan zum Verwechseln ähnlich. Auf den Trikots trug man nun schlicht das Bayer-Kreuz mit der Jahreszahl „05" in der unteren Hälfte. 1987 modifiziert, blieb das Wappen bis zur Trennung vom Bayer-Konzern 1995 offizielles Klubemblem. Mit der Gründung des Nachfolgers KFC Uerdingen kam es zur Rückkehr zum Wappenschild, unter dem die Krefelder bis heute kicken.

GEGRÜNDET:
17. November 1905

SPIELSTÄTTE:
Grotenburg-Stadion
(34.500 Plätze)

GRÖSSTER ERFOLG:
DFB-Pokalsieger 1985

1. Mit dem FC 05 Uerdingen fing 1905 alles an
2. Später wechselte der FC 05 zur Tartschenform, einem populären Wappenschild
3. 1953 schlüpfte man unter die Fittiche der Bayer-Werke
4. Ab Mitte der 1970er Jahre war der vollständige Ortsname im Wappen zu sehen
5. 1976 gab die Bayer-Marketingabteilung Einheitswappppen für alle Bayer-Sportvereine vor
6. 1987 wurde das Einheitswappen mit der Doppel-Vignette modernisiert
7. Der KFC Uerdingen 05 knüpft 1995 an die Wappenschildtradition an
8. Seit 1996 verwendete aktuelle Variante

GEGRÜNDET:
11. April 1907

SPIELSTÄTTE:
Carl-Benz-Stadion
(25.667 Plätze)

GRÖSSTER ERFOLG:
Bundesligaaufstieg 1983

1. Das Wappen aus der Zeit, als u. a. Sepp Herberger für die „Waldhof-Buben" auflief
2. Trikotwappen aus den 1920er Jahren
3. Die traditionsreiche Raute mit nur einem Umrandungsstrich
4. Das aktuelle Wappen mit drei Umrandungsstrichen
5. Zwischen 1972 und 1975 lief man als Chio Waldhof 07 auf
6. ... und von 1975 bis 1978 als SV Chio Waldhof 07
7. In den 1980er Jahren gab es beim Waldhof eine missglückte Melange aus Tradition und Moderne
8. Die „Dollmann-Raute" der Saison 2000/01

SV WALDHOF 07

Im Jahr 2000 war die Waldhof-Fangemeinde in Aufruhr. Nicht wegen der sportlichen Darbietungen – da hatte man sich nach zwei Drittligajahren gerade wieder in der 2. Bundesliga etabliert –, sondern wegen Geschäftsführer Dieter Dollmann. Der verordnete nämlich einen abrupten Wappen-Relaunch, weil ihn die altbekannte Waldhof-Raute wegen ihres zackigen „S" plötzlich an die Nazizeit erinnerte. Als Nachfolger kam eine Raute, die Dollmann offenbar im Grundkurs „Wappenlayout für Anfänger" selbst entworfen hatte und die bei den Fans gnadenlos durchfiel. Binnen zwölf Monaten kehrte die alte Raute zurück, die seit Ende des Zweiten Weltkriegs im Einsatz ist und über die Jahrzehnte das eine oder andere Lifting erfuhr. Das auffälligste sicher zwischen 1972 und 1978, als der SVW den Namen eines Chipsfabrikanten im Namen und Logo trug. Unverkennbares Identifikationszeichen für Original/Fälschung übrigens: Die Ziffer „7" hat im Original zwingend einen Querstrich!

KICKERS OFFENBACH

Fahnen waren um die 19. Jahrhundertwende beliebte Symbole, die eine Anbindung an das Militär symbolisierten. Auch Fußballvereine wählten oft eine Fahne als Klubwappen. Der Offenbacher FC Kickers, der seine sportliche Laufbahn auf dem Exerzierplatz Bieberer Berg begann, ist seit Ende des Ersten Weltkriegs mit einer Fahne auf dem Briefbogen unterwegs und hat selbst während der Fusion mit Stadtrivale VfR zum VfR Kickers zwischen 1921 und 1925 eine solche getragen. Zunächst liebevoll filigran, wurde sie später schlichter, ehe sie in den frühen 1920er Jahren ihre heutige Rundform mit den klaren Strichen annahm. In ihren ersten Jahren trugen die Kickers allerdings einen schwertschwingenden Löwen auf dem Trikot, der eine Hommage an das Großherzogtum Hessen darstellte, zu dem Offenbach damals gehörte und das ein solches Wappentier trug. Nachdem das Großherzogtum 1919 in der Weimarer Republik aufgelöst worden war, rückte anstelle des Löwen die Kickers-Fahne auch auf die Jerseys der Rot-Weißen. Von Anfang der 1970er Jahre bis ca. 1975 war auf den Trikots allerdings ein einfaches Rundwappen mit der Aufschrift „OFC" zu sehen.

GEGRÜNDET:
27. Mai 1901

SPIELSTÄTTE:
Sparda-Bank-Hessen-Stadion (20.500 Plätze)

GRÖSSTER ERFOLG:
DFB-Pokalsieger 1970

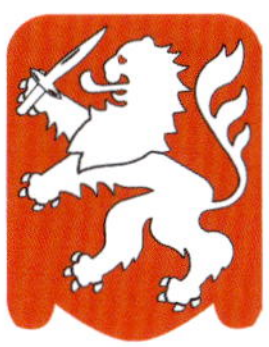
1

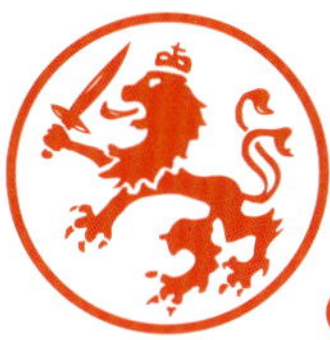
2

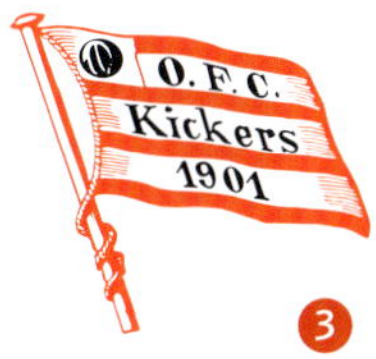

3

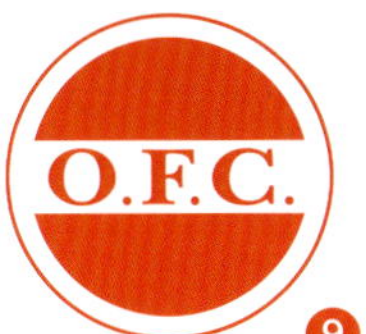

9

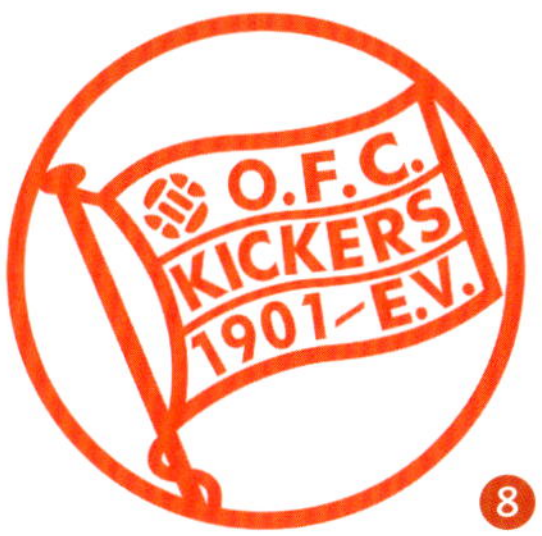

8

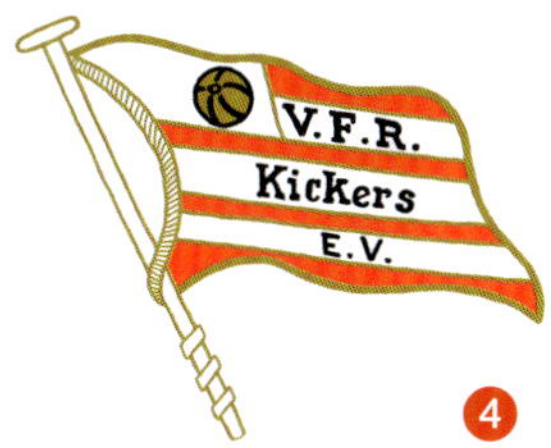

4

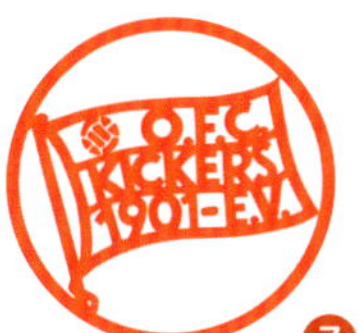

7

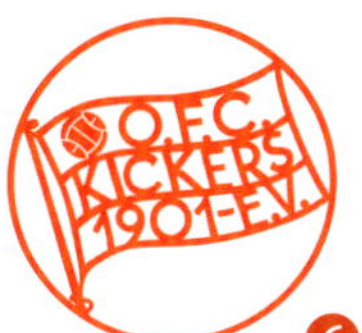

6

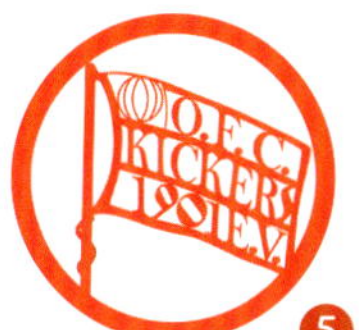
5

1 2 Vor dem Ersten Weltkrieg mit dem Löwen des Großherzogtums Hessen auf der Brust

3 Die OFC-Fahne in ihrer Urform mit den dicken roten Balken

4 Die Fahne während der Fusion mit dem VfR Offenbach zwischen 1921 und 1925

5 6 7 8 Fahne mit einfachen Linien statt Streifen und im Kreis – seit den 1920er Jahren ist dieses Wappen im Einsatz. Verschiedene Modelle aus den Jahren 1921, 1951, 1970 und Gegenwart

9 Trikotwappen von 1970 bis ca. 1975

GEGRÜNDET:
1. Februar 1907

SPIELSTÄTTE:
Stadion an der Hafenstraße
(20.650 Plätze)

GRÖSSTER ERFOLG:
Deutscher Meister 1955

1. Wappen des Turnerbundes Bergeborbeck, dem die RWE-Urzelle SV Vogelheim 1911 als Fußballabteilung beitrat
2. 1913 verselbstständigten sich die TBB-Fußballer als SuS Emscher 12
3. 1923 verschmolzen SuS 12 und TBB zum RWE, der sich ein Buchstabenwappen gab
4. Aktuelles Wappen mit dickeren Buchstaben

ROT–WEISS ESSEN

Zunächst eine Klarstellung: Es heißt Rot-Weiss mit Doppel-s und nicht Rot-Weiß mit Eszett. Eine kleine Spitzfindigkeit, auf die man an der Hafenstraße in Essen-Bergeborbeck zu Recht hohen Wert legt. Die Sache mit dem RWE-Wappen ist einfacher: Das ist seit 1923, als SuS Emscher und der Turnerbund Bergeborbeck zum Sport-Club Rot-Weiss Essen fusionierten, ein und dasselbe. Und warum sollte man es mit seiner genialen Ästhetik auch ändern? Weißer Grund, rote Buchstaben, die passgenau miteinander vereint stehen und ein unverkennbares Symbol bilden – Rot-Weiss Essen ist ein echter Glücksgriff der Fußball-Heraldik gelungen!

FC AUGSBURG

Was hat sich dieses Symbol im Zentrum des FCA-Wappens schon alles anhören müssen! Ein Baum sei es, oder gar eine Birne. Tatsächlich handelt es sich um eine Zirbelnuss, eine Wappenfigur in Form eines aufrecht stehenden Zapfens einer Zirbelkiefer. Der Volksmund spricht von „Pinienzapfen". Es ist ein uraltes Zeichen mit vermutlichem Phallussymbolhintergrund, das im Jahr 15 v. Chr. als Feldzeichen einer römischen Legion an den Zusammenfluss von Lech und Wertach kam, wo seinerzeit Augsburg entstand. Es ist Element des Stadtwappens und zugleich Symbol für den städtischen Großverein FCA, der 1969 durch Fusion von BC Augsburg (gegründet 1907 als FC Alemannia) und der Fußballabteilung des TSV Schwaben gebildet wurde. Neben ihrem Gründungslogo in Form eines spanischen Schildes verwendeten die Fuggerstädter zudem ein schlichtes Schriftzuglogo mit einem rot-grün-weißen Unterstrich. Nachdem zum 90-jährigen Jubiläum 1997 ein Rundwappen mit den Buchstaben „FCA" vorgestellt worden war, kehrte schließlich 2002 das modifizierte Gründungswappen auf die Spielerbrust zurück. Auch Vorgängerverein BC Augsburg hatte übrigens eine Zirbelnuss im Logo, während der TSV Schwaben mit einem schwertbewaffneten Ritter auflief bzw. wieder aufläuft.

GEGRÜNDET:
8. August 1907

SPIELSTÄTTE:
WWK-Stadion (30.660 Plätze)

GRÖSSTER ERFOLG:
Europa League 2015/16

1 2 Die Wappen der FCA-Gründungszellen: BC Augsburg und TSV Schwaben Augsburg

3 Das FCA-Gründungswappen von 1969

4 Parallel dazu wurde das Piktogramm aus dem Wappenkopf verwendet

5 Zum Jubiläum 1997 gab man sich ein Rundwappen

6 Seit 2002 auf der Brust des FCA, nun mit Jahreszahlbezug zum Urverein BC 07 Augsburg

GEGRÜNDET:
15. Mai 1910

SPIELSTÄTTE:
Millerntor-Stadion
(29.546 Plätze)

GRÖSSTER ERFOLG:
Bundesliga-Zehnter 1989

1. Ursprungswappen des Hamburg-St. Pauli-Turnvereins mit Stadtwappen und den vier „F" der Turnbewegung
2. Spätere Variante
3. Das erste Klubwappen des FC St. Pauli nach Verselbstständigung der Fußballabteilung 1924
4. Trikotwappen aus dem Jahr 1947 mit Stadtwappen, aber nicht gemauert
5. Version zum 50. Jubiläum 1960
6. Mit geöffnetem Tor und kleinem „T" bei St. Pauli
7. Einfarbige Fassung der 1970er und 1980er Jahre
8. Das aktuelle Wappen mit rotem Hintergrund und feiner Backsteinstruktur

FC ST. PAULI

Hamburgs Stadtwappen zeigt die Stadtmauer mit Türmen und Kirche auf rotem Schild und reicht zurück bis ins 12. Jahrhundert. Einst war das Tor geöffnet, seit 1835 ist es geschlossen, was die wehrhafte Stadt symbolisieren soll. Auch im Wappen des FC St. Pauli findet sich dieses Symbol – sogar in der filigranen Version mit den für Hamburg so typischen roten Backsteinen.

Es war schon im Emblem des Vorgängervereins Hamburg-St. Pauli-Turnverein zu sehen und wurde 1924 übernommen, als sich die Fußballer des TV unter dem Namen FC St. Pauli verselbstständigten. Die braunweißen Farben gehen der Legende zufolge auf Amandus Vierth zurück, einen der Gründer der Fußballabteilung. Seit 1947 ist das aktuelle Wappen des Klubs im Einsatz. Ursprünglich mit rotem Hintergrund, kickten die Hamburger in den 1970er und 1980er Jahren allerdings eine Zeit lang unter einem ganz in Braun-Weiß gehaltenen Logo (mit einer bisweilen geöffneten Burg!), ehe sie zum roten Burghintergrund zurückkehrten. Das hatte vor allem wirtschaftliche Gründe, denn ein einfarbiger Druck war deutlich billiger.

ALEMANNIA AACHEN

Ein Adler im Wappen, schwarz-gelbe Farben – die Aachener Alemannia dokumentiert in mehrerlei Hinsicht ihre enge Verbindung zur Heimat, deren Stadtfarben Schwarz-Gelb sind und in deren Stadtwappen der Reichsadler prangt. Letzterer repräsentiert die frühere Reichsstadt Aachen und wohl auch den Stolz, einst Kaiserpfalz gewesen zu sein. Das klassische Alemannia-„A" mit dem herausragenden Strich nach oben links wiederum ist der persönliche Beitrag des Klubs, der in den ersten Jahren seines Bestehens mit jenem schlichten „A" auf den Trikots auflief. Nachdem man zwischen 1919 und 1924 während der Fusion des FC Alemannia mit dem Aachener TV 1847 zum Aachener TSV Alemannia 1847 ein Rundwappen trug, in dem die vier „F" der Turnerschaft dominierten, erhielt der 1924 im Rahmen der „reinlichen Scheidung" zwischen Turnen und Sport gebildete heutige TSV Alemannia 1900 jenes Wappen in Wimpelform, das seitdem in seinen Grundstrukturen getragen wird.

GEGRÜNDET:
16. Dezember 1900

SPIELSTÄTTE:
Tivoli (32.960 Plätze)

GRÖSSTER ERFOLG:
Deutscher Vizemeister 1969

1. Historisches Stadtwappen mit Reichsadler als erste Klubwappen
2. 1919-24: Aachener TSV Alemannia 1847
3. TSV Alemannia 1900
4. Traditionelles Wimpelwappen, genutzt von 1924-60 und wieder seit 2010
5. 1960-92: Ohne Vereinsnamen im Kopf
6. Trikotwappen der frühen 1970er
7. 1992-2000: Gestaucht und mit abgeschliffenen Kanten
8. 2002-2010: Runde Ecken statt klarer Kanten

GEGRÜNDET:
22. Mai 1898

SPIELSTÄTTE:
Stadion am Böllenfalltor (17.468 Plätze)

GRÖSSTER ERFOLG:
Bundesliga-Vierzehnter 2016

1. Die Wappen der beiden Urvereine FC Olympia 1898 Darmstadt
2. und Darmstädter SC 05
3. Die Lilie aus dem Jahr 1928, abgebildet auf einer Jubiläumsfestschrift aus jenem Jahr
4. Nach dem Zweiten Weltkrieg trug man ein einfaches Rundwappen mit der Lilie auf dem Trikot und auch auf den Vereinspublikationen
5. Lilie mit Erklärungsring – beim 100. Geburtstag 1998 war dieses Wappen im Einsatz
6. Aktuelle Variante

DARMSTADT 98

Darmstadt 98 kommt über das Stadtwappen von Darmstadt zu seiner Lilie. So viel ist klar und nachweisbar. Wie Darmstadt hingegen zu seiner Lilie kam, ist unklar. Das vollständige Stadtwappen besteht aus einem Schild mit Krone, in dem neben der Lilie auch ein Löwe zu sehen ist. Der stammt von den Grafen von Katzenelnbogen, die einst über Darmstadt herrschten. Die Lilie kam erst später hinzu. Dies geschah womöglich zur Unterscheidung von den vielen anderen Löwen-Stadtwappen der Zeit. Vermutungen legen zudem nahe, dass sie die der Gottesmutter Maria geweihte Darmstädter Stadtkirche versinnbildlichen soll. Die Lilie gilt als Zeichen der Reinheit und daher als Attribut Mariä.

Beim SV Darmstadt 98 kam sie 1919 ins Wappen, nachdem der FK Olympia 1898 und der Darmstädter SC 05 zum SV 98 fusioniert waren. Die 98er sahen sich als städtischer Vertreter, weshalb die Adaption der Lilie nur verständlich war. Über Jahrzehnte wurde sie schlicht im Rundwappen getragen, ehe in den 1990er Jahren ein Umrandungskreis mit dem Vereinsnamen dazukam.

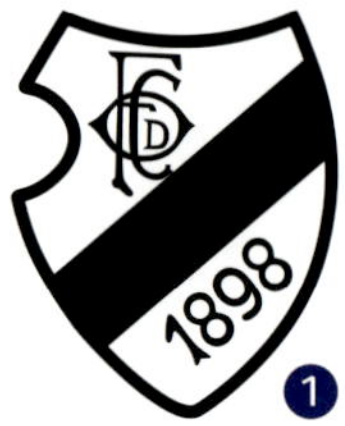

1

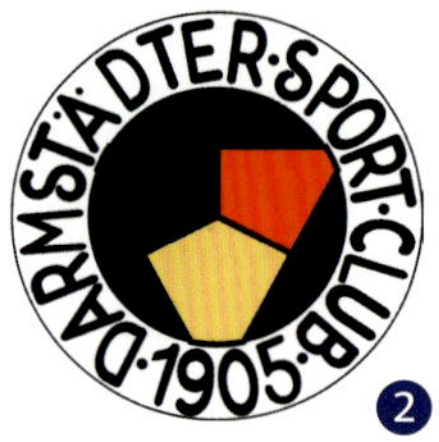

2

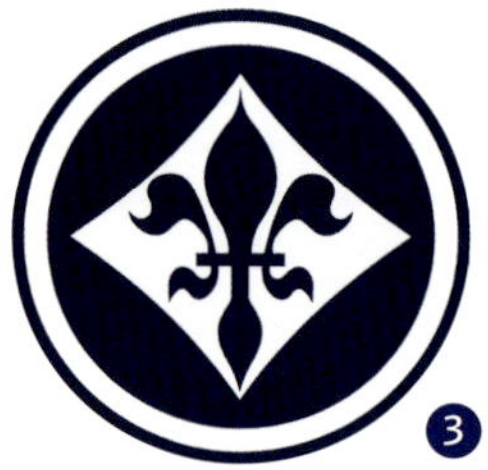
3

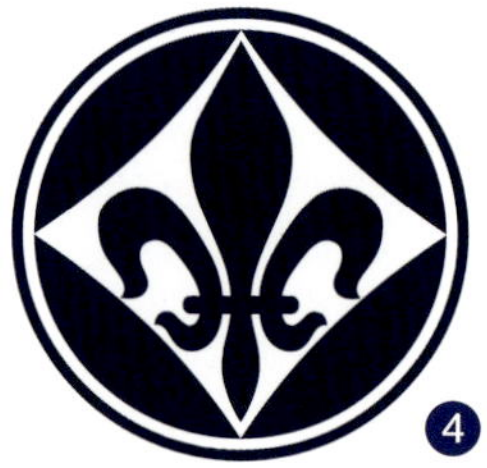
4

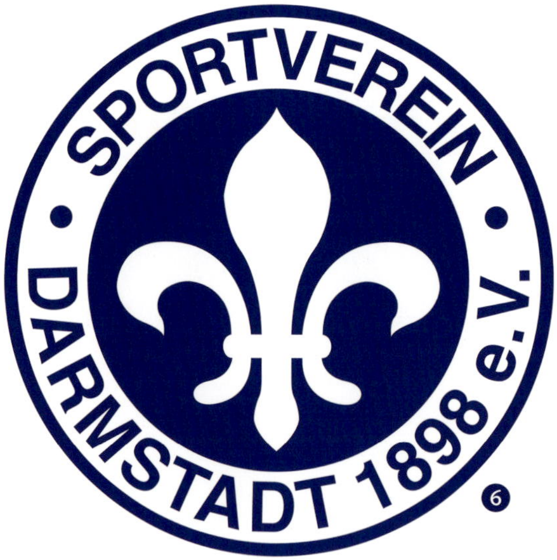

6

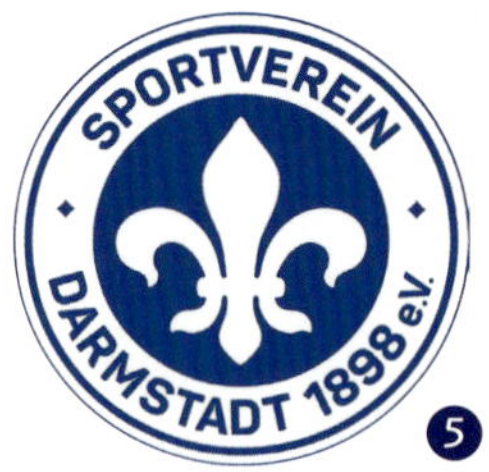

5

FC INGOLSTADT

Ein Wappen als Geschichtsbuch. Das gilt für das Emblem des FC Ingolstadt, der 2004 durch den Zusammenschluss der Fußballabteilungen von MTV Ingolstadt und ESV Ingolstadt-Ringsee entstand. Zunächst einmal sind beide Fusionspartner im Wappen vertreten – das Schwarz-Weiß der Eisenbahner, über Jahrzehnte der deutlich populärere und auch erfolgreichere Fußballvertreter der Stadt, sowie das „Panther“ genannte feuerspeiende Wappentier des MTV, das auch im Ingolstädter Stadtwappen zu finden ist. Es hat mit dem zoologischen Panther nichts zu tun, sondern wird in der Wappenkunst als Fabelwesen verwendet. In der Kopfzeile findet sich der Klubname; das „04“ im linken unteren Feld steht für das Fusionsjahr 2004. „Schanzer“ wiederum ist ein Kosename für die Einwohner Ingolstadts, der historisch weit zurückgeht: Im 16. Jahrhundert wurde Ingolstadt zur Bayerischen Landesfestung und erhielt gewaltige Wälle um das Stadtzentrum. Dessen Bewohner lebten fortan „in der Schanz“, also innerhalb der Wälle. Das verselbstständigte sich über die Jahrhunderte, und so wurden aus den Einwohnern Ingolstadts die „Schanzer“.

GEGRÜNDET:
5. Februar 2004

SPIELSTÄTTE:
Audi Sportpark (15.800 Plätze)

GRÖSSTER ERFOLG:
Bundesligaaufstieg 2015

1 Vorgänger ESV Ingolstadt-Ringsee

2 3 der 2004 mit der Fußballabteilung des MTV Ingolstadt zum FC 04 Ingolstadt verschmolz

4 Die „Schanzer“: der FC Ingolstadt 04

GEGRÜNDET:
1. Juli 1899

SPIELSTÄTTE:
PreZero Arena (30.150 Plätze)

GRÖSSTER ERFOLG:
Bundesliga-Dritter 2018

1. Das anhand historischer Mannschaftsbilder rekonstruierte Wappen des FV 1921 Hoffenheim
2. 1945 verschmolz der FVH mit dem TVH zur SG 1899 Hoffenheim. Als Symbol verwendete man ein blau-weißes Schildwappen (nach historischer Vorlage rekonstruiert)
3. Ab 1949 lief der Verein als TSG 1899 Hoffenheim auf
4. Trikotwappen aus den 1950er-Jahren
5. Mitte der 1970er Jahre erhielt der Klub sein Schildwappen in einem hellem Blau
6. 2007 erfolgte der Wechsel zum dunkleren Blau
7. Seit 2014 mit blauem Außenrand und feinerer Schrifttype

TSG HOFFENHEIM

Der Dorfverein läuft mit dem Klassiker eines Dorfvereinswappens auf – die TSG Hoffenheim erfüllt diesbezüglich also sämtliche Klischees. Das darf man durchaus als Kompliment betrachten, denn angesichts des rasanten Aufschwungs unter Dietmar Hopp hätte ja durchaus auch mal jemand auf die Idee kommen können, das traditionsreiche Symbol des Vereins zu „modernisieren". So dient es als historische Brücke für einen Klub, der über Jahrzehnte auf Kreis- oder Bezirksebene kickte und erst 2000 mit dem Aufstieg in die Oberliga Baden-Württemberg ins überregionale Blickfeld rückte.

Seit 2008 sind die Blau-Weißen nun Erstligist und tragen noch immer jenes Emblem, das sie in den 1970er Jahren erhielten. Wappenschilde wie das der TSG mit Querteilung und Vereins- sowie Ortsname finden sich bei unzähligen Vereinen landauf und landab. Sie folgen den einfachsten Regeln der Heraldik und waren auch in Vor-Computerzeiten kostengünstig umzusetzen.

Von der Vereinsurzelle TV 1899 Hoffenheim ist kein individuelles Wappen überliefert. Der 1921 aus einer seit 1913 existierenden Fußballabteilung im TV entstandene FV Hoffenheim wiederum nutzte ein zeitgemäßes Buchstabenwappen. 1945 fusionierten FV und TV zur Sportgemeinschaft 1899 Hoffenheim, die ein Schildwappen in Blau-Weiß erhielt. Seit 1949 nennt man sich TSG 1899. Zunächst wurde ein Schildwappen mit dem Kürzel „TSG" im Zentrum genutzt, während auf den Trikots bisweilen auch ein Rundwappen prangte. Seit den 1970er Jahren ist die Urfassung des heutigen Emblems im Einsatz.

RB LEIPZIG

Dass sich die DFL mit einem Klubwappen beschäftigen muss, kommt nicht allzu häufig vor. 2014 war es so weit. Das erst fünf Jahre zuvor gegründete Fußballunternehmen RB Leipzig war sportlich in die 2. Bundesliga aufgestiegen – und damit in den Hoheitsbereich der DFL. Die prüfte nicht zuletzt aufgrund der vielfältigen Kritik am Modell RB die Rahmenbedingungen, unter denen in Leipzig Profifußball angeboten wurde. Ein Streitpunkt war das Wappen, auf dem das Logo des Initiators der RB-Gründung zu sehen war: zwei rote Bullen vor dem Hintergrund einer gelben Kugel, die eine Sonne darstellen soll. Für RBL war das Red-Bull-Logo lediglich durch einen aufgesetzten Fußball modifiziert worden.

Firmenwappen sind im DFL-Bereich jedoch nicht erlaubt, und so musste man sich am Leipziger Cottaweg ein neues Emblem suchen. Die Veränderungen fielen moderat aus. An die Stelle der Sonne rückte ein Fußball, und der Schriftzug „RB Leipzig" ist in anderer Buchstabentype nun im unteren Feld zu sehen. Die roten Bullen, das Markenzeichen von Red Bull, blieben unangetastet. Die DFL war zufrieden und winkte die Änderung durch. RB Leipzig war endgültig im Profilager angekommen.

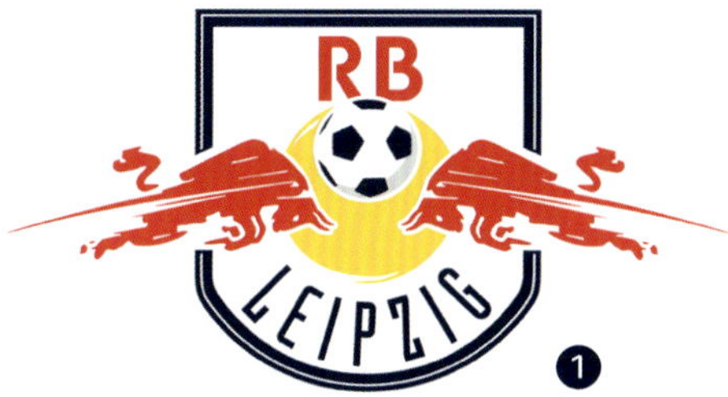

1

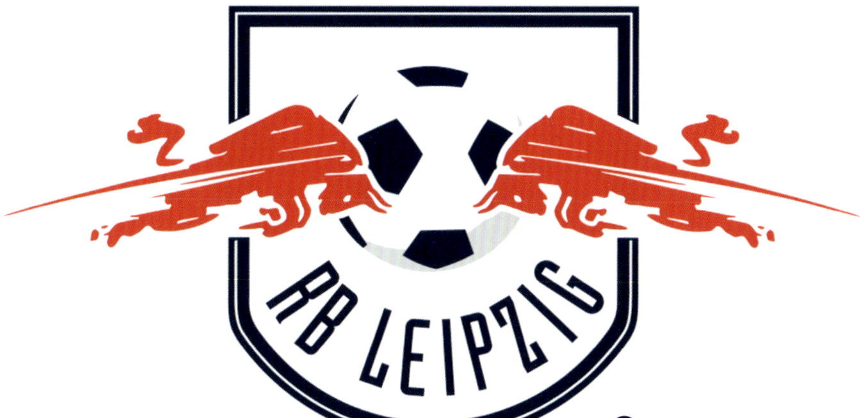

2

GEGRÜNDET:
19. Mai 2009

SPIELSTÄTTE:
Red Bull Arena (42.959 Plätze)

GRÖSSTER ERFOLG:
Pokalsieger 2022, 2023

1. Das RB-Wappen bei der Gründung 2009
2. Die auf DFL-Forderung durchgeführte Modifizierung

GEGRÜNDET:
20. Januar 1966

SPIELSTÄTTE:
Ernst-Abbé-Sportfeld
(10.445 Plätze)

GRÖSSTER ERFOLG:
Finalist Europapokal der Pokalsieger 1981

1. Das Gründungswappen des FC Carl Zeiss Jena
2. 1917: 1. SV Jena
3. 1946: SG Ernst Abbé
4. 1949: BSG Carl Zeiss
5. 1951: BSG Motor
6. Im November 1954 entstand der SC Motor ...
7. ... der sich 1963 ein neues Wappen gab
8. Januar 1966: Das Trikotwappen des FCC ...
9. ... und das „richtige" Wappen
10. 1975: Aufgeräumt und modernisiert
11. Die heutige Variante mit intensiverem Gelb

FC CARL ZEISS JENA

Symbole aus bürgerlichen Tagen vor dem Zweiten Weltkrieg waren in der DDR verpönt. Und dennoch erhielt der FC Carl Zeiss Jena 1966 nicht nur den Namen des 1846 in Jena gegründeten Feinoptik-Unternehmens, sondern auch dessen Logo. Bis heute ist es im oberen Teil des Vereinswappens zu sehen und erzählt die Geschichte einer Liaison, die sowohl die Zeit als auch diverse politische Brüche überdauerte. Tatsächlich steht das Fußballwappen inzwischen sogar als Nostalgiewächter, denn die heutige Carl Zeiss AG führt längst ein modernisiertes Firmenlogo.

Jena und der FC Carl Zeiss – diese Verbindung besteht bereits seit 1903. Damals als reiner Werksverein gegründet, wurde man 1917 zum 1. SV Jena und ging nach dem Zweiten Weltkrieg über die Stationen SG Ernst Abbé, SG Stadion, BSG Carl Zeiss und BSG Mechanik in der BSG Motor Jena auf, die ab Januar 1951 antrat. Obwohl noch immer mit dem Werk verbunden, verschwand das „Carl Zeiss" seinerzeit auch aus dem Wappen, wo stattdessen das DDR-übliche Motor-Symbol zu finden war. Auch der SC Motor Jena, 1954 als Leistungssportgemeinschaft aus der BSG Motor herausgelöst, verzichtete auf einen Werksbezug und lief zudem in Rot und Weiß statt des bisherigen Gelb-Weiß-Blau auf.

Im Januar 1966 gehörte Jena zu jenen DDR-Sportstandorten, an denen ein „Fußball-Club" gegründet wurde, um den Leistungsfußball zu fördern. 1963 war der SC Motor erstmals DDR-Meister geworden und hatte Spieler wie die legendären Ducke-Brüder in seinen Reihen. Der neue Klub besann sich nun der Tradition und kehrte zum Namen der Urzelle FC Carl Zeiss Jena zurück. Seitdem thront das alte Werkslogo auf dem Wappenschild, das zunächst aus einem Feld mit blau-weißen Quer- sowie einem weiteren mit gelb-weißen Längsstrichen und den Buchstaben „FC" gebildet wurde. Die Farbgebung entsprach somit nun wieder den Stadtfarben Blau-Weiß-Gelb. Allerdings gab es sowohl eine farblich schlichte Version, die aus technischen Gründen auf den Jerseys getragen wurde, sowie ein wesentlich farbenfreudigeres Wappen, das sich auf Briefbögen, Programmheften und Wimpeln fand.

1975 wurde das Emblem entrümpelt, modernisiert und in jene Form überführt, die bis heute in Verwendung ist und auch die politische Wendezeit überdauerte. Lediglich der Gelbton änderte sich zu einem intensiven Orange. Dass das Carl-Zeiss-Logo noch immer in seiner Urform Bestandteil ist, macht die Jenenser ebenso stolz wie der Name, der in Jena keineswegs mit Werbung für ein Unternehmen verbunden wird, sondern zur Identität der Stadt gehört.

GEGRÜNDET:
15. Februar 1966

SPIELSTÄTTE:
Stadion im Sportforum
(7.800 Plätze)

GRÖSSTER ERFOLG:
DDR-Meister 1979, 1980, 1981, 1982, 1983, 1984, 1985, 1986, 1987, 1988

1. Das Wappen des SC Dynamo, unter dem man von 1954 bis 1966 spielte
2. Das traditionelle Wappen des BFC Dynamo, um dessen Rechte es so viel Streit gab. Erst seit 2023 darf der Klub es wieder benutzen
3. Zwischen 1990 und 1999 trat man als FC Berlin an
4. Variante des FC-Berlin-Wappens
5. 2009: Ende des Streits mit einem völlig neuen Emblem
6. Nicht umgesetzte Variante mit dem Doppel-s im „Fussball" in Kleinbuchstaben

BERLINER FC DYNAMO

Nach der Wende benannte sich der BFC Dynamo, Rekordmeister der DDR, in FC Berlin um und gab sich ein neues Wappen. Statt Dynamo-„D" sah man nun das Brandenburger Tor. Doch die Epoche des FCB währte nur neun Jahre. Am 3. Mai 1999 kehrte man zum Namen BFC Dynamo zurück und damit auch zu dessen Wappen. Das aber befand sich nicht mehr in Vereinsbesitz.

1992 hatte sich Peter „Pepe" Mager, eigentlich Hertha-Fan, aber auch im Berliner Fußballsouvenirhandel unterwegs, für rund 3.000 Mark sämtliche Rechte an der Wort- und Bildmarke der Weinrot-Weißen gesichert. Nach der Rückbenennung versuchte man vergeblich, zu einer außergerichtlichen Einigung zu kommen, die den BFC rund 200.000 Mark gekostet hätte. 2001 verkaufte Mager die Rechte stattdessen für 50.000 Mark an den BFC-Fan (und den Hells Angels nahestehenden) Rayk Bernt, der den BFC Dynamo fortan zeitweise mit zehn Prozent am Gewinn der Marketingerlöse beteiligte. Als 2007 Thomas Thiel neuer Rechtebesitzer wurde, eskalierte die Lage. Der ehemalige Hauptsponsor von Tennis Borussia hatte eine sechsstellige Summe hingelegt, und dem BFC Dynamo fehlten die Mittel für den von Thiel aufgerufenen Betrag, mit denen der Klub die Rechte hätte zurückerwerben können.

2009 biss der Verein in den sauren Apfel und gab sich ein neues Emblem. Das trug weder das Dynamo-„D" noch den Schriftzug BFC, sondern wies einen (rechtlich nicht geschützten) Berliner Bären vor weiß-roten Längsstreifen im Kreiswappen auf. Dass das Wort „Fussball" dabei nicht mit ß, sondern eben mit Doppel-s geschrieben wurde, sorgte aufgrund der teilweise in der rechten Szene verorteten BFC-Fangemeinde gleich wieder für Aufregung. „Beim BFC wurde auf allen Wimpeln oder Schals ‚Fussball' immer so geschrieben", argumentierte Klubpräsident Norbert Uhlig, während Peter Meyer, Chef des BFC-Wirtschaftsrates, von einer bewussten Provokation sprach: „Wir hofften, dass sich alle über die Schreibweise aufregen und unser Logo so durch die Republik wandert ... Frei nach dem Motto: Ihr könnt uns alle scheiße finden, aber wir sind der BFC, und nur wir schreiben ‚Fussball' mit kleinem ss." „Damit sich die Gemüter beruhigen, die uns einen Rechtschreibfehler vorwerfen, wird das Logo nur noch große Buchstaben haben", verkündete Präsident Uhlig schließlich am 11. Juni 2009 salomonisch und präsentierte ein Wappen, in dem aus den Längsstreifen zudem Schrägstreifen geworden waren, um eine stärkere Dynamik zu erzielen.

Erst im Januar 2023 gelang es BFC-Wirtschaftsratboss Peter Meyer, die Rechte am Traditionswappen für eine sechsstellige Summe zurückzukaufen. Das seitdem wieder genutzte historische Emblem stammt aus dem Jahr 1966 und knüpfte an das Wappenschild des 1954 gegründeten SC Dynamo an, aus dem am 15. Februar 1966 der BFC Dynamo hervorgangen war. Unter MfS-Chef Erich Mielke schwangen sich die Weinroten anschließend zum Rekordmeister der DDR auf.

1

2

3

6

4

5

GEGRÜNDET:
12. April 1953

SPIELSTÄTTE:
Rudolf-Harbig-Stadion
(32.066 Plätze)

GRÖSSTER ERFOLG:
DDR-Meister 1953, 1971, 1973, 1976, 1977, 1978, 1989, 1990

1. Wappen der Sportvereinigung Deutsche Volkspolizei, das von 1950 bis 1953 auch in Dresden getragen wurde
2. Das Dynamo-Wappenschild
3. Erstes Wappen der 1953 entstandenen SG Dynamo Dresden
4. Von 1968 bis 1990 war das seit 2011 wieder verwendete Logo erstmals in Gebrauch
5. Nach der Wende wurde aus Weinrot vorübergehend Grün
6. 2002 erfolgte die Rückkehr zu Rot, das allerdings ebenso wie das Gelb in „Dresden" einen anderen Farbton erhielt. 2011 wurde das Wappen wieder abgelöst von jenem aus dem Jahr 1968 (4)

DYNAMO DRESDEN

Die Wendejahre um 1990 waren eine turbulente Zeit. Überall wurde das Erbe der DDR eilig beseitigt. In Dresden fielen die Aufräumarbeiten ungewöhnlich aus. Aus dem Volkspolizeiklub SG Dynamo wurde der 1. FC Dynamo, der das seit 1968 getragene Wappen mit dem charakteristischen „D" im weinroten Schild und der schwungvollen schwarzgelben „Dresden"-Unterzeile zwar übernahm, aus dem Weinrot jedoch ein Grün machte. Grün-Weiß sind die sächsischen Landesfarben. Damit sollte der Bruch mit der DDR-Vergangenheit dokumentiert werden.

Das grüne Logo setzte sich jedoch nie durch, und nachdem die Turbulenzen der Wendejahre, die in Dresden und namentlich bei Dynamo spürbar heftiger ausfielen als anderswo, verraucht waren, fand man 2002 wieder zum Rot. Dabei wählte man allerdings einen eher ins Lila gehenden Farbton und verlieh dem „Dresden"-Schriftzug zudem neongelbe Buchstaben. Erst 2011 kehrte das „richtige" Traditionswappen zurück. 2007 war der Klub nach einem entsprechenden Mitgliedervotum bereits zum alten Namen SG Dynamo zurückgekehrt.

Entstanden war der Verein 1950 als SG Deutsche Volkspolizei, ehe man am 12. April 1953 zur SG Dynamo geworden war. Beim Wappen hatte es wie in der DDR üblich zunächst keine Individualität gegeben: Mannschaften der Sportvereinigung Dynamo trugen das weinrote „D" im Wappenschild – zu sehen u. a. auch beim späteren DDR-Rekordmeister BFC Dynamo. In der Sportvereinigung Dynamo waren übrigens die Sportler der Schutzpolizei, der Transportpolizei, der Wasserschutzpolizei sowie der Deutschen Grenzpolizei vereint.

War der Schriftzug „Dresden" anfangs auf Vereinsnadeln noch im unteren rechten Feld angedockt, kam 1968 das bis heute verwendete Emblem in Gebrauch. Im Gegensatz zum BFC Dynamo, der mit der Stasi und vor allem Erich Mielke assoziiert wurde, genoss die SG Dynamo im Volksmund übrigens einen durchaus guten Ruf, zumal sie ebenfalls mit dem BFC Dynamo haderte. Als Dresden 1978 zum dritten Mal in Folge den DDR-Oberligatitel gewann, soll Mielke sogar geklagt haben, die falsche Mannschaft sei Meister geworden.

1

2

3

5

6

4

GEGRÜNDET:
11. November 1893

SPIELSTÄTTE:
Stadion Probstheida
(15.600 Plätze)

GRÖSSTER ERFOLG:
Finalist Europapokal der Pokalsieger 1987

- 1 1893 entstand der VfB Sportbrüder
- 2 3 4 aus dem 1896 der VfB Leipzig wurde (Wappen von 1896, 1918, 1930er Jahre)
- 5 Trikotwappen des VfB
- 6 1949/50 kickte man als BSG Erich Zeigner
- 7 Ab 1950 spielte die BSG Einheit Leipzig-Ost im Stadion Probstheida
- 8 1954: SC Rotation
- 9 Mit dem Leipziger Löwen im Rotation-Wappen
- 10 Fusionspartner SC Lokomotive
- 11 SC Leipzig
- 12 13 14 15 Die „Praline" des im Januar 1966 gebildeten 1. FC Lokomotive
- 16 Von 1991 bis 2004 wieder als VfB
- 17 Seit 2004 wieder als 1. FC Lokomotive

LOKOMOTIVE LEIPZIG

Stringente und historisch stabile Entwicklungslinien zu ziehen, ist bei der Geschichte vieler Vereine aus der ehemaligen DDR nicht einfach. Zu tief der Bruch, der nach 1945 vollzogen wurde. Insofern liegt vieles im Bereich der Interpretation, gibt es oft auch eine andere Auslegung der Vergangenheit. Das gilt ganz besonders für den 1. FC Lokomotive Leipzig, der gleich mehrere Brüche aufweist, die eine gerade Linie vom Ursprungsverein VfB Leipzig (bzw. dessen Vorgänger Sportbrüder) bis in die Gegenwart unmöglich machen. Einzige verlässliche Konstante ist das Stadion Probstheida, 1922 vom VfB Leipzig unweit des Völkerschlachtdenkmals im Leipziger Süden eröffnet. Der VfB trug seinerzeit ein blau-weißes Schildwappen, von dem drei unterschiedliche Versionen kursieren: einmal mit dem Kürzel „VfB" (das u.a. auf einem zeitgenössischen Sammelbild zu sehen war), einmal mit dem ausgeschriebenen Klubnamen (was auf offiziellen Klubpublikationen erschien) und einmal als blau-weiß geteiltes Schild. Auf den Trikots trug man unterdessen ein großes „VfB".

Nach dem Zweiten Weltkrieg übernahm die SG Probstheida das VfB-Erbe. 1949/50 als BSG Erich Zeigner antretend, wurde daraus 1950 die BSG Einheit Leipzig-Ost. Nach dem Wechsel zur SV Rotation im November 1954 und der Bildung des SC Rotation rückte dessen Wappen – eine stilisierte Druckmaschine – in den Mittelpunkt und wurde später durch den Leipziger Löwen ergänzt. Dieser war auch an zentraler Stelle im Logo des Sport-Clubs Leipzig zu sehen, der im Juli 1963 durch Zusammenschluss von SC Lokomotive (1954 gegründet) und SC Rotation als designiertes Fußballaushängeschild der Stadt gebildet wurde. Nicht von ungefähr trug man – wie der heutige 1. FC Lok – Leipzigs Stadtfarben Blau-Gelb.

Am 20. Januar 1966 verselbstständigte sich die Fußballsektion des SCL als 1. FC Lokomotive, der ein Rundwappen mit einer zeitgemäßen Fußballdarstellung und einem dominierenden „1. FC" erhielt. „Praline" genannt, weil er auf der Anstecknadel dreidimensional herausragte, wurde der Fußball zu jenem Symbol, unter dem die „Lokisten" 1987 das Endspiel um den Europapokal der Pokalsieger erreichten (0:1 gegen Ajax Amsterdam). Mit der politischen Wende löste man sich in Probstheida vom DDR-Erbe und nahm statt der „Lok" den traditionsreichen Namen VfB an. Das war ein historischer Kunstgriff, der sich vor allem über die Spielstätte Probstheida ergab. Auch das Wappen war ein Kunstprodukt, zusammengesetzt aus dem alten Wappenschild des VfB, dem seinerzeit auf dem Trikot getragenen Schriftzug „VfB" sowie dem Stadtnamen. Klubfarben waren nun wieder das Blau und Weiß des „historischen" VfB (allerdings mit dunklerem Blau). Sonderlich glücklich verlief die VfB-Geschichte trotz eines Erstligajahres 1993/94 nicht, und 2004 wurde der Klub nach mehreren Insolvenzen mangels Masse eingestellt. Bereits im Dezember 2003 war ein neuer 1. FC Lokomotive entstanden, der die „Praline" aus DDR-Tagen reaktivierte und seitdem die Traditionslinie von 1893 fortsetzt.

1 2 8 9

3 4 5 10 11

6 7

12 13 16 17

14 15

GEGRÜNDET:
24. September 1949

SPIELSTÄTTE:
Erzgebirgsstadion
(15.690 Plätze)

GRÖSSTER ERFOLG:
DDR-Meister 1956, 1957, 1959

1 Das erste überlieferte Wappen der BSG Zentra Wismut

2 Ab 1954 als SC Wismut Karl-Marx-Stadt in Aue spielend

3 1963 erfolgte als BSG Wismut die offizielle Rückkehr nach Aue

4 1970: „Zwei gekreuzte Hämmer und ein großes W", dazu alles in Violett

5 Emblem mit Stadtwappen

6 1990: Der gewendete FC Wismut Aue mit seinem ersten Wappen ...

7 ... und dem profanen Nachfolger

8 1992: Nun mit Auer Stadtwappen ...

9 10 ... und ab 30. September 1992 als FC Erzgebirge

ERZGEBIRGE AUE

Es ist einer der großartigsten Slogans im deutschen Fußball, und er spiegelte sich über Jahrzehnte auch im Vereinswappen wider: „Zwei gekreuzte Hämmer und ein großes W, das ist Wismut Aue, unsre BSG". Nun heißt Wismut Aue zwar seit 1992 FC Erzgebirge Aue, der Kultslogan ist den Fans der „Veilchen" aber unverändert wichtig. Kein Wunder, denn er steht für das, was den Auer Fußball groß gemacht hat: Die beiden gekreuzten Hämmer symbolisieren die Bergbau- und Hüttentradition im Erzgebirge, das „Wismut" steht für die Bodenschätze, die Aue nach dem Zweiten Weltkrieg in den Fokus der DDR-Wirtschaftspolitik rückten, was zugleich massive ökologische Folgeschäden hinterließ.

Bis die BSG Wismut Aue im August 1951 entstand, hatte es seit Kriegsende vier Vorläufer gegeben. Wappen der SG Aue, der ZSG Aue und der BSG Pneumatik sind nicht überliefert. Zentra Wismut, wie der Klub ab 1950 hieß, gab sich ein Logo mit „W" und zwei gekreuzten Hämmern, das 1951 von einem Rundwappen mit Vereinsname und den auch im DDR-Staatswappen zu findenden umherlaufenden Ähren abgelöst wurde. Zwischen 1954 und 1963 spielten die Auer als SC Wismut offiziell in der Bezirkshauptstadt Karl-Marx-Stadt (heute wieder Chemnitz) und gewannen dreimal die DDR-Meisterschaft, trugen ihre Heimspiele aber weiterhin in Aue aus. Einerseits „transponierte" man sein Bezirksaushängeschild damit in die Zentrale, andererseits verhinderte man angekündigte Demonstrationen und Streiks der Auer Werktätigen für den Fall des tatsächlichen Wegzugs nach Karl-Marx-Stadt. Das Wappen trägt demzufolge auch keine Ortsangabe.

1963 wurde der SC Wismut zu einer BSG degradiert und kehrte auch offiziell nach Aue zurück. Als Wappen übernahm man zunächst das angepasste Emblem des SC Wismut und gab sich schließlich Ende der 1960er Jahre ein lilafarbenes Schild mit zwei weißen senkrechten Balken und dem altbekannten „W" mit den beiden gekreuzten Hämmern sowie nun auch wieder einer Ortsbezeichnung. Parallel kursierte in den 1980er Jahren noch ein weiteres Logo als Anstecknadel, das in seinem Zentrum das Auer Stadtwappen zeigte.

Nach der Wende wurde aus der BSG Wismut zunächst der FC Wismut, der nach einem kurzzeitigen Intermezzo mit einem Schildwappen die gekreuzten Hämmer ablegte und sich ein sehr nüchternes Buchstabenlogo zulegte. 1992 grundlegend modernisiert, steht seitdem im Zentrum eines lilafarbenen Schildes eine Variante des Auer Stadtwappens. Dieses stammt ursprünglich aus dem Jahr 1629 und zeigt zwei Brücken mit Geländer über angedeutetem Wasser. Gemeint sind die hölzernen Wegüberführungen jener Epoche über die Mulde („Sandbrücke") sowie das Schwarzwasser („Zellbrücke"). Als damals einzige Verkehrsverbindungen über die Flüsse hatten sie eine große Bedeutung für den Bergbau und das Hüttenwesen. Als die Verbindung zur Wismut-Industrie 1992 endgültig gekappt wurde, kam der Klub schließlich zu seinem aktuellen Namen FC Erzgebirge. Das Wappen erhielt lediglich die neue Bezeichnung und blieb ansonsten unverändert.

1

2

3

4

5

6

7

8

9

10

GEGRÜNDET:
2. August 1951

SPIELSTÄTTE:
Stadion der Freundschaft
(12.000 Plätze)

GRÖSSTER ERFOLG:
DDR-Meister 1958, 1960, 1962, 1965, 1966, 1969

1. 1951: Beginn als SK Vorwärts KVP, damals noch in Leipzig
2. 1953 wurde man in Berlin zum „Zentralen Sportklub Vorwärts KVP"
3. Ab November 1956 als ASK Vorwärts Berlin
4. Januar 1966: Die Fußballsektion wird zum FC Vorwärts Berlin
5. 1971: Nach dem unfreiwilligen Umzug nach Frankfurt/Oder
6. 1991: Nachfolger FC Victoria '91 (mit „c")
7. 1993: Nach dessen Pleite entstand der Frankfurter FC Viktoria '91 (mit „k")
8. 2012: Fusion mit dem MSV Eintracht zum 1. FC Frankfurt

FC VORWÄRTS FRANKFURT/ODER

Wer zur Armee geht, muss bereit sein, öfter mal umzuziehen. Das gilt auch für Armee-Fußballvereine. Der fünffache DDR-Meister FC Vorwärts hat seine Wurzeln in Leipzig, feierte seine größten Erfolge in Berlin und wurde schließlich nach Frankfurt an der Oder abgeschoben, wo er nach der Wende aus dem Fokus verschwand.

Als SK bzw. ZSK Vorwärts KVP („Kasernierte Volkspolizei") hatte man in den 1950er Jahren mit dem Oberligaspielbetrieb begonnen und war 1958 – zwei Jahre zuvor in den Armeesportklub ASK Vorwärts verwandelt – erstmals DDR-Meister geworden. Das Wappen hatte sich zwischenzeitlich von einem nüchternen Rundemblem mit schwarz-rot-goldenem Rand zu einem in Schildform gewandelt, bei dem das „V" für „Vorwärts" in roter Farbe dominierte.

Nachdem die Fußballsektion 1965 als FC Vorwärts ausgegliedert worden war, wurde der Berliner Bär, auf einem Fußball stehend, in das „V" des nunmehrigen „FCV" integriert und zu einem Klassiker der Wappenkunst. Bis 1971 spielte man unter diesem Logo, dann kam die Versetzungsorder nach Frankfurt/Oder. Der Legende zufolge hatte Stasi-Chef und BFC-Dynamo-Fan Erich Mielke dabei seine Finger im Spiel, weil er das beim Berliner Publikum beliebte Team aus der Stadt haben wollte. Am neuen Standort gab es für den Klub als Emblem ein modifiziertes „V" mit dem Zusatz „FF/o", dem Kürzel für Frankfurt an der Oder.

Nach der Wende wurde es turbulent. Zunächst trat man als FC Victoria '91 an, ging pleite und gründete sich als FFC Viktoria '91 neu. Der wiederum fusionierte 2012 mit dem MSV Eintracht zum 1. FC Frankfurt/Oder, der aktuell in der Brandenburg-Liga kickt.

1

2

6

3

4

7

5

8

GEGRÜNDET:
26. Januar 1966

SPIELSTÄTTE:
Steigerwaldstadion (18.611 Plätze)

GRÖSSTER ERFOLG:
DDR-Meister 1954, 1955

1. Der aus dem Jahr 1895 stammende SC Erfurt wird als Vorgänger des FC RWE betrachtet
2. 1949: Als BSG KWU mit dem Erfurter Rad im Wappen
3. 1950: BSG Turbine
4. 1954: SC Turbine Erfurt. Der Klub zerbrach nach der Wende in mehrere Vereine
5. 1966: Aus der Fußballabteilung des SC Turbine wird der FC Rot-Weiß. Im Wappen das Rad sowie das Turbine-Blau und Erfurt-Rot-Weiß
6. 1971: Leicht modifizierte Variante
7. 1984: Der Relaunch führt zum heutigen Emblem
8. Nur kurz verwendete Variante mit eigentümlicher Schräge

FC ROT-WEISS ERFURT

Erfurt, die Blumenstadt im Herzen Deutschlands, ist stolz auf sein Stadtwappen, das ein sechsspeichiges Rad vor rotem Grund zeigt. Es ist auch im Emblem des FC Rot-Weiß Erfurt zu sehen, im Januar 1966 gegründet und seitdem städtisches Aushängeschild in Sachen Fußball. Die DDR-Philosophie der 1960er Jahre, vorhandene Symboliken im Fußball miteinander zu verbinden, wird im Fall Erfurt deutlich sichtbar.

Das Rad dient seit etwa Mitte des 17. Jahrhunderts als Erfurts Stadtsiegel und ist im Stadtbild allgegenwärtig. Entlehnt ist es dem Wappen des Erzbistums Mainz, zu dem Erfurt von 755 bis 1802, also über 1.000 Jahre lang, gehörte. Seine Bedeutung ist nicht eindeutig geklärt. Mal heißt es, Erzbischof Willigis sei Sohn eines armen Wagenbauers gewesen, mal wird auf die Mythologie der Griechen und Römer verwiesen oder das Rad als Feldzeichen einer römischen Legion gedeutet. Letzteres gilt allerdings als unwahrscheinlich, denn ein Mainzer Erzbischof hätte wohl nie auf ein heidnisches Symbol zurückgegriffen. Eine weitere Theorie sieht das Rad als Kreuz oder Christusmonogramm im Nimbuskreis und insofern die symbolische Darstellung eines Wagens, der stellvertretend für „Kirche" steht.

Wie auch immer es nun war, das Radsymbol tauchte schon im ersten Wappen der 1949 gebildeten BSG KWU Erfurt auf. KWU, das stand für „Kommunales Wohnungsunternehmen", dessen Vorgängervereine SG Fortuna bzw. SG Erfurt-West sich in der Nachfolge des aus dem Jahr 1895 stammenden SC Erfurt sahen. 1951 wurde aus KWU die BSG Turbine, die drei Jahre später zum SC Turbine wurde, der wiederum 1954 und 1955 die DDR-Fußballmeisterschaft nach Erfurt holte. Gespielt wurde nun unter dem klassischen Turbine-Wappen mit dem Pfeil (BSG Turbine) bzw. einem Wappenschild, in dem Erfurts Stadtwappen-Rad ebenfalls auftauchte (SC Turbine).

Mit dem 26. Januar 1966 verselbstständigten sich die Turbine-Fußballer als FC Rot-Weiß Erfurt. Man übernahm die Stadtfarben Rot und Weiß, und selbstverständlich kam auch das Rad wieder hinzu, das in seiner Darstellung nun allerdings fast wie eine Fußballblase wirkte. Das dominierende Dunkelblau im ersten FC-RWE-Logo war eine Hommage an den SC Turbine, dessen Wappen maßgeblich von Blau geprägt gewesen war. 1971 wurde das RWE-Blau deutlich heller, erhielt das Rad filigrane Spielereien, wurde der Schriftzug „Erfurt" signifikant vergrößert.

Dabei blieb es bis 1984, als das aktuelle Wappen ersonnen wurde. Es zeigt das Erfurter Rad vor einem geviertelten rot-weißen Hintergrund und die Buchstaben „FC RWE" in fetter Schrifttype. Das Emblem überdauerte auch die Wendezeit, und in Erfurt gibt es wohl niemanden, der diese gelungene Wappenkombination jemals mehr ablösen möchte.

1

2

3

4

5

6

7

8

GEGRÜNDET:
22. Dezember 1965

SPIELSTÄTTE:
Avnet Arena (30.098 Plätze)

GRÖSSTER ERFOLG:
Europapokal der Pokalsieger 1974

1. Zunächst lief man als BSG Krupp Gruson (1950), BSG Stahl (1951, kein Wappen überliefert) ...
2. ... sowie BSG Motor Mitte (1952–57) auf
3. 1957 kam die Motor-Mitte-Ligamannschaft zum zwei Jahre zuvor entstandenen SC Aufbau Magdeburg
4. Ab 1965 nannte man sich SC Magdeburg
5. Nur kurz genutztes Gründungswappen aus dem Dezember 1965
6. Unter diesem Wappen spielte der FCM zu DDR-Zeiten
7. Nach der Wende kurz mit dem „e. V."-Verweis
8. Modifizierte Version des FCM-Wappens, wie es heute getragen wird
9. Der SC Magdeburg besteht noch immer und spielt u. a. Bundesliga-Handball

1. FC MAGDEBURG

Nüchtern, klar, unverwechselbar: Das blau-weiße Wappenschild des 1. FC Magdeburg, überall in Sachsen-Anhalt nur „Club" gerufen, steht für eine Epoche, in der Fußballwappen vor allem Aussagekraft haben sollten und weniger Wert auf Ästhetik gelegt wurde. Der FCM entstand am 22. Dezember 1965 als erster von damals elf „Fußball-Clubs", mit denen die DDR-Sportführung aus ihrer anhaltenden Erfolgskrise herauskommen wollte. Magdeburg war ein dankbarer Pionier, sicherte sich 1972, 1974 und 1975 jeweils die Landesmeisterschaft, brachte Spielerlegenden wie Joachim Streich, Jürgen Sparwasser oder Jürgen Pommerenke hervor und holte schließlich 1974 mit einem 2:0 über den AC Mailand auch die einzige Europapokaltrophäe (die der Pokalsieger) in die DDR.

Bis heute tragen Magdeburgs Fußballer ihr seither nur dezent modifiziertes Gründungswappen aus dem Dezember 1965. Zuvor hatte man unter einem ungleich vielschichtigeren Logo gekickt, das in seinen Grundzügen nach wie vor vom Handball-Bundesligisten SC Magdeburg getragen wird. Die Fußballsektion des SCM hatte sich im Dezember 1965 als 1. FCM abgespalten.

Das SCM-Wappen zeigt eine geöffnete Burg, zwischen deren Türmen eine grün gekleidete Jungfrau (Magd) emporwächst, die in der erhobenen Rechten einen grünen Kranz hält. Es ist das Magdeburger Stadtwappen, und auch in seinen Farben bediente sich der SC Magdeburg bei der Stadt und übernahm deren Grün und Rot. Magdeburgs Stadtwappen wurde übrigens, das aber nur nebenbei, 1994 vom Landeshauptarchiv in einem Genehmigungsverfahren als „heraldisch mangelhaft" bewertet, weil die Proportionen nicht stimmten: Die Burg sei zu klein, die Jungfrau zu groß.

Die ersten Wappen, unter denen in Magdeburg zu DDR-Zeiten hochklassig gespielt worden war, waren die der BSG Krupp Gruson, der BSG Stahl sowie der BSG Motor Mitte Magdeburg gewesen. Stahl und Motor Mitte wiesen die üblichen Einheitswappen der ersten DDR-Jahre auf. 1957 wurden die Motor-Mitte-Fußballer zum SC Aufbau Magdeburg delegiert, der bereits das Stadtwappen mit Burg und Jungfrau im rot-weißen Schild trug. Im Unterschied zum SC Magdeburg, wie man sich ab 1965 nannte, fand sich zudem ein großes „A" (für Aufbau) im Wappen.

1

2

3

4

5

6

7

8

9

GEGRÜNDET:
15. März 1949

SPIELSTÄTTE:
GGZ-Arena (10.183 Plätze)

GRÖSSTER ERFOLG:
DDR-Meister 1950

1. Das 1924 entworfene Wappen der Horch-Werke, das auch auf den Trikots der ZSG Horch getragen wurde
2. 1950 entstand die BSG Motor, die zunächst das SV-Motor-Einheitswappen trug
3. Mit Umbenennung der Horch-Werke in „Sachsenring" kam 1957 das klassische „S" ins Fußballwappen
4. Ab 1968 liefen Zwickaus Fußballer als BSG Sachsenring auf
5. Nach der Wende: FSV-Emblem mit Wappenschild, den drei Zwickauer Schwänen sowie einem kleinen Sachsenring-„S"
6. Seit Ende 1993 und der Abwicklung der Sachsenring-Werke spielt man in Zwickau ohne „S"

FSV ZWICKAU

Die Wappenhistorie des FSV Zwickau gleicht einer kleinen Zeitreise durch die Zwickauer Industriegeschichte. Sie beginnt am 15. März 1949, als die ZSG Horch Zwickau als lokaler Fußball-Großverein gebildet wurde. „Horch" stammte dabei nicht etwa von der im Volksmund als „VEB Guck und Horch" veräppelten Stasi (die erst 1950 entstand), sondern von den 1904 in Zwickau gegründeten Horch-Autowerken, die in den 1930er Jahren deutschlandweit mit großem Abstand Marktführer vor Mercedes-Benz und Maybach gewesen waren. 1932 zur in Chemnitz ansässigen Auto Union AG gekommen, Deutschlands erstem staatlichem Automobilkonzern, engagierte man sich seinerzeit erfolgreich im Motorsport und war während des Zweiten Weltkriegs wichtiger Lieferant für Rüstungsfahrzeuge. Nach dem Krieg wurden die Zwickauer Horch-Werke zum „VEB Horch Kraftfahrzeug- und Motorenwerke", der sich ab Februar 1957 „VEB Sachsenring Automobilwerke" nannte und bei dem bis Ende April 1991 der legendäre Trabant („Trabbi") vom Band lief.

Zwickaus Automobilerbe spiegelte sich auch im Emblem des örtlichen Fußball-Aushängeschilds wider. Die ZSG Horch, 1950 erster DDR-Oberligameister, lief mit dem charakteristischen Horch-Wappen auf, das 1924 von Ernst Böhm entworfen und später preisgekrönt worden war. Nach Gründung der Sportvereinigungen wurde im August 1950 aus der ZSG Horch die BSG Motor, die das SV-Motor-Einheitswappen erhielt. Mit Bildung des VEB Sachsenring rückte dann 1957 dessen Logo – das geschwungene „S" im Kreis – auch ins Wappen der erfolgreichen Zwickauer Fußballer. 1968 schließlich nahmen die Rot-Weißen sogar den Namen des Autobauers an und liefen fortan als BSG Sachsenring auf. Das Logo wurde lediglich bezüglich des Namens angepasst.

Nach der Wende entstand im Januar 1990 der FSV Zwickau, der seine Bindung zum bald in der Abwicklung befindlichen Sachsenring-Werk zunächst noch durch ein kleines Sachsenring-„S" im nunmehrigen Schildwappen dokumentierte. Es stand dort neben drei Schwänen, die wiederum Zwickaus Wappentiere und seit dem frühen 15. Jahrhundert auch im Stadtwappen zu sehen sind. Dies geht der Sage zufolge zurück auf einen 1470 angelegten Teich, der zum „Schwanenteich" wurde. Zwickau nennt sich heute auch „Schwanenstadt".

Nachdem die Sachsenring-Werke im Dezember 1993 abgewickelt waren, wurde das „S" im FSV-Wappen durch einen Fußball ersetzt, und der Klub erhielt sein heutiges Logo.

1

2

3

4

5

6

GEGRÜNDET:
26. Januar 1966

SPIELSTÄTTE:
Leuna-Chemie-Stadion
(15.057 Plätze)

GRÖSSTER ERFOLG:
DDR-Meister 1952

❶ 1949: ZSG Union Halle

❷ 1950: BSG Turbine

❸❹ 1954: Anschluss an den neugegründeten SC Chemie Halle-Leuna

❺❻ 1958: Zusammenschluss mit SC Wissenschaft zum SC Chemie Halle

❼ 1959: Nach Abspaltung des SC Wissenschaft gab sich der SC Chemie ein individuelles Wappen

❽ 1966: Gründungswappen des Halleschen FC Chemie

❾ Das von Gerhard Voigt entworfene Logo mit dem „C" statt des Halbmondes

❿ 1991: Aus HFC Chemie wird HFC

⓫ Variante mit Namensring

HALLESCHER FC

„Wie kommt der Halbmond in das HFC-Wappen?" ist eine häufig gestellte Frage beim Halleschen FC. Die Antwort verweist zunächst auf das Stadtwappen Halles, das aus einem aufsteigenden roten Mond und zwei sechsstrahligen roten Sternen besteht. Das Motiv stammt vermutlich aus dem Probstsiegel des Augustiner-Chorherrenstifts, ist seit 1327 nachweisbar und dient seit Mitte des 15. Jahrhunderts als Stadtwappen. Über seine Bedeutung rätseln Historiker und Heraldiker bis heute. Das Rot-Weiß geht vermutlich auf das Erzstift Magdeburg und die Hanse zurück, doch was Mond und Sterne betrifft, gibt es diverse Interpretationsmöglichkeiten. Eine Variante z. B. sieht gar keine solchen Himmelselemente, sondern spricht von einer stilisierten Salzpfanne bzw. Salzkristallen – Halle hat eine lange Tradition als Sole-Stadt. Andere vermuten Bezüge zu Byzanz oder sehen statt eines Mondes die Sonne und damit – im Verbund mit den Sternen – ein Sinnbild für Tag und Nacht bzw. Gottesgegenwärtigkeit. Häufigste Interpretation ist freilich schlicht ein Verweis auf die Mariensymbolik der Mondsichelmadonna in der Offenbarung des Johannes (Offb, 12,1–5 EU).

Bis Halles erfolgreichste Fußballer zu Mond (oder Sonne) und Sternen (oder Salzpfanne) kamen, vergingen viele Jahre. Die 1949 als designiertes lokales Aushängeschild gegründete ZSG Union Halle trug ein Wappen mit der Stadtsilhouette, und die Nachfolger BSG Turbine (1950–54) bzw. SC Chemie (ab 1954) spielten unter den üblichen Einheitswappen der entsprechenden Sportvereinigungen. Erst 1959 erhielt der SC Chemie Halle ein individuelles Logo, das neben dem „C" für „Chemie" zwei grüne Streifen und die Klubbezeichnung führte.

Als sich im Januar 1966 die SC-Chemie-Fußballer als HFC Chemie verselbstständigten, rückte die Stadtwappen-Symbolik ins Zentrum des Emblems. Halles neues fußballerisches Aushängeschild übernahm zunächst das reguläre Stadtwappen, das in ein rot-weißes Schildwappen integriert wurde. Noch im selben Jahr entwarf der Künstler Gerhard Voigt jedoch ein weiteres Logo, in dem er Vereinsnamen und Heraldik geschickt miteinander verknüpfte. Der Halbmond stand nun aufrecht und wurde so zum „C" für „Chemie", in dessen Zentrum ein Stern stand. Damit repräsentierte der HFC Chemie einerseits die Stadt, deren Farben Rot-Weiß man seit der Klubgründung trug, erhielt andererseits aber auch eine individuelle Note.

Nach der politischen Wende legte man im Kurt-Wabbel-Stadion das „Chemie" ab und wurde zum Halleschen FC, der seitdem das korrekte Stadtwappen in seinem Logo trägt. In der Fanszene der Rot-Weißen lebt der HFC Chemie indes weiter. Sowohl bei Wechselgesängen als auch im Souvenirhandel spielt die DDR-Tradition eine wichtige Rolle, und auch die Stadionzeitung „Der Chemiker" erinnert an die Historie. In Halle gibt es folglich auch immer mal wieder Stimmen, die eine Rückkehr zum alten Namen fordern.

1

2

3

4

5

6

7

8

9

10

11

GEGRÜNDET:
28. Dezember 1965

SPIELSTÄTTE:
Ostseestadion (29.000 Plätze)

GRÖSSTER ERFOLG:
DDR-/NOFV-Meister und -Pokalsieger 1991

1. 1954 entstand der SC Empor Rostock, der zunächst das typische Empor-Einheitswappen erhielt
2. 1956 wurde das Einheitswappen „personalisiert"
3. 1958 zog der Greif ins Empor-Emblem ein
4. Rostock bekommt seine Kogge – das Ursprungswappen des FC Hansa bei dessen Gründung im Dezember 1965
5. Schon nach kurzer Zeit erhielt der FC Hansa ein von Karlheinz Kuhn geschaffenes charismatisches Wappen, das auch in der Gegenwart genutzt wird
6. Zwischen 2002 und 2008 spielte der Klub unter einem leicht modifizierten Logo

HANSA ROSTOCK

Das Stadtwappen von Rostock zeigt einen Greif, der in einem blau-weiß-roten Wappenschild steht. Auch beim FC Hansa Rostock sowie dessen Vorgänger SC Empor nimmt bzw. nahm der Greif eine zentrale Rolle ein. Das ist angesichts der Entstehungsgeschichte des Klubs nicht überraschend. Denn der im November 1954 ins Leben gerufene SC Empor, der den Oberligaplatz und große Teile des Kaders der sächsischen BSG Empor Lauter übernahm, war als städtisches Aushängeschild konzipiert.

1966 wurde die Fußballsektion des SC Empor (der später gemeinsam mit dem SC Magdeburg zum Handball-Rekordmeister der DDR aufstieg und heute im HC Empor fortlebt) als FC Hansa verselbstständigt. Über Vereinsname, Farben und Wappen ließ man die Rostocker Bevölkerung entscheiden. Nach einem Aufruf wurden die Stadtfarben Blau-Rot-Weiß zu den Klubfarben und der Name „Hansa" zur Bezeichnung. Letzterer verwies auf die Tradition der ehemaligen Hansestadt Rostock. Für das Wappen gingen insgesamt 126 Vorschläge ein. Darunter der von Rainer Dörner, Hindernisläufer des SC Empor Rostock, der eine angedeutete Kogge in Form von Segel und Rumpf auf dem Wasser schwimmend vorgelegt hatte. Die Kogge sollte als Sinnbild für Rostocks Hafenlage dienen.

Mit dem Entwurf eines richtigen Wappens wurde anschließend der Maler und Grafiker Karlheinz Kuhn beauftragt, der seit 1957 in Rostock lebte. Er schuf jenes Koggen-Symbol, für das Hansa Rostock heute berühmt ist. Auf dem Segel prangt der Greif, der Schiffsrumpf trägt den Klubnamen, die Farben sind das Blau-Weiß-Rot des FC Hansa. Dass der Klub sein „FC" mit zwei Punkten schreibt (F.C.), soll der Legende zufolge übrigens eine Rückerinnerung an den Rostocker F.C. von 1895 sein, den ersten Fußballklub der Stadt.

Nach der Wendezeit, die der FC Hansa als letzter Meister der ehemaligen DDR und frischgebackener Bundesligist erlebte, blieb es trotz kleinerer Eingriffe zwischen 2000 und 2008 (kleinere Buchstaben, verzerrter Greif) beim Kogge-Wappen, das längst zu einem unverwechselbaren Markenzeichen des Rostocker Spitzenfußballs geworden ist. So wurden im Oktober 2011 unter dem Motto „Tradition verbindet" über 10.000 Ansteck-Buttons mit dem reanimierten Traditionswappen von 1965 verkauft. In Rostock lebt folglich ein Stück DDR-Geschichte weiter fort.

1

2

3

5

4

6

GEGRÜNDET:
15. Januar 1966

SPIELSTÄTTE:
Stadion an der Gellertstraße
(15.000 Plätze)

GRÖSSTER ERFOLG:
DDR-Meister 1967

1. 1951 entstand die BSG Chemie Chemnitz (ab 1953 Karl-Marx-Stadt)
2. Zunächst lief der 1956 gegründete SC Motor Karl-Marx-Stadt unter dem individualisierten Einheitswappen der Sportvereinigung Motor auf
3. Später durften sich die Himmelblauen ein eigenes Wappen geben
4. Ab 1963 nannte man sich SC Karl-Marx-Stadt
5. Am 15. Januar 1966 verselbstständigten sich die SC-Fußballer als FC Karl-Marx-Stadt
6. Nach der Wende wurde der Chemnitzer FC Nachfolger des FCK

CHEMNITZER FC

Manche Wappen sind leicht zu durchschauen. Dazu gehört auch das des Chemnitzer FC. Der nahm einfach das Chemnitzer Stadtwappen, setzte es in eine Schildform und stellte den Schriftzug „CFC" dazu. Einzige Anpassung: Die Längsstreifen im linken oberen Feld sind nicht wie im Stadtwappen blau-gelb, sondern himmelblau-weiß gehalten – die Farben des CFC. Das kleine Feld unten rechts kommt in Grün daher, was den Rasen symbolisiert. Oben rechts zu sehen ist der aufgerichtete Meißner Löwe (Chemnitz gehörte einst zur Markgrafschaft Meißen), während die erwähnten Längsstreifen oben links Pfähle darstellen sollen.

Das CFC-Wappen steht in der Tradition des Vorgängerklubs FC Karl-Marx-Stadt (FCK). Der war 1966 entstanden und hatte als designierte lokale Führungsgröße auf das korrekte Stadtwappen mit blau-gelben Längsstreifen zurückgegriffen. Wo heute der Schriftzug „CFC" als Bauchbinde auftaucht, war es damals das in Serifenschrift gehaltene „FCK" als Kopfband gewesen. Seit 1966 sind Chemnitz' Vorzeigefußballer übrigens auch die „Himmelblauen" – Chemnitz war einst Reichsstadt unter dem aus Bayern stammenden Kaiser Ludwig IV., der das Blausilber in die Stadtgeschichte brachte.

Vor der FCK-Ära hatte man in Karl-Marx-Stadt (resp. Chemnitz) ab 1951 als BSG Chemie gekickt und das typische Chemie-Wappen in der Raute mit dem „C" und der Reagenzglas-Retorte getragen. An dessen Stelle rückte mit Bildung des SC Motor am 3. März 1956 zunächst das individualisierte Einheitswappen der Sportvereinigung Motor. Später trug man ein zeitgenössisches Rundwappen, das auch der 1963 aus dem SC Motor hervorgehende SC Karl-Marx-Stadt übernahm. Anstelle des Schriftzugs „Motor" war dort nun aber erstmals das Stadtwappen zu sehen – so wurde schon damals eine Einheit zwischen Stadt und führendem Fußballklub symbolisiert.

1

2

3

4

5

6

GEGRÜNDET:
16. August 1950

SPIELSTÄTTE:
Alfred-Kunze-Sportpark (4.999 Plätze)

GRÖSSTER ERFOLG:
DDR-Meister 1951, 1964

1 1932 entstand SV TuRa

2 ... der 1938 zur TuRa fusionierte

3 1945: Gründung der SG Leipzig-Leutzsch

4 1949: ZSG Industrie

5 1951: Sportvereinigung Chemie

6 Von 1963 bis 1967 erstmals im „Chemie"-Look mit Retorte

7 8 1967 im heutigen Stil mit „LEIPZIG"-Balken - allerdings ohne Retorte

9 Mit sichtbarer Retorte, aktuell in Verwendung

10 Der FC Grün-Weiß bestand nur acht Wochen

11 Das Gründungswappen des FC Sachsen Leipzig

12 Ab 2006

13 14 15 Nach der Sachsen-Liquidierung 2011 folgten die SG Leipzig-Leutzsch, die SG Sachsen sowie der heutige LFV Sachsen

BSG CHEMIE LEIPZIG

Eine Retorte! Ausgerechnet in Leutzsch! Dabei ist „Retorte" doch ein Begriff, den man in Leipzig nur mit RB verbindet. Zugleich ist er aber eben auch zentral im Wappen der BSG Chemie versinnbildlicht. Denn in der Heraldik ist eine Retorte die Darstellung eines Destilliergefäßes, wie es im Mittelalter von Alchimisten und Apothekern verwendet wurde. Zu DDR-Zeiten war die Retorte das Symbol der chemischen Industrie, das auch die mit ihr verbundenen Sportgemeinschaften übernahmen. Und so kam die im August 1950 aus der ZSG Industrie entstandene BSG Chemie zu einer Retorte, die auch im Wappen des 2008 entstandenen aktuellen Nachfolgers wieder zu sehen ist.

Von ihrer Entwicklung her hat die BSG Chemie Leipzig gleich drei Geburtstage. Neben dem 16. August 1950 muss man noch einen Tag im April 2008 nennen, als sich die heutige BSG Chemie nach internen Streitigkeiten aus dem BSG-Chemie-Wendenachfolger FC Sachsen herauslöste, sowie einen im Juli 1963. Neun Jahre zuvor war die Ligamannschaft der ursprünglichen BSG Chemie, 1951 immerhin DDR-Meister, zum neugegründeten SC Lokomotive delegiert worden. Der spielte im Stadion des Friedens in Gohlis und floss 1963 in den 1.-FC-Lok-Vorgänger SC Leipzig ein. Die stärksten Akteure wurden seinerzeit zum designierten neuen Aushängeschild SC Leipzig beordert, der in Probstheida spielte. Die als „schwächer" eingestuften kamen zur BSG Chemie, die zwischenzeitlich als BSG Chemie Leipzig-West in der Kreisklasse gekickt hatte und nun in die Oberliga versetzt wurde, wo sie 1964 als „Rest von Leipzig" sensationell die Meisterschaft holte.

Zur Wendezeit wurde es dann richtig turbulent in Leutzsch. Um sich für neue Sponsoren zu öffnen, wurde aus der BSG Chemie zunächst der FC Grün-Weiß Leipzig, der lediglich ein Pflichtspiel bestritt (1:2 in Suhl), ehe er nach nur acht Wochen seiner Existenz mit der Ligamannschaft von Oberligaaufsteiger FSV Böhlen (zuvor BSG Chemie Böhlen) zum FC Sachsen verschmolz und in die Oberliga aufrückte. Während der FC Sachsen in seinem grün-weißen Rundwappen das Stadtlogo mit dem Löwen und das schwarz-gelbe Wappenschild von Sachsen miteinander verband, hatte der FC Grün-Weiß einen Frosch im Emblem getragen. Zur Begründung hieß es: Der Frosch habe „gerade hier in Leipzigs Industriegrau einen harten Kampf gegen Umweltverschmutzer und -verpester auszutragen. Damit steht er auch als Symbol für den Kampf der Grün-Weißen in den langen Jahren der Unterdrückung und den nun folgenden des freien, harten Wettbewerbs. Wir, die grün-weißen Leutzscher, wollen kämpfen."

Nach erwähnter Abspaltung der „neuen" BSG Chemie (die bereits im Juli 1997 als Traditionspflege-Gemeinschaft im FC Sachsen gegründet worden war) im April 2008 begann der langsame Siechtumsprozess des FC Sachsen, der 2011 schließlich liquidiert wurde und dessen Nachfolger LFV Sachsen heute in der 1. Kreisklasse aufläuft.

GEGRÜNDET:
20. Januar 1966

SPIELSTÄTTE:
Stadion an der Alten Försterei
(22.012 Plätze)

GRÖSSTER ERFOLG:
Champions League-Teilnehmer
2023/24

1. Das Wappen des SC Union 06 Oberschöneweide aus dem Jahr 1920
2. Schon bald erhielt der Klub sein charakteristisches Fahnensymbol
3. 1945-48: SG Oberschöneweide
4. 1950: Aus SC Union 06 wird SG Union Oberschöneweide ...
5. ... während sich die Abspaltung SC Union 06 Berlin in Westberlin niederlässt
6. 1951: BSG Motor Oberschöneweide
7. Februar 1955: Nun als SC Motor Berlin
8. 1957: Aufspaltung in TSC und TSG Oberschöneweide
9. 1963: Fusion von TSC, SC Einheit und SC Rotation Berlin zum TSC Berlin
10. 1966: 1. FC Union Berlin

1. FC UNION BERLIN

„Das Logo ist einzigartig in seiner Form und entspricht einem Vorschlag aus der Berliner Bevölkerung. Das macht uns stolz", sagte Union-Präsident Dirk Zingler im Mai 2011. Tatsächlich ist das Wappen des 1. FC Union Berlin ein Unikum mit zahlreichen interessanten grafischen Details. So enthält das „C" des „1. FC" einen stilisierten Fußball sowie den Berliner Bären und dient außerdem als Verbindungsglied zwischen dem „1. FC" und dem „Union". Die „1" und das „F" sind derweil geschickt über den Punkt miteinander verbunden, während der Hochstrich des „F" quasi als Dach für den Rest des Wappens fungiert. Das Ensemble hat damit eine Dynamik, wie sie selten ist in einem Fußball-Wappen. Verwendet wurden die Farben Schwarz, Rot und Gold – also jene, die auch in der DDR-Nationalfahne zu finden waren.

Schöpfer dieser großartigen heraldischen Arbeit war Peter Gribat, Jahrgang 1935, gelernter Buchdrucker, Maler, Grafiker und Typograf, der mit dem Fußball und dem 1. FC Union nicht viel zu tun hatte, als er das Wappen Anfang 1966 im Auftrage seines Chefs entwickelte. Auslöser war ein Aufruf in der „Berliner Zeitung", für den am 20. Januar 1966 aus der Fußballabteilung des TSC Berlin herausgelösten 1. FC Union Berlin ein neues Emblem zu schaffen. „Ich habe insgesamt sechs Vorschläge eingeschickt", erzählte Gribat 2011 Buchautor Matthias Koch. „Gemäß der Honorarordnung der DDR habe ich für das ausgewählte Emblem 800 Ostmark erhalten und dafür sämtliche Rechte abgetreten. Was das Logo heute wert ist, will ich lieber nicht wissen."

Unions Vorgeschichte ist kompliziert und verwirrend. Geht man von der Spielstätte in der Wuhlheide aus, beginnt alles mit dem SC Union 06 Oberschöneweide, der lange unter einem jener damals populären Flaggenwappen in Blau-Weiß spielte. Das trugen nach dem Zweiten Weltkrieg auch die SG Oberschöneweide bzw. die SG Union Oberschöneweide, die 1950 entstand, nachdem sich der SC Union 06 in einen Westberliner Ableger (SC Union 06 Berlin) und die Köpenicker „Hauptstelle" aufgespalten hatte. Als 1951 die BSG Motor Oberschöneweide den Spielbetrieb in der Wuhlheide übernahm, lief man dort nicht mehr in Blau-Weiß, sondern in Rot-Weiß auf. 1955 folgte als Leistungssportgemeinschaft der SC Motor Berlin, der sich zwei Jahre später in den TSC Oberschöneweide (Leistungssport) und die TSG Oberschöneweide (Breitensport) aufteilte. Aus dem TSC Oberschöneweide wurde dann 1963 durch Fusion mit dem SC Einheit und dem SC Rotation der erwähnte Union-Vorläufer TSC Berlin, der bereits ein Buchstabenlogo mit dem Berliner Bären aufwies. Aus dem TSC Berlin wurde nach der Wende der heutige Berliner TSC mit über 4.500 Mitgliedern in 20 Abteilungen.

1

2

3

4

5

6

7

8

9

10

GEGRÜNDET:
31. Januar 1966

SPIELSTÄTTE:
Stadion der Freundschaft
(22.528 Plätze)

GRÖSSTER ERFOLG:
DFB-Pokalfinalist 1997,
Bundesligaaufstieg 2000, 2006

1. Der SC Cottbus entstand am 19. April 1963 unter diesem Wappen
2. SC-Wappen mit DDR-typischem Ährenkranz
3. Mit einem Energie-Pfeil ging die 1966 gebildete BSG Energie auf Torejagd
4. Noch 1966 wurde das heutige Wappen vorgestellt
5. Unter diesem Logo spielte der FC Energie eine Zeit lang nach der Wende

ENERGIE COTTBUS

Als die BSG Energie Cottbus am 31. Januar 1966 aus der Fußballsektion des SC Cottbus entstand, diente die „VVB Braunkohle und Kraftwerke" als sogenannte „ökonomische Basis". „Energie" war also ein passender Name für einen Klub, der vom Kraftwerk Jänschwalde, wie der Volksmund die „VBB Braunkohle und Kraftwerke" nannte, unterstützt wurde.

Im ersten Wappen der Rot-Weißen fand sich dann auch ein Pfeil, der symbolhaft für Elektrizität stand. Schon bald aber wurde das Rundwappen abgelöst vom heutigen Logo, das in einem Wappenschild daherkommt und die zu DDR-Zeiten beliebten Ähren aufweist. Der Pfeil wird nun versteckt von zwei weißen Querstreifen dargestellt. Nach der Wende wurde aus der BSG Energie der FC Energie, der sein Wappen im Kern beibehielt, es allerdings eine Zeit lang in einen roten Kreis stellte.

Vorgängerklub SC Cottbus, am 19. April 1963 gegründet und in der damals zweitklassigen DDR-Liga anstelle des SC Aktivist Brieske-Senftenberg direkt in den Spielbetrieb integriert, kam mit einem schlichten Wappenschild und dem vollständigen Vereinsnamen daher.

LEGIA WARSCHAU

Anders als sonstige Armeevereine wie Dukla Prag oder CSKA Sofia ist Legia Warschau kein Produkt der kommunistischen Ära. Der Verein entstand bereits 1916 als Soldatenklub der Polnischen Legionen und zählte 1927 zu den Gründungsmitgliedern der polnischen Nationalliga. Nach dem Zweiten Weltkrieg lief man zunächst als „Centralny Wojskowy Klub Sportowy" (CWKS, Zentraler Armeesportklub) auf, ehe 1967 die Rückkehr zum Traditionsnamen Legia erlaubt wurde.

Der wiederum geht zurück auf die Gründerväter Władysław Groele und Stanisław Mielech und verweist auf den historischen Militärbegriff einer „Legion". Als Symbol gab man sich zunächst ein weißes „L" in einem schwarzen Kreis, das im heutigen Wappenschild in umgekehrter Farbfolge im oberen rechten Feld zu finden ist. Seit 1917 verwendet der Verein dieses Schild, das seitdem in verschiedenen Ausführungen daherkam, zumeist grün-weiß quergeteilt war und später einen roten Querstrich erhielt.

Als man nach dem Zweiten Weltkrieg zwangsweise unter „CWKS" firmierte, wich die farbige Feldaufteilung einem schlichten Buchstabenwappen. Mit der Wiederfreigabe des Gründungsnamens schließlich entstand das heutige Wappen.

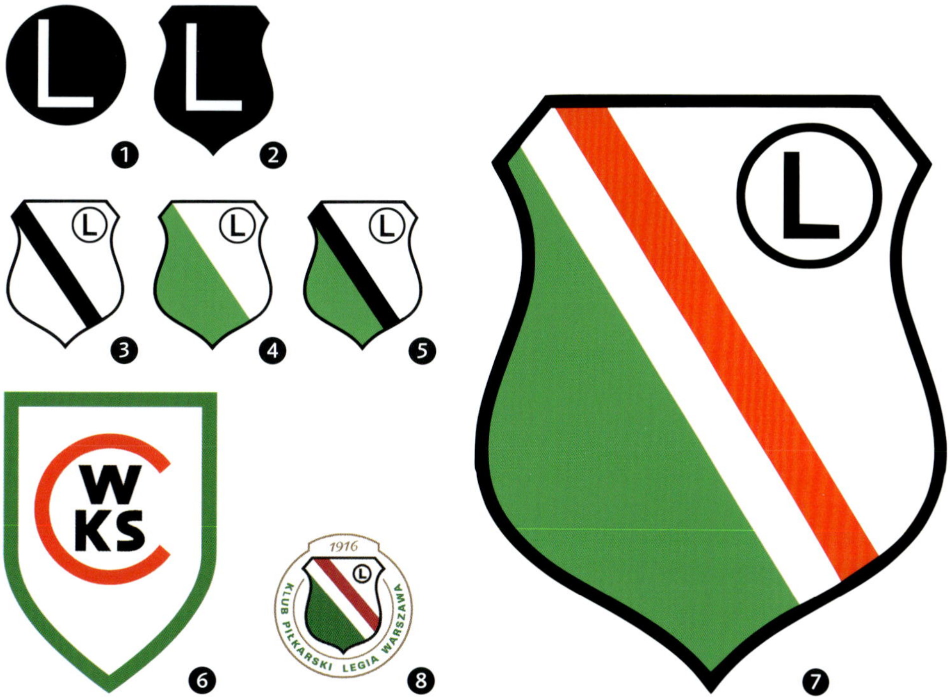

GEGRÜNDET:
März 1916

SPIELSTÄTTE:
Stadion Wojska Polskiego (31.103 Plätze)

GRÖSSTER ERFOLG:
Halbfinalist Europapokal der Landesmeister 1970

1. 1916: Zum Start gab es ein einfaches Rundwappen mit „L" ...
2. ... das 1917 vom heute charakteristischen Wappenschild abgelöst wurde
3. Noch im selben Jahr kam ein Querbalken hinzu, wechselte das „L" in einen Kreis in die rechte obere Hälfte
4. 1922, nun in grün-weißer Queraufteilung ...
5. ... bzw. 1926 mit zusätzlichem schwarzem Balken
6. Als „CWKS" trug man 1949 ein Buchstabenwappen in Rot-Weiß-Grün
7. 1967: Das heutige Wappen entsteht
8. Die zwischen 2007 und 2010 auf den Trikots getragene Variante

GEGRÜNDET:
15. November 1893

SPIELSTÄTTE:
Sankt-Jakob-Park (38.512 Plätze)

GRÖSSTER ERFOLG:
Halbfinalist Europa League 2013

1 Das langjährige FCB-Wappen

2 Variante als Rundwappen

3 Bis 1980 spielte man unter diesem Emblem

4 Der schwungvollere Nachfolger mit aus dem Wappenschild herausgetretenem Fußball

5 2017: Mit zwei Sternen für nunmehr 20 Titel

FC BASEL

Der große FC Barcelona – hat er seine Ursprünge in Basel? Der Legende zufolge war es der Schweizer Hans Gamper, der 1899 die treibende Kraft bei der Gründung des katalanischen Kultklubs war. Gamper war beruflich nach Barcelona gekommen und hatte seine Liebe für den noch jungen Fußball bereits in der Schweizer Heimat entdeckt. In Winterthur geboren, begann er 1894 beim FC Excelsior in Zürich mit dem Kicken, war zwei Jahre später Mitgründer des FC Zürich und spielte mindestens ein Mal auch für den FC Basel.

Doch die Überlieferung, das „FCB" und die blau-scharlachroten Klubfarben des FC Barcelona gingen auf Gamper bzw. den FC Basel zurück, ist umstritten. Zwar waren die Basler in Barças Gründungsjahr 1899 die führende Mannschaft im Zentralschweizer Fußball und wurden Regionalmeister, andere Quellen sagen jedoch, die Farben kämen von Gampers eigentlicher Fußballheimat FC Excelsior Zürich, der 1896 im FC Zürich aufging. Wieder andere Quellen behaupten, das Blau-Rot stamme vom Südschweizer Kanton Tessin, in dem Gampers Schwester damals lebte. Viele offene Fragen also.

Und auch das Logo des FC Basel, um das es hier ja eigentlich geht, gibt ein paar Rätsel auf. Basels Stadtfarben sind Schwarz und Weiß, im Stadtwappen ist ein schwarzer Krummstab („Baselstab") zu sehen. Nichts davon hat das städtische Fußballaushängeschild übernommen. Stattdessen brachten die Vereinsgründer das Blau-Rot vom Basler Ruderclub mit, dem sie ebenfalls angehörten.

Von Beginn an trug man im Dreiländereck ein Wappen, in dem die Buchstaben „FCB" in verschlungener Form auf einem (analog zu den Trikots) blau-rot gehälfteten Untergrund zu sehen sind. Irgendwann rückte eine Fußballblase in die obere linke Hälfte, und seit den 1980er Jahren spielt man unter einer geschwungenen Wappenform, bei der der Fußball aus dem Wappen heraustritt und ein eigenständiges Element bildet. 2004 kam der erste Meisterstern hinzu (in der Schweiz vergeben für zehn Landesmeistertitel), und seit der 20. Meisterschaft 2017 sind zwei Sterne zu sehen.

1

2

3

4

5

GEGRÜNDET:
1. August 1896

SPIELSTÄTTE:
Letzigrund (25.000 Plätze)

GRÖSSTER ERFOLG:
Halbfinalist Europapokal der Landesmeister 1964, 1977

1 Das erste Wappen

2 Verschnörkelt und verschlungen: der FCZ in den 1910er Jahren

3 Modern und zeitgemäß in den frühen 1920ern

4 Der von den Fußballern und Ruderern des FCZ verwendete Löwe

5 6 7 Varianten des zum Jubiläum 1925 erstmals aufgetauchten Schildwappens

8 1961: Das FCZ-Wappen wird wieder rund

9 10 1969: Nun mit klarer Trennung zwischen Streifen und Initialen, mal in Gelb, mal in Blau

11 Das im Frühling 1981 vorgestellte Wappen

12 Zum Jubiläum 1996

13 1997

14 2021

FC ZÜRICH

Dass der FC Zürich städtischer Repräsentationsverein ist, erkannte man bis 2021 auch an seinem Wappen. Das Rundlogo mit den Buchstaben „FCZ“ und den zwei weißen bzw. drei blauen Längsstreifen wurde von zwei aufrecht stehenden Löwen gehalten. Die halten auch Zürichs Stadtwappen, ebenso wie die gestreifte Farbkombination Blau-Weiß der städtischen Symbolik entlehnt ist. Das Stadtwappen geht zurück ins 13. Jahrhundert, als Zürich freie Reichsstadt wurde. Und die Löwen, das „Züileu“ genannte städtische Wappentier, stehen in der Heraldik für Mut, Kraft, Stärke, Kühnheit und Tapferkeit.

Als der „Eff-Tse-Tsett“ 1896 durch Zusammenschluss von drei Klubs – darunter der FC Excelsior von FC-Barcelona-Mitgründer Hans Gamper – entstand, gab er sich zunächst ein blau-weißes Schildwappen mit den Initialen „FCZ“. Im Gegensatz zu den elitären Grasshoppers verankerte sich der Verein damals in der Arbeiterschaft Zürichs, stand sportlich aber lange im Schatten der „Hoppers“. Das Ursprungswappen wurde in den 1910er Jahren von einem Nachfolger abgelöst, der die Initialen in sehr verschnörkelter und verschlungener Form zeigte.

Ab den 1920er Jahren wurde es turbulent in der Wappengeschichte des FCZ. Zunächst gab es ein Rundwappen mit aufgelegter Fußballblase und zeitgenössisch-moderner Buchstabentype, das bereits 1920/21 auf der Vereinszeitung zu finden ist. Wenig später wurde es abgelöst von einem Rundwappen, in dem ein aufrecht stehender Löwe das blau-weiße Zürcher Wappenschild trägt. Zur 25-Jahr-Feier 1921 indes tauchte erstmals ein Emblem mit den heute charakteristischen blau-weißen Streifen auf, das fortan in verschiedenen Formen verwendet wurde. 1961 wurde daraus wieder ein Rundwappen, das acht Jahre später in einen unteren Bereich mit blau-weißen Streifen und einen oberen mit den Initialen geteilt wurde.

1981 sorgte FCZ-Präsident Alfred Zweidler für eine Rückkehr des Löwen. Nachdem ab 1996 kurzzeitig noch ein fauchender Löwe auf dem alten Rundwappen den Klub repräsentiert hatte, griff der Klub erneut das Rundwappen mit den beiden das Wappenschild tragenden Löwen von 1981 auf. Dabei blieb es bis ins Jubiläumsjahr 2021, als die Löwen entfernt und der Blauton dunkler wurde.

GEGRÜNDET:
1. September 1886

SPIELSTÄTTE:
Hardturm (aktuell: Letzigrund, 25.000 Plätze)

GRÖSSTER ERFOLG:
Halbfinalist UEFA-Cup 1978

1. Das Gründungswappen von 1886 mit den filigranen Initialen „GCZ" und dem Rugby-Ei im Hintergrund
2. Schon in den 1920er Jahren spielten die „Hoppers" mit dieser einfachen Buchstabenkombination auf der Spielkluft
3. Die wuchtige Form des heutigen Emblems, das etwa seit Ende des Zweiten Weltkriegs getragen wird
4. In den 1970er Jahren mit Heuschrecken-Wappen auf den Trikots
5. Die Kombination Buchstabenwappen / Heuschrecke
6. Kein offizielles Wappen, aber dennoch interessant gestaltet
7. Zum 120. Jubiläum 2006: Buchstabenlogo mit Meistersternen

GRASSHOPPER ZÜRICH

Grashüpfer gehören zur Gattung der Feldheuschrecken und verfügen über kräftige Hinterbeine, mit denen sie Sprünge bis zum 200-Fachen der eigenen Körperlänge hinlegen können. Also ein perfektes Symbol für einen jungen Fußballklub in den 1880er Jahren! Es war der Engländer Tom E. Griffith, der den Namen „Grasshopper-Club" vorschlug, als sich im Spätsommer 1886 britische und Schweizer Sportfreunde im Zürcher Café Stäubli in der Flössnergasse versammelten, um über die Gründung eines Fußballvereins zu beraten. Als Vorbild diente dabei im Übrigen nicht die gefürchtete Wanderheuschrecke, sondern die einheimische Feldheuschrecke Acrididae.

„Grasshopper" war eine im angelsächsischen Raum durchaus geläufige Vereinsbezeichnung – 1869 beispielsweise wurde im nordenglischen Preston der Rugbyklub Preston Grasshoppers gegründet. Über die genauen Hintergründe und Motivationen einer solchen Namenswahl herrscht allerdings Unklarheit. Vermutlich sollte mit der Bezeichnung ausgedrückt werden, dass sich die Sportler auf Gras ähnlich behände und geschickt bewegen würden wie das Insekt. Ziel des ersten in Zürich gegründeten Fußballklubs war jedenfalls die „Ausbildung des Körpers", symbolisiert durch eben jene Heuschrecke.

Auch für die Klubfarben Blau-Weiß zeichnete übrigens besagter Tom Griffith verantwortlich, der als passionierter Fan der Blackburn Rovers darüber hinaus deren gehälftetes Trikotdesign nach Zürich brachte. Mit seiner vornehmlich der gebildeten Oberschicht entstammenden Gründungsmitgliederschaft etablierte sich „GC", wie der Verein schon bald vom Volksmund genannt wurde, rasch im gutbürgerlichen bis elitären Milieu und avancierte letztlich mit bis heute 27 Landesmeistertiteln zum erfolgreichsten Klub Zürichs bzw. bisweilen der gesamten Schweiz.

Im Wappen war die Heuschrecke allerdings für Jahrzehnte überhaupt nicht zu sehen. GC begann 1886 mit einem Rundwappen, in dem die filigran gearbeiteten Buchstaben „GCZ" vor einem Rugby-Ei standen – der Klub begann nicht als Fußball-, sondern als Rugbyverein. Nach seiner Öffnung für das runde Leder entwickelte sich das heute verwendete Rundwappen mit den Klubinitialen „GCZ", das im Laufe der Zeit wuchtiger wurde. Erst in den 1970er Jahren rückte die Heuschrecke ins Logo: Ein Wappenschild, in dem das Insekt auf dem Stammsymbol stand, prangte fortan auf den Jerseys. 1997 modifiziert und aufgeräumt sowie mit zwei Sternen für jeweils zehn Landesmeisterschaften versehen, wurde es 2006 aber erneut vom alten Buchstabenwappen (plus die beiden Meistersterne) abgelöst, das der Klub bis heute verwendet.

Schade eigentlich, denn mit seinem Namen hätte GC große Möglichkeiten, ein innovatives Wappen vorzulegen.

1 2 3

4

5

6

7

GEGRÜNDET:
14. März 1898

SPIELSTÄTTE:
Stade de Suisse Wankdorf
(32.000 Plätze)

GRÖSSTER ERFOLG:
Halbfinalist Europapokal der Landesmeister 1959

1 Erstes Wappen des FC Young Boys Bern

2 1925: Nach der Umbenennung in Berliner SC Young Boys

3 1938 gab man sich ein schlichtes Wappenschild

4 1948 nahm das heutige Wappen langsam Form an.

5 Nun mit Namensring und am „YB" angedockten „BSC"

6 1957 entfiel das Schwarz, kam ein „YB forever" hinzu

7 Ab 1971 firmierte man im Wankdorfstadion unter diesem klassischen Buchstabenlogo

8 Zwischen 2002 und 2005 als Trikotwappen in Benutzung

9 2005 kam der Meisterstern hinzu, entfiel das „BSC", wodurch das „YB" noch prominenter ins Zentrum rückte

YOUNG BOYS BERN

Wer in der Schweiz von „YB" spricht (ausgesprochen: „iih bää"), meint den elffachen Landesmeister Berner SC Young Boys. Die Gelbschwarzen haben ihr Kürzel zum Synonym gemacht, und natürlich nimmt es auch im Klubwappen eine prominente Rolle ein. Flankiert von einem Meisterstern, drücken die beiden Buchstaben mit ihrer innewohnenden Dynamik Moderne aus und verbinden diese zugleich mit der reichhaltigen Vergangenheit des Vereins. Denn 1959 war „YB" als Halbfinalist im Europapokal der Landesmeister landesweit bejubelter Schweizer Fußball-Liebling.

Gegründet 1899 als FC Young Boys – Auslöser war ein Gastspiel des Basler Klubs „Old Boys" beim FC Bern, daher der Name „Young Boys" –, nutzte man zunächst das Stadtwappen mit dem Berner Bären. Schon bald kam jedoch ein Wappenschild mit den Namensbanderolen „Fußballclub" bzw. „Bern", das auch nach der 1925 erfolgten Umbenennung in Berner Sportclub Young Boys beibehalten wurde. 1938 wurde es abgelöst durch ein schlichtes Schild mit schwarz-gelben Sparren und der Headline „YB", womit das Kürzel erstmals auch im Vereinsemblem zu sehen war.

1948 erfolgte der Wechsel zum bis heute genutzten Layout. Später waren die beiden Buchstaben „YB" eine Zeitlang von einem verschlungenen BSC begleitet und im Rundwappen mit Namensring eingebettet. Als 2005 der Meisterstern hinzukam, entfiel das BSC wieder, erhielt das Wappen zudem wie schon in den 1950er und 1960er Jahren erneut einen erklärenden Namensring.

GEGRÜNDET:
8. Januar 1899

SPIELSTÄTTE:
Allianz-Stadion (28.345 Plätze)

GRÖSSTER ERFOLG:
Finalist Europapokal der Pokalsieger 1985, 1996

1. Vermeintlich in den Farben der Arbeiterbewegung
2. 1906: Die Grundidee entsteht
3. ab 1968 bzw. von 1992 bis 1998: Traditionswappen mit herausgearbeitetem Lorbeerkranz
4. Kostengünstigere Variante in Grün-Weiß
5. Als „Rapid Wienerberger" mit Flamme und Landesfahne
6. 1978: Vereinfachtes Wappenschild
7. Zum 90-jährigen Jubiläum als „1"
8. simplifiziertes Traditionswappen der 1980er Jahre
9. Seit 1998 genutztes Wappen mit goldener Umrandung von „Rapid" und drei Meistersternen

SK RAPID WIEN

Im 2015 veröffentlichten Leitbild des SK Rapid heißt es u. a.: „Unser Wappen ist unveränderlich." Rapid ist eben ein traditionsbewusster Klub, dem die eigene Identität wichtig ist. Allerdings gab es in rund 125 Jahren Vereinsgeschichte diverse Veränderungen am Klubwappen, das zudem erst Ende der 1980er Jahre als fester Bestandteil auf das Leiberl der Grün-Weißen aus Hütteldorf rückte, nachdem man bis dahin zumeist ohne Emblem auf der Spielkleidung aufgelaufen war.

Rapid begann 1899 mit den Klubfarben Blau-Rot, die einem hartnäckigen aber nicht belegbaren Mythos zufolge auf die Verbindung mit der Arbeiterbewegung verweisen sollen. Tatsächlich geht die Farbkombination vielmehr auf die Neubauer Hutfabrik Böhm zurück, bei der zahlreiche Rapidler arbeiteten. Schon Rapids Urzelle, der 1897 gegründete 1. Wiener Arbeiter Fußball-Club, spielte in deren Blau-Rot. Das erste Rapid-Wappen erinnerte an das des Berliner Klubs Rapide 93, von dem man sich auf Vorschlag von Klubsekretär Wilhelm Goldschmidt auch den Namen entlieh.

1906 erhielt Rapid dann jenes Emblem, das in seinen Kernelementen bis heute geführt wird. Auf einem gelben Ring war ein Wappenschild mit schrägen Streifen in Grün und Weiß zu sehen, während im Zentrum der Schriftzug „Rapid" mit seinem blauen Hintergrund und der roten Schrift die ungebrochene Verbindung zur Hutfabrik transportierte. Als zusätzliches Element grenzten gelbe Außenstriche die Farben voneinander ab.

Der Weg zum aktuellen, im Leitbild verankerten Wappen, in dem der goldene Ring durch einen Lorbeerkranz dargestellt und der Schriftzug „Rapid" in einer klareren und wuchtigeren Schrifttype zu sehen ist, war lang. Zunächst wurde das Wappen über Jahrzehnte nur zweifarbig – in Grün und Weiß – verwendet, verzichtete man auf Rot, Blau und Gelb. Das hatte vermutlich schlicht einen wirtschaftlichen Hintergrund, da die Druckkosten mit jeder weiteren Farbe stiegen. In den frühen 1970er Jahren wurde das Traditionswappen dann durch ein Schildwappen abgelöst, das neben den grün-weißen Streifen (diesmal in gerader Längsrichtung) die österreichische Fahne sowie eine auf rotem Grund stehende Flamme enthielt. Die stand für den damaligen Geldgeber „Wienerberger", der seinerzeit auch im Klubnamen verankert war.

Das Nachfolgemodell aus dem Spätherbst 1978 sah ähnlich aus und wies ebenfalls die österreichische Fahne auf, was das Rapid-Fanmagazin „Tornado" rückblickend als Zeichen einer „Art Cordoba-Trance" interpretierte. Im Jubiläumsjahr 1989 kehrte man langsam zum Traditionswappen zurück, das zunächst in einer großen „1" integriert war, ehe 1992 erneut das Modell aus dem Jahr 1968 mit Lorbeerkranz Verwendung fand. 1992 wurden dann sämtliche Farbtöne exakt definiert, kehrte das Gold als die einzelnen Bestandteile separierendes Element zurück und ersetzten zudem das Schwarz in der Umrandung von „Rapid". 1998 kamen drei Sterne für 30 gewonnene Meistertitel hinzu.

1

2

3

4

5

6

7

8

9

GEGRÜNDET:
29. Oktober 1910

SPIELSTÄTTE:
Generali Arena (17.656 Plätze)

GRÖSSTER ERFOLG:
Finalist Europapokal der Pokalsieger 1978

1 Ursprungsverein Vienna Cricket and Football-Club

2 Gründungsemblem des Wiener Amateure SV

3 Das jahrzehntelange Wappen des FK Austria

4 1967 wurde das Logo der Brauerei Schwechat mit dem des Vereins verbunden

5 Zwischen 1969 und 1977 trat man nach Fusion mit dem WAC als FK Austria/WAC auf, der zeitweise den Sponsorennamen FK Austria/WAC Elementar trug

6 7 Als FK Austria-Memphis gab man sich in den 1970er Jahren US-amerikanisch modern

8 Rückkehr zum alten Traditionslogo, das nun einen Namensring aufweist und seit 2007 zwei Meistersterne

AUSTRIA WIEN

Über Jahrzehnte stand die violette Austria synonym für „Kaffeehausfußball" und galt als feiner Klub der liberalen Mittelschicht bzw. der Künstler und Intellektuellen. 1910 von unzufriedenen Mitgliedern des Wiener Pioniervereins „Cricketer" gegründet, trug man zunächst den Namen „Amateure SV", wobei dieser Begriff nicht missverstanden werden darf – er war quasi ein sarkastischer Seitenhieb auf die Amateurgläubigkeit der „Cricketer", von denen man sich getrennt hatte. Der neue Klub suchte ungeachtet seines Namens offensiv seinen Platz im wirtschaftlich orientierten Spektrum des Unterhaltungsfußballs.

Das erste Emblem der „Amateure" war ein violett-weißes Schildwappen mit den Buchstaben „WAS" (Wiener Amateure SV). Mit Umbenennung des Vereins in FK Austria am 28. November 1926 veränderte sich die Buchstabenfolge in „FAK", wobei das „A" in seiner Typologie ähnlich blieb. Aus dem Schildwappen wurde zudem ein Rundwappen, dessen Buchstabenanordnung sich im Laufe der Jahrzehnte immer mal wieder änderte, das in seinem Kern jedoch Bestand hatte.

Nach dem „Anschluss" Österreichs an das Deutsche Reich am 13. März 1938 drohte dem in der jüdischen Gemeinde Wiens verankerten Klub, dessen renommiertester Akteur seinerzeit der „Papierene" Matthias Sindelar war, zunächst das Aus. Zahlreiche jüdische Funktionäre und Spieler flohen ins Ausland. Schließlich durfte man unter dem Namen SC Ostmark (kein Wappen überliefert) fortbestehen und erhielt bereits im Juli 1938 auch seinen ursprünglichen Namen zurück.

1967, nach Übernahme der Präsidentschaft durch Konsul Manfred Mautner, wurde das traditionsreiche Austria-Wappen in ein Gebilde integriert, das an einen Medizinball erinnerte, tatsächlich aber das Logo der Brauerei Schwechat darstellte. Da jenes auch auf den Leiberln getragen wurde, avancierte die Austria zugleich zum Vorreiter der Trikotwerbung in Österreich. Nach der Fusion mit dem Wiener AC zum FK Austria/WAC anno 1969 kam ein erklärender Namensring hinzu, rückte der doppelköpfige Adler Österreichs als Krone ins Wappen. Im Kern blieb es jedoch beim „FAK", und als man 1977 wieder den alleinigen Namen FK Austria annahm, war damit zunächst auch die Rückkehr zum alten Logo verbunden.

Noch im selben Jahr wurde man indes zum FK Austria-Memphis, der sich nun ein Triangelwappen mit dem neuen Klub- bzw. Sponsorennamen gab. Erst um 1996 kehrte abermals das „FAK" auf die Spieldresse zurück. Zugleich wurde das heutige Wappen eingeführt, in dem das „FAK" einen violetten Kreis mit dem vollständigen Vereinsnamen aufweist. Dazu kamen 2007 zwei Meistersterne für 20 nationale Titelgewinne.

1

2

3

4

5

6

7

8

GEGRÜNDET:
4. Februar 1915

SPIELSTÄTTE:
Tivoli-Stadion (16.008 Plätze)

GRÖSSTER ERFOLG:
Viertelfinale Europapokal der Landesmeister 1978

1 Die seit 2014 wieder genutzte Urversion des Wappens des FC Wacker Innsbruck

2 In Anlehnung an Rapid Wien anno 1958

3 1964: Olympia kommt nach Innsbruck

4 5 6 7 Als SWW bzw. SSW firmierte man zwischen 1971 und 1986 unter vier verschiedenen Logos

8 Ab 1986 spielte der FC Swarovski Tirol

9 1992/93 für ein Jahr zurückgekehrt: FC Wacker Innsbruck

10 1993 entstand der FC Tirol Innsbruck

11 2002/03: Nach Pleite des FC Tirol bilden WSG Wattens und FC Wacker die SpG Wattens/Wacker

12 2003 erneut als FC Wacker Tirol

13 Von 2013 bis 2014 genutzt

WACKER INNSBRUCK

Vorsicht, dieser Text kann zu schweren Verwirrungen führen! Es geht um Fußball in Innsbruck. Dessen Aushängeschild trug seit 1915 insgesamt acht verschiedene Namen und kam mit 13 unterschiedlichen Wappen daher. Ein österreichspezifisches Phänomen, denn einige der Veränderungen waren dem dort zeitweise besonders ausgeprägten Engagement von Sponsoren zuzuschreiben. Es ist zugleich ein klassisches Beispiel, wie ein Verein seine historische Basis immer wieder aufs Neue einreißt.

Fangen wir an ... 1915 wurde der FC Wacker Innsbruck gegründet, der sich mit seinem Buchstabenwappen lange Zeit in regionalen Spielklassen tummelte. Um 1958 gab man sich ein neues Emblem, das dem von Rapid Wien ähnelte und mit dem die Grün-Schwarzen 1964 erstmals ins Oberhaus aufstiegen. Zugleich gab es wieder ein neues Wappen, diesmal mit den olympischen Ringen, denn im selben Jahr fanden die Winterspiele in Innsbruck statt. 1971 wurde Wacker unter diesem Logo zum ersten Mal Landesmeister...

... und gab sich prompt ein neues Emblem. Denn im selben Jahr wurde eine Spielgemeinschaft mit der ebenfalls erstklassigen Werkssportgemeinschaft Swarovski aus dem benachbarten Wattens gebildet, die eigentlich FC Tirol Innsbruck heißen sollte. Diesen Namen erlaubte der ÖFB jedoch nicht, so dass man sich „Spielgemeinschaft Swarovski Wattens Wacker Innsbruck" nannte – Kurzform „SWW". Daraus wurde 1976 die „Sparkasse SG Swarovski Wattens Wacker Innsbruck" – „SSW". Weitere viermal war man Landesmeister, dazu fünfmal Pokalsieger geworden, als 1986 der FC Swarovski Tirol Innsbruck entstand, der eine Konzentration wirtschaftlicher Stärke der Swarovski-Werke aus Wattens und des Standorts Innsbruck war. SWW bzw. SSW hatten in den 15 Jahren ihrer Gemeinschaft übrigens gleich vier Wappen getragen, wobei als auffälligstes Merkmal 1979 der Tiroler Adler dazugekommen war – man beanspruchte die Rolle als Fußball-Aushängeschild im Bundesland Tirol.

Mit dem FC Swarovski wurde alles anders. Statt in Grün-Schwarz spielte man nun in Blau-Weiß, und das Wappen hatte keinerlei Ähnlichkeit mehr mit seinen Vorgängern. Doch das Schicksal des Klubs, der 1989 und 1990 Landesmeister wurde, war ein tragisches. 1992 kam die Pleite, übernahm der als Amateurverein noch bestehende FC Wacker wieder den Spielbetrieb – und brachte sein altes Logo mit. Lediglich ein Jahr kickten die Grün-Schwarzen im Oberhaus, ehe die Leistungsfußballer 1993 als FC Tirol Innsbruck erneut abgespalten wurden. Das neue Wappen war das eines durchgestylten Fußballunternehmens: Im Zentrum stand der Slogan der Urlaubsregion Tirol, als Farben dienten Grün, Schwarz und Rot. 2002 war dann erneut aus finanziellen Gründen Schluss, übernahm der neu gegründete FC Wacker Tirol Innsbruck den Spielbetrieb. Dass man zwischenzeitlich als FC Innsbruck Capillaris Tirol bzw. FC Tirol Milch Innsbruck aufgelaufen war, sei an dieser Stelle schon nur noch am Rande erwähnt.

Noch 2002 ging der FC Wacker Tirol erneut eine Spielgemeinschaft mit der WSG Wattens zur SpG Wattens/Wacker Innsbruck ein, die bereits 2003 wieder gelöst wurde, woraufhin man 2004 als FC Wacker Tirol in die Bundesliga zurückkehrte. Zwischenzeitlich war ein Fanverein FC Wacker Innsbruck entstanden, mit dem 2007 ein Zusammenschluss realisiert wurde. Seitdem heißt man wieder FC Wacker Innsbruck, führte aber eine Zeitlang den Zusatz „seit 2013" im Wappen, obwohl der Originalverein erst 1915 gegründet worden war. Das geht zurück auf die 1913 gefasste Idee, einen Klub zu gründen, die aber erst 1915 umgesetzt wurde. Alles verstanden? Nein? Verständlich ...

GEGRÜNDET:
22. August 1894

SPIELSTÄTTE:
Hohe Warte (7.200)

GRÖSSTER ERFOLG:
Österreichischer Meister 1931, 1933, 1942, 1943, 1944, 1955

1. Gründungswappen des First Vienna FC
2. Nach dem „Anschluss" Österreichs an das Deutsche Reich musste der Klub das „First" in ein „I." ändern
3. Entrümpelte Variante des Ursprungswappens
4. Die Moderne zieht beim First Vienna FC ein
5. Mit Werbepartner McDonald's verbundenes Wappen von 1990 bis 1995
6. Seit 1995 das Wappen des First Vienna FC

FIRST VIENNA FC

Auf den ersten Blick wirkt es, als renne ein Fußball mit drei Beinen über den Platz. Tatsächlich aber ist das Logo des First Vienna FC ein heraldisches Unikum mit versteckter Botschaft. Denn bei den drei verschlungenen Beinen handelt sich um eine Triskele („Dreibein"), ein uraltes Symbol, das bis ins Neolithikum zurückreicht und vor allem im keltischen Raum vorkommt.

Und genau von dort erhielt der älteste Fußballverein Österreichs auch sein kultiges „Dreibein". Einer der Mitbegründer des Klubs – William Beale – stammte nämlich von der Isle of Man, deren Flagge eine Triskele aufweist. Beale übernahm für das Gründungswappen das Symbol seiner Heimatinsel und kombinierte es mit den blau-gelben Farben des angesehenen und wohlhabenden Bankhauses Rothschild, bei dem ein weiteres Gründungsmitglied – der ebenfalls englischstämmige James Black – als Gärtner beschäftigt war.

Verändert wurde das Vienna-Wappen seitdem nur marginal, gelegentlich aber natürlich doch mit den in Österreich üblichen Werbepartnerbezügen.

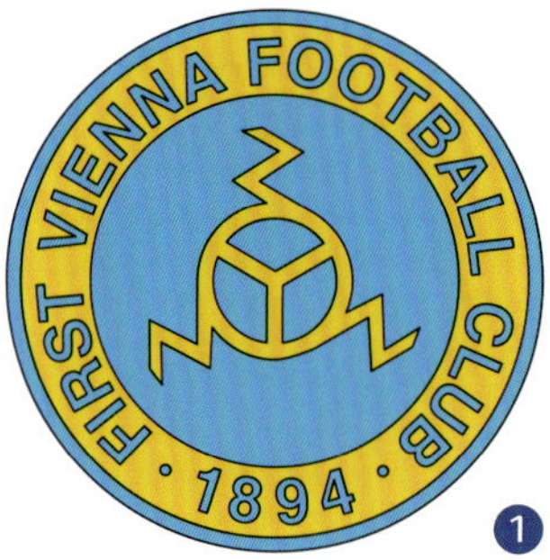

1

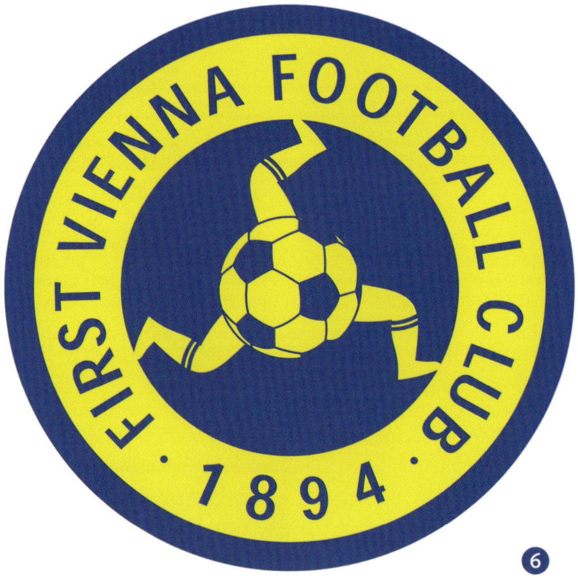

6

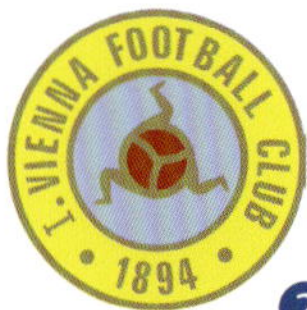

2

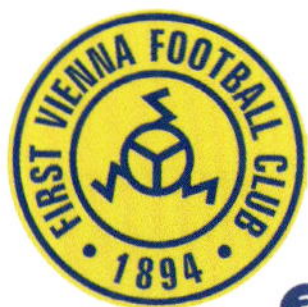

3

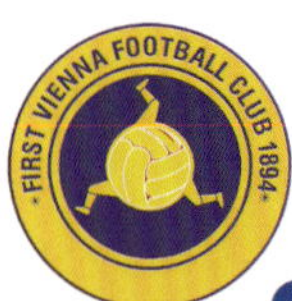

4

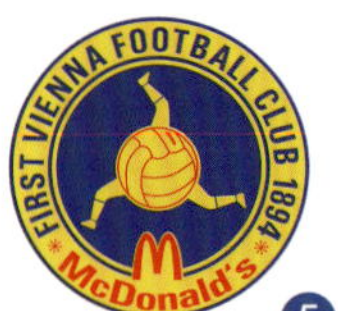

5

FERENCVÁROSI TC

Ungarns erfolgreichster und auch beliebtester Klub ist der Ferencvárosi Torna Club – der Turn-Verein der Franzenvorstadt. Letztere ist der IX. Bezirk von Budapest, der zur Zeit der Klubgründung 1899 eine vielköpfige deutsche Gemeinde aufwies.

Die Grün-Weißen feierten 1928 sowie 1937 unter Führung von Nationalmannschaftskapitän Dr. György Sárosi jeweils den Gewinn des Mitropacups. Später geriet man unter die Fittiche der faschistischen „Pfeilkreuzler" und kam nach Ende des Zweiten Weltkriegs zur unbedeutenden Lebensmittelgewerkschaft ÉDOSZ, womit eine Phase der sportlichen Erfolglosigkeit verbunden war. Ab 1950 als „Kinizsi SE" auflaufend (nach Pál Kinizsi, der 1479 einen legendären Sieg über die Türken gefeiert hatte), durfte man erst 1957 zum Traditionsnamen zurückkehren. Unter den Kommunisten war „Fradi" (so die volkstümliche Bezeichnung des Klubs) ein heimlicher Liebling vieler Oppositioneller.

Das Wappen des Vereins zeigt in seinem Zentrum die grün-weißen Klubfarben, die der ungarischen Nationalflagge entnommen sind, den Vereinsnamen mit Gründungsjahr sowie das Kürzel „BPEST. IX. K" für den neunten Bezirk („Kerület"). Im unteren Bereich befindet sich ein kleines Wappenschild mit drei „E", die für „Erkölcs, Erő, Egyetértés" stehen – „Moral, Kraft, Eintracht".

GEGRÜNDET:
3. Mai 1899

SPIELSTÄTTE:
Groupama Aréna (22.000 Plätze)

GRÖSSTER ERFOLG:
Finalist Europapokal der Pokalsieger 1975

1 Das Traditionswappen des Ferencvárosi Torna Club von 1899

2 1950: Die Grün-Weißen werden der Lebensmittelgewerkschaft ÉDOSZ unterstellt

3 Zwischen 1950 und 1957 lief man in Rot-Weiß als Kinizsi SE auf

4 5 Wappenvarianten nach der Wiederzulassung des Ferencvárosi TC

6 Das aktuelle Wappen

GEGRÜNDET:
1886

SPIELSTÄTTE:
Emirates Stadium (60.260 Plätze)

GRÖSSTER ERFOLG:
Europapokal der Pokalsieger 1994

1. Ortswappen von Woolwich
2. 3. Kanone als Symbol. 1922 nach rechts zeigend, ab 1925 nach links
4. FA-Cup-Finale 1927: Wappenschild in Art-déco
5. 1930: mit Kanone
6. FA-Cup-Finale 1932
7. FA-Cup-Finale 1950
8. 9. 10. 1949: Der Klassiker („VCC Crest") in verschiedenen Farbkombinationen
11. Trikotwappen mit Initialen AFC
12. 1990er: Wappenschild auch auf dem Trikot
13. Neue Typo für „Victoria Concordia Crescit"
14. Seit dem Umzug ins Emirates 2002 genutzt

ARSENAL FC

1886 von Arbeitern des Rüstungsherstellers Royal Arsenal als „Dial Square" gegründet, bildet Arsenal die vielleicht älteste namentliche Verbindung zwischen einem Fußballverein und der Industrie. Ein Arsenal ist eine Waffenkammer, die im Deutschen „Zeughaus" genannt wird. Bei ihrem 1905 vorgestellten ersten Wappen orientierten sich „The Gunners" am Emblem von Woolwich, einem vom Militär geprägten Stadtteil in Südlondon. Es zeigt drei aufrecht stehende Kanonen mit Löwenköpfen an der Basis und die Banderoleninschrift „Clamant Nostra Tela in Regis Querela" – „Unsere Waffen prallen im Streit des Königs aufeinander".

Mit dem 1914 erfolgten Umzug ins Highbury Stadium nach Islington in Nordlondon sowie der Umbenennung in Arsenal FC kam der Klub dann 1922 zu seiner ikonischen Kanone. Die ging zurück auf ein am Royal Arsenal Gatehouse in Woolwich angebrachtes Wappen. Während die Kanone bis weit in die 1930er Jahre auf Briefköpfen etc. als Klubemblem verwendet wurde, ersann der einflussreiche Trainer Herbert Chapman anlässlich des FA-Cup-Finales 1927 gegen Cardiff City (0:1) ein Trikotwappen im Art-déco-Stil, das die Buchstaben „AFC" in einem Schild zeigte. Zum Pokalfinale 1930 wiederum wurden Kanone und Initialen in einem Schild miteinander kombiniert, ehe es zum 1932er-Pokalfinale ein Sechseck mit Initialen sowie Fußballblase gab.

Dieses Arrangement sollte 18 Jahre später beim Pokalfinale 1950 die Basis für ein Emblem liefern, das die Buchstaben „AC" zeigt, die gemeinsam ein „F" bilden, dessen Querstrich von einem Fußball dargestellt wird. Es war auf den Trikots und an der Haupttribüne des Stadions Highbury zu sehen.

Ein Jahr zuvor hatte der Klub jenes Emblem präsentiert, unter dem die „Gunners" mehr als 50 Jahre bis 2002 spielen sollten. Ein filigranes und kleinteiliges Schild, das neben der bekannten Kanone das Wappen von Islington sowie den lateinischen Spruch „Victoria Concordia Crescit" (Der Sieg erwächst aus der Eintracht) enthält. Der Name „Arsenal" ist in Frakturschrift dargestellt, im Schild verteilt sind 22 Hermelinsymbole, die Banderolenschrift mutet gotisch an. Entworfen wurde das „VCC Crest" (nach dem erwähnten Latein-Spruch) vom damaligen Stadionprogrammchef Harry Homer. Über die Jahrzehnte gelangten allerlei Farbversionen in Umlauf, während auf dem Trikot zumeist nur die Kanone gezeigt wurde (bisweilen auch mit drei Kanonenkugeln mit den Initialen). Erst in den 1990er Jahren rückte das in ein Schild integrierte 1949er-Wappen auf die Spielerhemden.

Nachdem 2001 die Banderolenschrift modernisiert und der Gelbton angepasst worden war, stellte der Klub nach dem Umzug ins Emirates Stadium im Mai 2002 sein heutiges Emblem vor. Erstmals seit 1925 weist die Kanone wieder nach rechts und ist zudem stark stilisiert. Für den Randstreifen kam die dritte Trikotfarbe Blau hinzu.

1 2 3

4 5 6 7

8 9 10

14

11 12 13

GEGRÜNDET:
5. März 1878

SPIELSTÄTTE:
Old Trafford (74.994 Plätze)

GRÖSSTER ERFOLG:
Triple 1999 (Englischer Meister, Englischer Pokalsieger, Champions-League-Sieger)

❶ Vorläufer Newton Heath FC

❷ Manchesters Stadtwappen als Symbol des 1902 gegründeten Manchester United FC

❸❹ Nach dem Zweiten Weltkrieg übernahm man Teile des Stadtwappens sowie die beiden Rosen von Lancaster, aus denen später Fußbälle wurden

❺❻ 1970: Statt Streifen nun mit Rotem Teufel

❼ 1998: Das „Football Club" entfällt, größere Buchstaben, Schiff mit rotem Hintergrund

❽ Geschicktes Logo-Marketing von Ausrüster „adidas", der in den 1980er und frühen 1990er Jahren seinen Schuh in der Banderole versteckte (im Kreis zu sehen)

MANCHESTER UNITED

„The Red Devils" wurde Manchester United schon seit Jahrzehnten genannt, als der „Rote Teufel" schließlich 1970 auch auf das Vereinswappen rückte. Bis dahin hatte man den Teufel mit dem Dreispieß lediglich auf Spielprogrammen und Souvenirartikeln verwendet. Auf dem Trikot trägt man sein Logo sogar erst seit 1971, nachdem United bis dahin in schlichten roten Jerseys aufgelaufen war.

Begonnen hatte die Emblemgeschichte der Roten Teufel in Grün und Gold. Das waren die Farben des Newton Heath Lancashire & York Railway Company Football Club (L&YR FC), der 1878 entstand und Klub der namensgebenden Eisenbahngesellschaft war. Ab 1892 nach einem Viertel nordöstlich des Stadtzentrums von Manchester Newton Heath FC genannt, begann man mit einem Wappen, auf dem ein Spielfeld mit Fußballblase zu sehen ist. 1902 wurde der L&YR FC aufgelöst, und Manchester United FC entstand. Als sich Anfang der 2000er Jahre im Verein eine Opposition gegen die besitzende Glazer-Familie bildete, trug man als Erkennungssymbol übrigens golden-grüne Schals. Aus der Bewegung ging schließlich der Fanverein FC United of Manchester hervor.

Zurück ins Jahr 1902. Manchester United spielte fortan in Rot und Weiß und bezog 1910 das Stadion Old Trafford. Der Klub verwendete wie viele Vereine in England zunächst das Stadtwappen als Vereinssymbol. Jenes besteht aus einem Wappenschild mit einem Segelboot in voller Fahrt und drei gelben Streifen auf rotem Grund für die Flüsse Irwell, Medlock und Irk. Eingerahmt ist es von zwei heraldischen Figuren – einem Löwen auf der rechten und einer Antilope auf der linken Seite –, die jeweils eine Rose von Lancaster tragen, das klassische Symbol Englands. Als Krone dienen eine Weltkugel sowie sieben Bienen (was den emsigen globalen Handel repräsentieren soll), als Motto dient das lateinische „Concilio Et Labore" („Weisheit und Arbeit").

Nach dem Zweiten Weltkrieg gab sich United ein unverwechselbares eigenes Signum, das lediglich das zentrale Schildwappen des Stadtemblems übernahm, die filigranen Außenbereiche aber durch einen eindeutigen Bezug zum Klub ersetzte. Die beiden sichelförmigen Balken mit dem Vereinsnamen wurden zusammengehalten von den beiden Lancaster-Rosen. 1970 verdrängte dann der Rote Teufel die drei Querstreifen im unteren Teil des Wappenschildes, blieb nur noch das Schiff im vollen Segel vom Stadtwappen übrig. Zudem wurden die beiden Rosen ausgetauscht gegen Fußbälle. Dabei blieb es bis ins Jubiläumsjahr 1998, als das Schiff im Wappenschild einen roten Hintergrund bekam und der komplette Vereinsname auf „Manchester United" reduziert wurde. Das war wichtig, um in der zunehmend medialisierten Fußballwelt besser wahrgenommen zu werden – große Buchstaben wirken auch bei kleiner Wappenabbildung noch klar.

1

2

3

4

5

6

7

8

GEGRÜNDET:
16. April 1894

SPIELSTÄTTE:
City of Manchester Stadium
(55.097 Plätze)

GRÖSSTER ERFOLG:
Champions-League-Sieger 2023

❶ Das Stadtwappen mit dem Schiff als Symbol für den Kanal von Manchester und den drei Streifen für die Flüsse Irk, Irwell und Medlock als erstes Vereinswappen

❷❸ Unter diesem Logo spielte man über Jahrzehnte

❹ 1972 verdrängte die Rose von Lancaster die drei Streifen, zudem wechselte die Farbanordnung

❺ 1997 wurde der Adler mit Stadtwappen sowie drei Sternen zum neuen Emblem. Das lateinische Motto „Superbia in Proelio" steht für „Stolz im Kampf"

❻ Seit Dezember 2015 das aktuelle Wappen. Die Rose prangt auf den angedeuteten Streifen aus dem Stadtwappen

MANCHESTER CITY

1997 war die Welt bei Manchester City trist. Man spielte im rumpeligen Stadion an der Maine Road und in einem Viertel, das nicht zu den Vorzeigegegenden der Stadt gehört, kämpfte mit schweren wirtschaftlichen Problemen und war so etwas wie ein „Kultverein" für all diejenigen, die sich schon damals dem Kampf „gegen den modernen Fußball" verschrieben hatten – den man mit Manchester United quasi in Reinkultur direkt vor der Haustür hatte. Als die „Blues" 1998 in die Drittklassigkeit abstürzten, lag der ehemalige Europapokalsieger endgültig am Boden.

Zwischenzeitlich gab der Verein mit seinem seit Anfang des 20. Jahrhunderts getragenen traditionsreichen Wappen auch noch ein zentrales Symbol seiner Identität auf. Ex-Spieler Francis Lee, der den maroden Klub 1994 übernommen hatte, hatte zuvor vergeblich versucht, das Traditionslogo als Marke schützen zu lassen, weshalb man sich nun ein komplett neues gab. Statt des an das Stadtwappen angelehnten Wappenschilds mit einem Boot in vollen Segeln und der roten Rose von Lancaster lief man fortan mit einem grimmigen Adler auf, der das Stadtwappen hielt und über dem drei Sterne standen. Diese hatten lediglich ästhetischen Hintergrund und stellten keineswegs Meistersterne dar. Der Adler wiederum repräsentierte die Luftfahrtindustriegeschichte Manchesters und war bereits seit den 1950er Jahren Bestandteil der Merchandising-Palette des Vereins.

Die gebeutelte Fangemeinde der „Citizens" war dennoch entsetzt und forderte die Rückkehr zum alten Wappen, das in der Tat seit Jahrzehnten zum Markenkern der Himmelblauen gehört hatte – zunächst in Form des städtischen Wappenschilds mit Schiff und drei gelben Querstrichen auf rotem Grund als Symbol für die innerstädtischen Flüsse Irk, Irwell und Medlock, dann ab 1972 mit der Rose von Lancaster anstelle der Querstriche.

Die anhaltenden Proteste der Fans gegen den ungeliebten Adler hatten schließlich Erfolg, als die Abu Dhabi United Group, die den Klub 2008 übernahm, am 15. Oktober 2015 eine Befragung über das Wappen ankündigte. Einen Monat später fiel die Entscheidung, und nachdem sich herausstellte, dass die Rechte am Traditionswappen nicht wie eigentlich gedacht beim langjährigen Souvenirverkäufer Eddie Phillips, sondern beim Verein lagen, konnte das aktuelle Emblem am 26. Dezember beim Heimspiel gegen Sunderland der Öffentlichkeit vorgestellt werden.

Es war eine Rückkehr zur Tradition, wobei die rote Rose nun in einem angedeuteten Schild mit drei an das Stadtwappen angelehnten hellblauen Querstreifen steht und das Gründungsjahr „1894" hinzugefügt wurde. Ein Kompromiss, mit dem alle Seiten zufrieden waren. Und ein Zeichen, dass Fanprotest erfolgreich sein kann und Traditionspflege auch in Zeiten des fußballerischen Turbokapitalismus wichtig ist. Denn an den darbenden und kultigen Manchester City FC von 1997 erinnert heute kaum noch etwas – wohl aber das Klubwappen!

1

5

2

6

3

4

GEGRÜNDET:
10. März 1905

SPIELSTÄTTE:
Stamford Bridge (41.798 Plätze)

GRÖSSTER ERFOLG:
Champions-League-Sieger 2012, 2021

1 Der „Chelsea Pensioner“ in seiner Urform von 1905 ohne Klubnamen

2 3 Filigraner ausgearbeitet, mit Klubnamen: So spielte der Chelsea FC bis in die 1950er Jahre

4 Schildwappen mit den Buchstaben „CFC“

5 1953 wechselte man zum Löwen mit Herrscherstab und den roten Englandrosen bzw. Bällen

6 7 Das von 1986 bis 2005 geführte Wappen war bei den Fans nicht sonderlich beliebt

8 Zum Jubiläum 2005 kehrte man zurück zum stabhaltenden Löwen

CHELSEA FC

Vom Kriegsveteranen zum fauchenden Löwen – die Wappengeschichte des Chelsea FC ist eine ganz besondere. Als der Klub 1905 entstand – zu einem Zeitpunkt übrigens, als viele seiner heutigen Premier-League-Konkurrenten bereits drei Jahrzehnte auf dem Buckel hatten –, zeigte das Wappen einen sogenannten „Chelsea Pensioner“. Dies ging zurück auf das nahe gelegene Royal Hospital Chelsea, in dem bis heute ehemalige und oftmals hochdekorierte Soldaten ihren Lebensabend verbringen. Zunächst zierte nur der weißbehaarte Pensionärskopf mit vier Medaillen am Revers das ohne namentliche Bezeichnung auskommende blau-weiße Logo, später wurde daraus eine filigranere Darstellung mitsamt dem Klubnamen. Parallel dazu kursierte ein Schildwappen mit den Buchstaben „CFC“.

Als 1952 Ted Drake das Training an der Stamford Bridge übernahm, wollte er ein „stolzeres“ Wappen. Fortan trug der Klub einen Löwen mit Herrscherstab und drei rote Rosen sowie zwei Fußbälle im Emblem. Der Löwe stammte aus dem Wappen des Grafen Cadogan, seinerzeit Präsident des Vereins, der Herrscherstab verwies auf den Abt von Westminster, in dessen Zuständigkeitsbereich Chelsea fällt, die Rose ist das Nationalsymbol Englands. Erstmals offiziell zum Einsatz kam das neue Logo in der Spielzeit 1953/54.

Erst 1986 wurde es abgelöst von einer zeitgemäßeren Variante, bei der sich der Löwe – nun ohne Herrscherstab – auf die Buchstaben „CFC“ stützt. Erstmals nahm der Verein sein Wappen zudem auf die Trikots auf, nachdem diese zuvor stets „blank“ gewesen waren. Den Fans gefiel die Novität jedoch nicht sonderlich, und so kehrte der inzwischen von Roman Abramowitsch übernommene Klub im Jubiläumsjahr 2005 zum alten Wappen von 1952 zurück. Der als Relief abgebildete Löwe steht nun wieder aufrecht und hält auch den Herrscherstab wieder zwischen den Tatzen, während der Vereinsname eingerahmt ist von jeweils zwei roten Rosen bzw. Bällen.

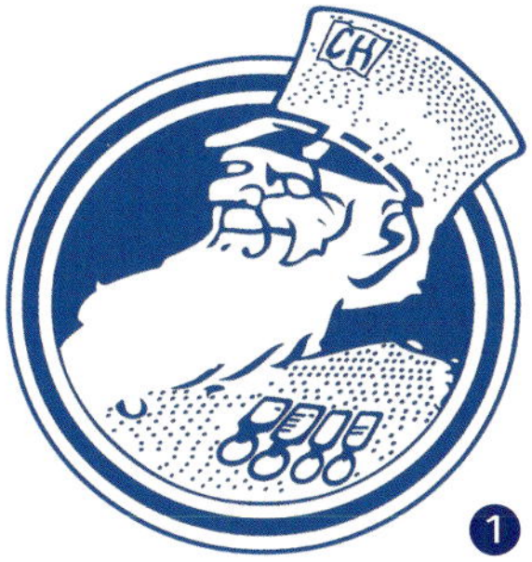

1

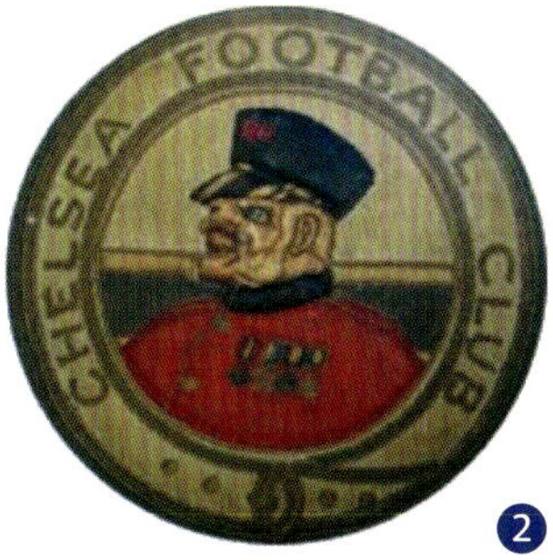
CHELSEA FOOTBALL CLUB

2

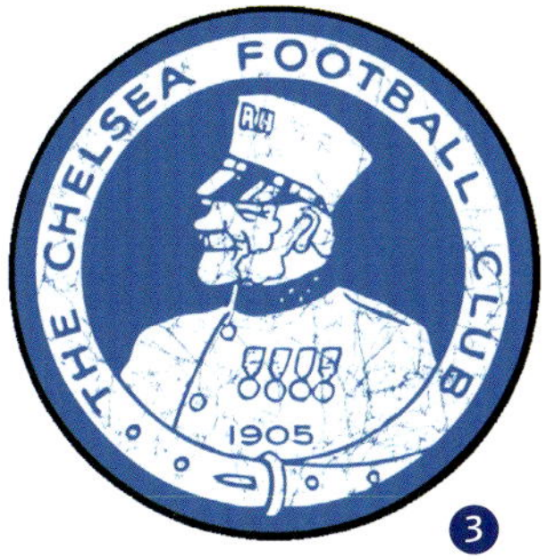
THE CHELSEA FOOTBALL CLUB
1905

3

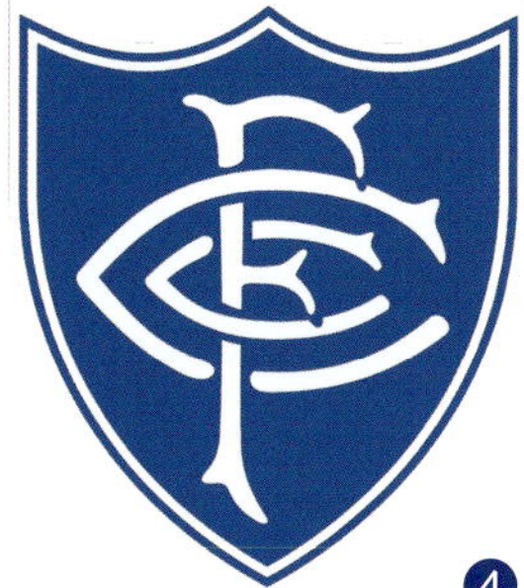

4

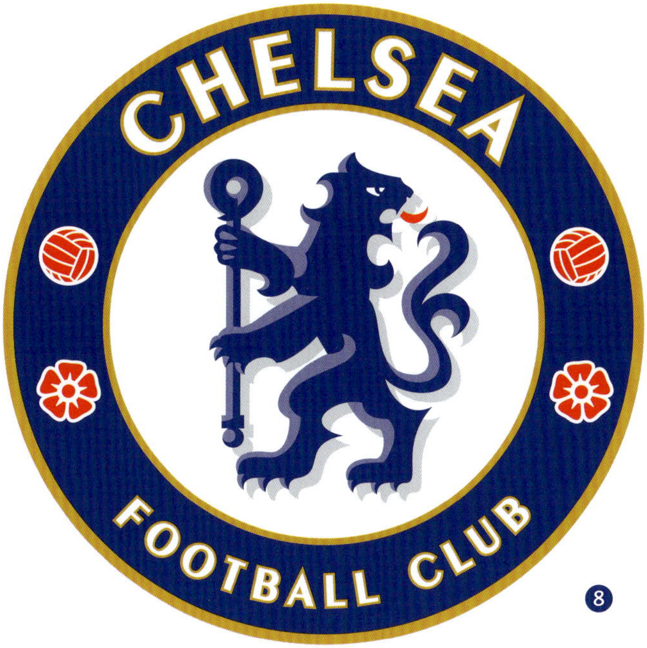
CHELSEA
FOOTBALL CLUB

8

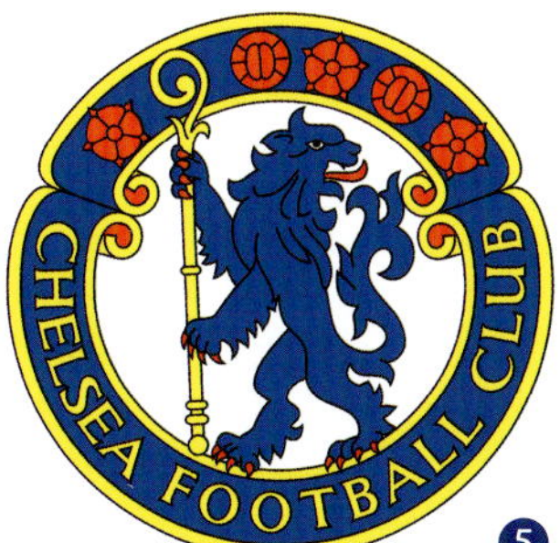
CHELSEA FOOTBALL CLUB

5

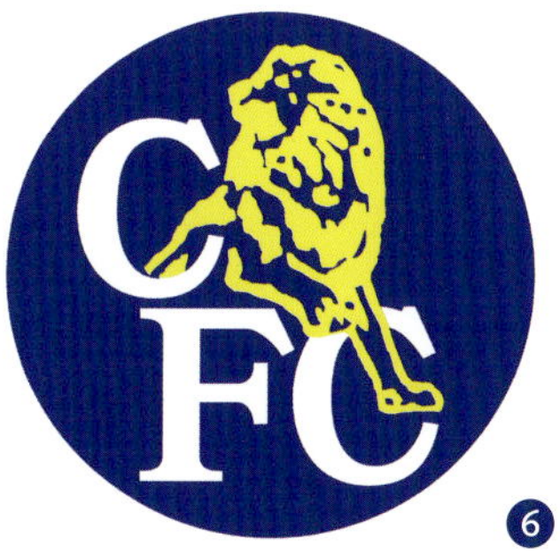
CFC

6

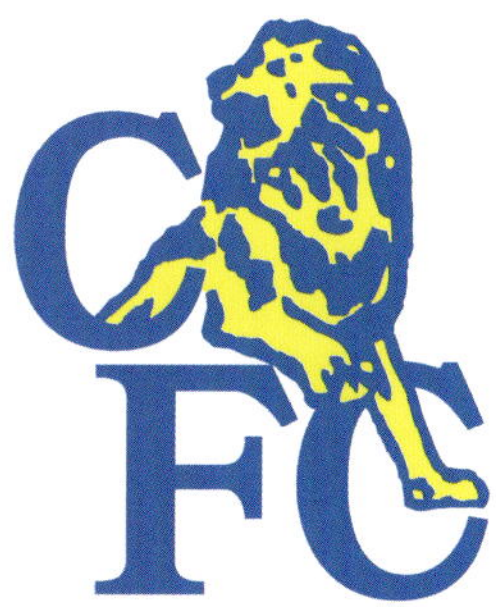
CFC

7

GEGRÜNDET:
3. Juni 1892

SPIELSTÄTTE:
Anfield (54.074 Plätze)

GRÖSSTER ERFOLG:
Europapokal der Landesmeister / Champions League 1977, 1978, 1981, 1984, 2005, 2019

1. Stadtwappen mit Liverbird, bewacht von Neptun (links) und Triton (rechts)
2. 1947: Nur der Liverbird bleibt als historischer Bestandteil
3. Im FA-Cup-Finale 1950 trug man den Liverbird erstmals auf dem Trikot
4. 1968: Ovales Trikotwappen
5. 1970 erhielt der Klub ein Schildwappen
6. Zum Jubiläum 1992 gab es den Klassiker mit „Shankly Gate" und Schriftzug „You'll never walk alone"
7. Ab 1993 mit den beiden Flammen für die Opfer von Hillsborough
8. Seit 1999 offizielles Klubemblem
9. Auf dem Trikot wird seit 1968 häufig der Liverbird mit den Initialen verwendet. Von 1986-87 mit geschwungener Buchstabenfolge...
10. ... seit 2012 mit gerader

LIVERPOOL FC

Die Geschichte des Liverpooler Stadtwappens ist lang und wechselvoll. Ursprünglich stand ein Adler im Zentrum, der zurückging auf den Evangelisten Johannes. Erst im Laufe der Jahrzehnte veränderte sich das Wappentier im 13. Jahrhundert zum „Liverbird", einer Art Kormoran, der einen Zweig Seetang im Schnabel hat und eingerahmt ist vom römischen Meeresgott Neptun bzw. dessen Sohn und Herold, dem griechischen Wassergott Triton.

Genau damit begann 1892 auch die Wappengeschichte des Liverpool FC, der sich zunächst einfach des Stadtwappens bediente und es mit seinem Namen versah. 1947 gaben sich die Rot-Weißen erstmals ein eigenständiges Emblem. Der Liverbird stellte noch immer die zentrale Figur dar. Neptun und Triton aber waren verschwunden bzw. durch zwei Fußbälle ersetzt. Auf ihrem Jersey präsentierten die „Reds" 1950 anlässlich des FA-Cup-Finales gegen Arsenal erstmals schlicht den Liverbird im roten Schild. 1968 gelangte das Tier in eine Ellipse mit weißem Hintergrund und dem Kürzel „L.F.C.".

1970 erfolgte der Wechsel zu jenem Wappen, mit dem der Klub von der Anfield Road in ganz Europa bekannt wurden: ein Schildwappen mit dem Liverbird als zentralem Element und zwei Banderolen mit dem kompletten Vereinsnamen. Dabei blieb es bis Jahr 1992, als anlässlich des 100-jährigen Jubiläums der Klubslogan „You'll never walk alone" sowie das charakteristische Stadion-Eingangstor „Shankly Gate" ins Emblem aufgenommen wurden. Der Liverbird war nun deutlich kleiner, zudem rückte der Vereinsname ins Wappenschild.

Nach Abschluss des Jubiläumsjahres kamen zwei Flammen zur Erinnerung an die Opfer der Stadionkatastrophe von Hillsborough hinzu, und seit 1999 sind das Eingangstor sowie die Banderole mit dem Gründungsjahr in Grün gehalten. Auf den Trikots trägt der Klub seit 2012 schlicht den Liverbird mit dem Kürzel „L.F.C.". Jenes Symbol wird seit 2024/25 offiziell für alle digitalen Aktivitäten genutzt. Im Gegensatz zum überfrachteten Schildwappen ist es auch in geringer Größe gut zu erkennen und dadurch besser für den globalen Markt geeignet.

2008 versuchte der Klub, das Logo mit dem Liverbird rechtlich schützen zu lassen, stieß damit aber auf Protest seitens der Stadt, die meinte: „Der Liverbird gehört allen Einwohnern Liverpools und nicht nur einer Firma oder Organisation." Erst im September 2010 kam es zur Einigung; seitdem sind Wappen sowie Spielertrikotemblem rechtlich geschützt.

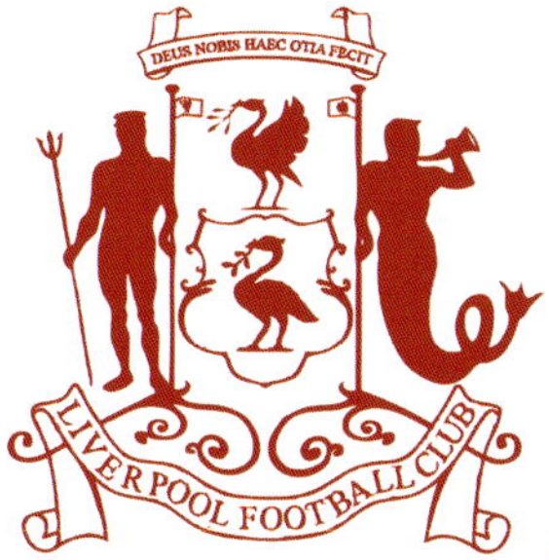

1

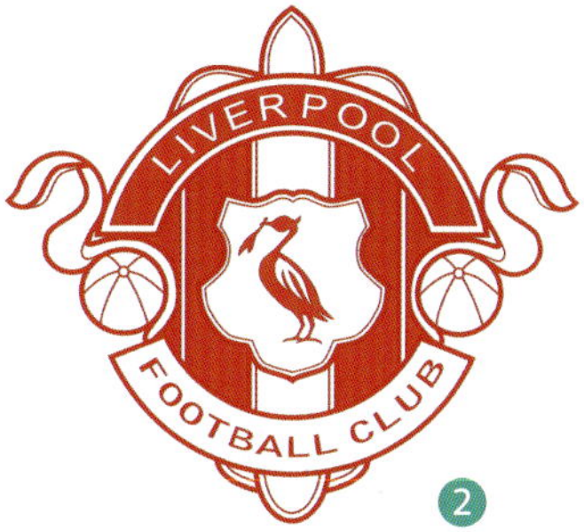

2

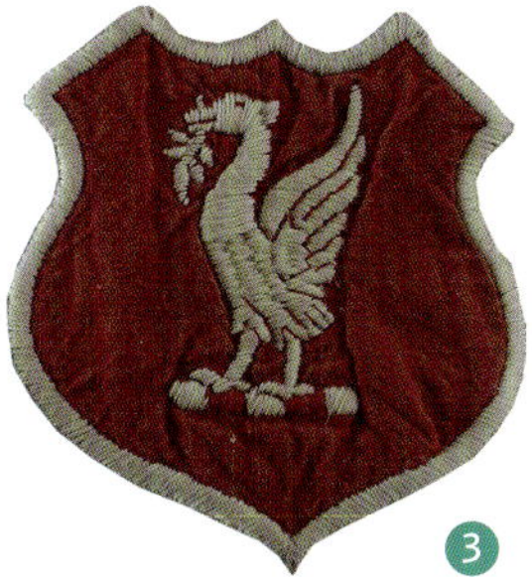

3

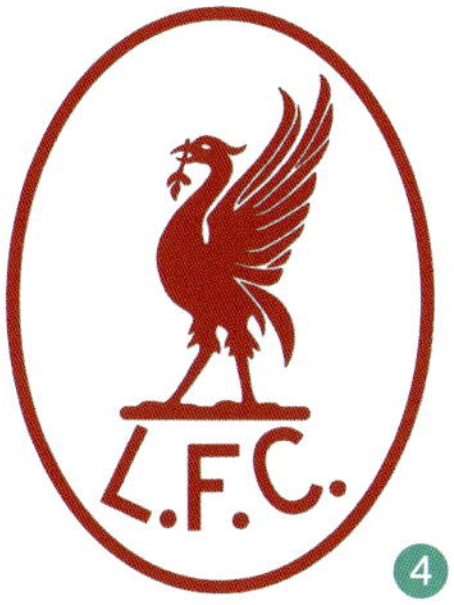

4

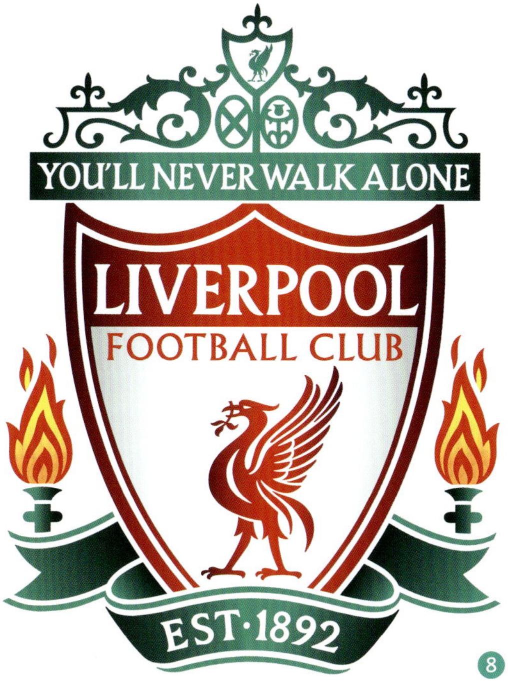

8

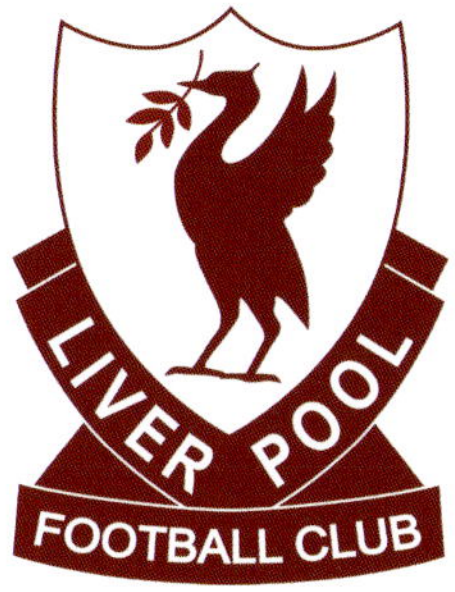

5

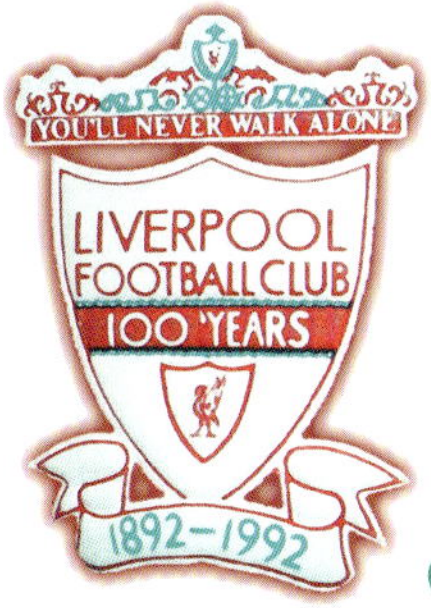

6

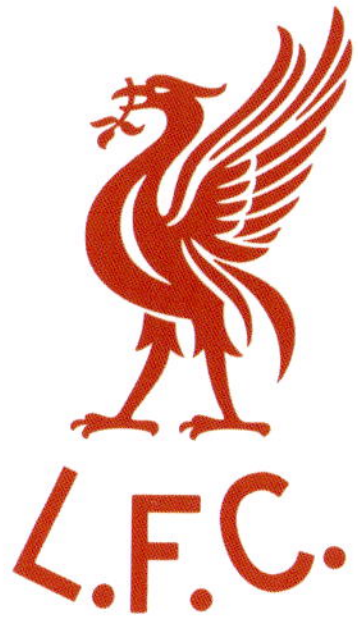

9

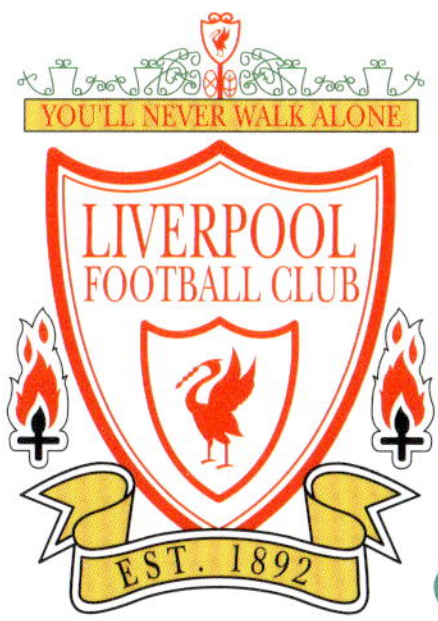

7

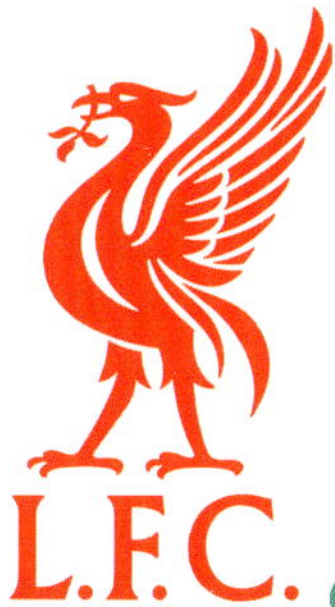

10

GEGRÜNDET:
1919

SPIELSTÄTTE:
Elland Road (37.890 Plätze)

GRÖSSTER ERFOLG:
Finalist Europapokal der Landesmeister 1975

1 Das Stadtwappen als Vereinswappen ...

2 ... und mit umlaufendem Namensschriftzug

3 Die dem Stadtwappen entnommene Eule diente von 1965 bis in die frühen 1970er als Emblem

4 5 6 Psychedelische Versuche (links 1973–76, mittig 1976/77, rechts 1977–81)

7 Mit dem Pfau auf der Brust: 1981 bis 1984

8 Die weiße Rose von York bildete von 1984 bis 1998 das Wappen

9 Ab 1998 in Schildform mit Rose von York und blau-gelben Streifen

10 In einer Online-Petition sagten über 77.000 Teilnehmer „No" zu diesem Wappen mit dem „Leeds Salute"

11 Das aktuelle Emblem des Vereins

LEEDS UNITED

Es war gut gemeint, schlecht umgesetzt und miserabel kommuniziert. Am 24. Januar 2018 legte Leeds United ein neues Wappen vor, das ein bisschen an „Meister Proper" erinnerte. Tatsächlich zeigte es den berühmten „Leeds Salute", der unter Fans des Vereins weit verbreitet ist. Ein guter Ansatz also, der dennoch komplett durchfiel und schließlich wieder zurückgenommen wurde.

Ohnehin hat Leeds United eine wilde Wappenhistorie vorzuweisen. Es ging los mit dem Stadtwappen, das drei Eulen (Wappentiere des ersten Ratsherrn der Stadt, Sir John Savile) sowie ein Schaf (Symbol für die örtliche Wolltradition) zeigt. Ab 1965 liefen die Blau-Gelben schlicht mit einer Eule als Emblem auf ehe sie sich 1973 ein psychedelisches Logo gaben, in dem man mit etwas Mühe die Buchstaben „LU" erkennen konnte. Trainerlegende Don Revie hatte dieses „Smiley Badge", von dem es im Laufe der Jahre drei Varianten gab, selbst entwickelt.

1981 verschwanden die Buchstaben, rückte stattdessen ein Pfau ins Zentrum – der Verein trägt den Spitznamen „Peacocks" (Pfauen). Nach nur drei Jahren wurde dieser abgelöst von einem völlig neuen Design, dessen Zentrum nun die „White Rose of York" bildete, in deren Mitte wiederum ein Fußball abgebildet war. Dieses Logo blieb bis 1998 in Verwendung, ehe das aktuelle Schildwappen an seinen Platz trat. Das Klubkürzel hat sich von „LUAFC" zu „LUFC" verkürzt, die weiße Rose bildet die Krone und als neues Element ist ein blau-gelbes Streifenmuster hinzugekommen.

1 2 3

4 5 6 7

8 9

10 11

GEGRÜNDET:
1878

SPIELSTÄTTE:
Goodison Park (39.571 Plätze)

GRÖSSTER ERFOLG:
Europapokal der Pokalsieger 1985

1. Das erste Emblem: Buchstabenwappen im Wappenschild
2. 1938 entwickelte Theo Kelly das Logo mit dem „Everton Lock-up"-Turm, zwei Lorbeerkränzen und dem Motto „Nil Satis Nisi Optimum"
3. Zwischen 1978 und 1982: Rundwappen-Version mit grünen Farbanteilen
4. Variante von 1982/83
5. Das bis 1991 geführte Mischemblem
6. 1991 kehrte man zur modernisierten Ursprungsversion von 1938 zurück
7. Ab 2000 in umgekehrter Farbfolge und mit Namen
8. Bei den Fans durchgefallen: das Wappen von 2013/14
9. Das Siegerwappen der Ausschreibung von 2014

EVERTON FC

„Nil Satis Nisi Optimum" – „Nur das Beste ist gut genug". Das gilt auch für das Wappen des Everton FC, das 1938 vom damaligen Klubsekretär und späteren Trainer Theo Kelly entworfen wurde. In seinem Zentrum befindet sich der Prince Rupert's Tower, der seit seinem Bau 1787 eng mit dem Liverpooler Stadtteil Everton verbunden ist und einst als Gefängnis diente, weshalb man auch vom „Everton Lock-up" spricht. Bis heute ist das Gebäude an der Netherfield Road zu finden. Diesem starken Symbol lokaler Identität fügte Kelly zwei Lorbeerkränze und das erwähnte lateinische Motto bei. Mit Erfolg: Gleich im ersten Jahr unter ihrem neuen Logo gewannen die „Blues" ihre fünfte Meisterschaft seit 1891.

Bei diesem Wappen blieb es im Wesentlichen bis 2013, als der Klub eine größere Überarbeitung präsentierte: Der Turm war nun weniger filigran gearbeitet, an Stelle der Lorbeerkränze stand das Gründungsjahr. Die Novität stieß bei den Anhängern allerdings auf Ablehnung, nach einer Umfrage wurde sie schon 2014 wieder vom aktuellen Emblem verdrängt, das sich deutlich mehr am Ursprungswappen von 1938 orientiert. Auf den Trikots tragen die „Blues" ihr Logo übrigens erst seit 1980 – bis dahin war dort bestenfalls das Kürzel „EFC" zu finden gewesen. Bleibt noch das Rätsel um den Spitznamen „The Toffees" (Karamell- bzw. Sahnebonbons): Einst gab es in Stadionnähe den „Mother Noblett's Toffee Shop", der u. a. Minzbonbons mit dem Namen „Everton Mints" verkaufte. Aus der Tradition, dass vor Spielbeginn „Everton Mints" ins Publikum geworfen wurden, entstand „The Toffees". Als „Toffee" werden in Liverpool allerdings auch die Iren bezeichnet, die sich traditionell eher zu Everton als zum FC Liverpool hingezogen fühlten.

NEWCASTLE UNITED

Traditionspflege ist im Fußball wichtig. So kehrte Newcastle United 1988 zum Wappen seiner Gründerphase zurück, das man zwölf Jahre zuvor in dem Bestreben, sich „modern" zu geben, abgelegt hatte.

Das Ursprungsemblem entsprach Newcastles Stadtwappen: Zwei die starke Bindung der Stadt zum Meer dokumentierende Seepferde halten ein Wappenschild mit einer Normannenburg, über der die Fahne mit dem St.-Georgs-Kreuz flattert. Ab 1969 war dieses Wappen auch fixer Bestandteil auf den Trikots der Schwarz-Weißen, die aufgrund ihrer Spielkleidung „Magpies" (Elstern) genannt werden. Die aktuelle Variante zeigt im Wappenschild nun allerdings nicht mehr die Burg, sondern das klassische längsgestreifte Newcastle-Shirt – eine gelungene Verbindung von Stadt- und Vereinshistorie.

1976 war das traditionsreiche Stadtwappen-Logo zugunsten eines Rundwappens aufgegeben worden, auf dem eine Elster vor der Burg bzw. dem Fluss Tyne zu sehen war. Später lief man fünf Jahre lang – von 1983 bis 1988 – unter einem wuchtigen, postmodernen Buchstabenwappen auf, in dem die Elster kaum noch eine Rolle spielte.

GEGRÜNDET: 9. Dezember 1892

SPIELSTÄTTE: St. James' Park (52.387 Plätze)

GRÖSSTER ERFOLG: Messepokal-Sieger 1969

1. Stadtwappen als Vereinswappen: Bis 1976 spielten die „Magpies" unter diesem Emblem
2. 1969 wurde dieses Emblem auf Vereinssouvenirs im Fanshop von Newcastle United verkauft. Es war allerdings kein offizielles Klubwappen. Gezeigt wird das Stadtwappen, in dem statt der Seepferdchen zwei Elstern (Magpies) das Schild halten. Zudem sind statt der Burg die schwarz-weißen Streifen der Trikots zu sehen
3. Die Elster rückte 1976 ins Wappen und stand vor der Burg bzw. dem Fluss Tyne
4. Zeitgemäß wuchtig und extravagant gab man sich ab 1983
5. 1988 erfolgte die Rückkehr zum Traditionswappen. Statt der Burg ist nun das Trikotdesign zu sehen

GEGRÜNDET:
5. September 1882

SPIELSTÄTTE:
Tottenham Hotspur Stadium (62.062 Plätze)

GRÖSSTER ERFOLG:
Europapokal der Pokalsieger 1963

1. Belegbar ab 1921, verwendet bis 1951: Tottenhams erster Hahn
2. 1951: Verschlankt
3. 1967: Nun mit Ball
4. 1983-95 und 1999-2006: Der Hahn wird von zwei Löwen (aus dem Wappen von Henry Percys Familie Northumberland) gehalten. Dazu der Slogan „Audere Est Facere"
5. 1995-97: Im Logo ist zudem das Herrenhaus Bruce Castle abgebildet, das nur wenige hundert Meter vom Stadion entfernt liegt. Die Bäume stehen für das Areal „Seven Sisters"
6. 2006: Relauncht und erstmals mit Klubnamen

TOTTENHAM HOTSPUR

Da sage noch mal jemand, Fußball sei banal! Namenspatron des Tottenham Hotspur FC ist kein Geringerer als Sir Henry Percy, in den 1330er Jahren erst Freund und dann Feind von König Heinrich IV. Im gleichnamigen Drama von William Shakespeare brachte ihm das eine Hauptrolle ein.

Über 550 Jahre später benannte sich ein Fußballklub im Londoner Norden nach Percys Spitznamen „Harry Hotspur", der wiederum auf dessen Leidenschaft für Kampfhähne („Hotspurs") zurückzuführen war. Tatsächlich befindet sich seit 1901 ein Hahn im Wappen von Tottenham Hotspur, und spätestens als 1909 der junge Spieler William James Scott einen Bronzeabdruck des Wappentiers anfertigte, der auf dem West Stand des Stadions an der White Hart Lane platziert wurde, gehört der Hahn zur Vereinsidentität.

Er ist auch heute noch zentrales Element des Klubemblems, wobei sich sein Erscheinungsbild über die Jahrzehnte immer mal wieder verändert hat. Beginnend als Federvieh, das eher an einen gallischen Hahn erinnerte, wurde er später deutlich verschlankt und simplifiziert. Seit 1967 steht er auf einer Kugel, die in der Regel einen Fußball aus der Gründerzeit darstellt, bisweilen mit den Initialen „THFC" versehen. Zwischen 1983 und 2006 wies das Wappen außerdem den lateinischen Spruch „Audere Est Facere" („Es zu wagen, heißt, es zu tun") auf. Als man Hahn und Ball 2006 für die modernen Medien vereinfachte, wurde gleich das komplette Logo relauncht und erhielt erstmals seit der Klubgründung den Vereinsnamen.

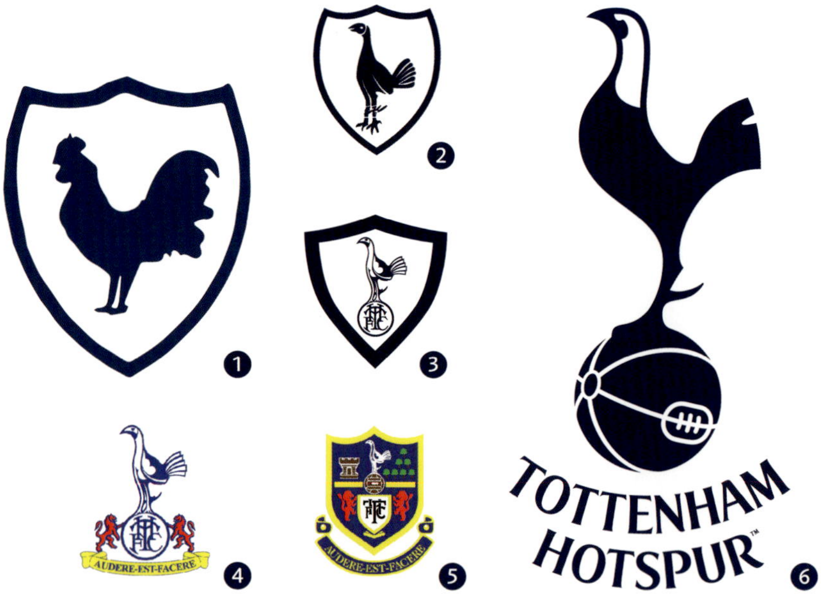

WEST HAM UNITED

2016 war im wahrsten Sinne des Wortes ein bewegendes Jahr für West Ham United. Nach 112 Jahren verließ man seine Heimstätte Boleyn Ground zugunsten des Londoner Olympiastadions und gab sich aus diesem Anlass auch ein neues Vereinswappen. Das bedingte einander, denn im bisherigen Emblem war das Boleyn Castle (auch „Green Street House" genannt) zu sehen, das sich unweit des alten Stadions befunden hatte und 1955 abgerissen worden war. Seit den frühen 1950er Jahren war es im Wappeneinsatz gewesen.

Für die Wahl des neues Logos bedienten sich die „Hammers" einer Online-Umfrage, bei der 56 Prozent der Teilnehmer das vorgeschlagene Design abnickten. Während das Castle nun fehlt, sind die beiden Hämmer, denen der Klub seinen Spitznamen verdankt, weiterhin enthalten. Sie stammen von Vorgängerverein Thames Ironworks FC, der zu einer Schiffswerft gehört hatte. Die Wappenschildform erinnert derweil an das dort gebaute legendäre Kriegsschiff „HMS Warrior". Dass der Stadtname „London" ins neue Logo integriert wurde, gefiel indes nicht allen Fans. Dies sei „unnötig", hieß es.

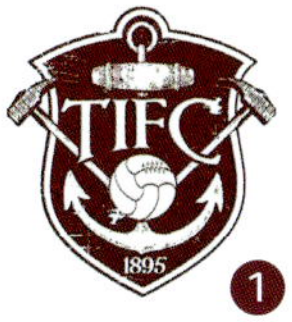

1

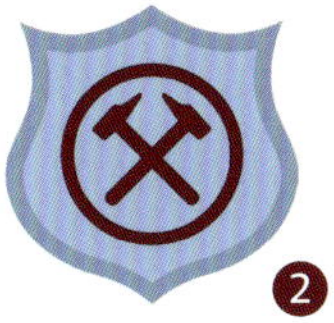
2

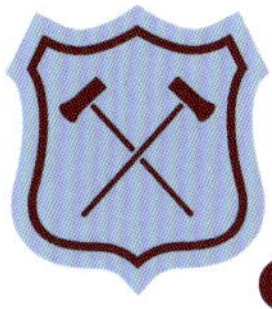
3

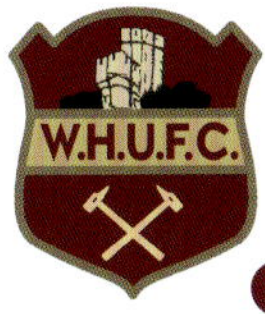

4

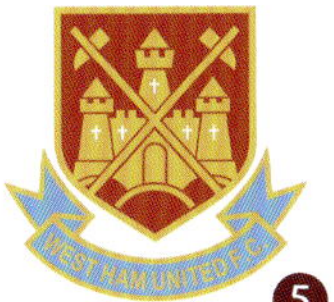
5

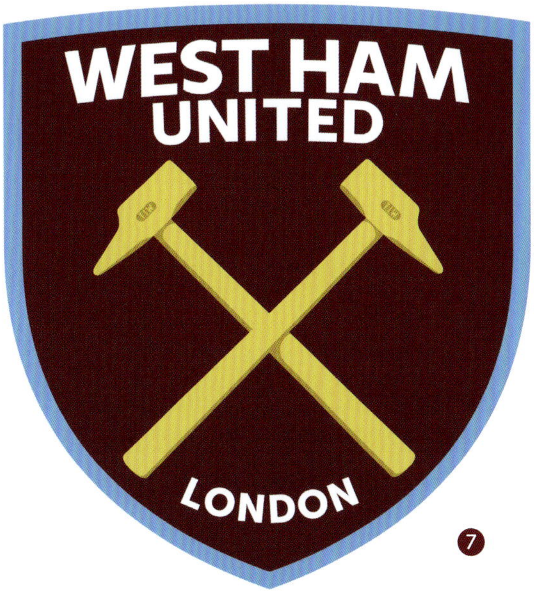

7

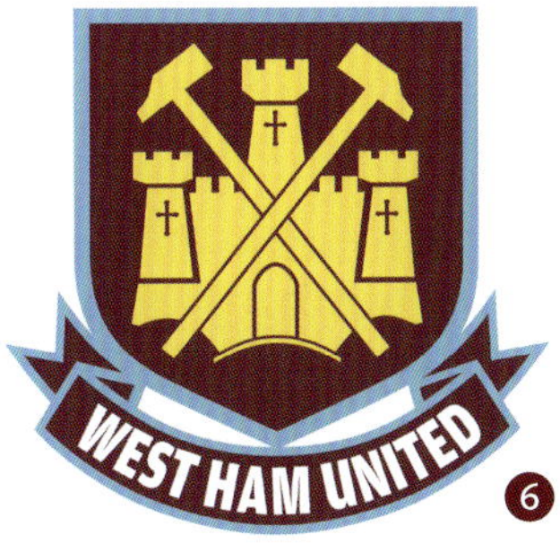

6

GEGRÜNDET:
1895

SPIELSTÄTTE:
London Stadium (60.000 Plätze)

GRÖSSTER ERFOLG:
Europapokal der Pokalsieger 1965

1. Damit begann es 1895: Thames Ironworks FC
2. 1923 beim FA-Cup-Finale erstmals mit zwei gekreuzten Hämmern auf der Brust
3. Variante aus den 1940er Jahren
4. In den frühen 1950er Jahren rückte das Boleyn Castle ins Wappen
5. 1958: Boleyn Ground und die beiden Hämmer verschmelzen mit einer Banderole zum gemeinsamen Wappen
6. 1998: Von der Londoner Agentur „Springett Association" entworfene Form in „Claret and Blue" (Weinrot und Himmelblau)
7. Das seit 2016 gültige Wappen, über das im Juli 2014 in einer Onlineabstimmung entschieden worden war

GEGRÜNDET:
6. November 1887

SPIELSTÄTTE:
Celtic Park (60.832 Plätze)

GRÖSSTER ERFOLG:
Europapokal der Landesmeister 1967

CELTIC GLASGOW

Der durch den irischen Mönch Bruder Walfrid – mit bürgerlichem Namen Andrew Kerins – gegründete Celtic FC begann als eine Art „Charity Club", der sich um die Verbesserung der sozialen Lage irischstämmiger Migranten im Glasgower Stadtteil Calton kümmerte. Erst mit Gründung von „The Celtic Football and Athletic Company Ltd." am 25. Februar 1897 professionalisierte er sich als Fußballverein.

Celtics Wappenchronologie ist gespickt mit Symbolen aus dem irischen bzw. keltischen Erbe. Es begann mit einem Keltenkreuz, das auf den ursprünglich weißen Trikots getragen wurde. Erst 1903 erhielt Celtic seine heute berühmten grün-weiß gestreiften „Hoops"-Jerseys. In den ersten Jahrzehnten verwendete der Klub diverse Embleme, neben dem Keltenkreuz beispielsweise die keltische Harfe, die auch im Wappen von Irland zu sehen ist, sowie das dreiblättrige Kleeblatt „Shamrock" (Kleiner Klee). Jenes wurde in den 1920er Jahren zum offiziellen Vereinsemblem, das beispielsweise auf der Dauerkarte der Saison 1929/30 zu sehen war. Es bezieht sich auf die Dreifaltigkeit, die der Heilige Patrick, Schutzpatron der Iren, nach Irland brachte, und ist ein heute vielfach genutztes Symbol auf der Grünen Insel.

Das vierblättrige Kleeblatt wiederum, das sich im aktuellen Celtic-Wappen findet, tauchte zwar erstmals bereits 1908 auf einer vom Verein herausgegebenen Medaille auf, doch war dies vermutlich einfach den in jenem Jahr errungenen vier Trophäen zuzuschreiben. Erst im Jubiläumsjahr 1937 wurde es offiziell vom Verein aufgegriffen und prangte 1938 erstmals auf dem Cover des „Celtic Handbook". Der Legende zufolge erfolgte der Wechsel, als Vorstandsmitglied Desmond White das vierblättrige Kleeblatt als Schmuckmotiv beim Bonnybridge Celtic Supporters Club (CSC) sah. Die schöne Geschichte hält freilich einer Nachprüfung nicht stand, denn der Bonnybridge CSC wurde erst 1944 gegründet, und Desmond White rückte sogar erst 1947 in den Celtic-Vorstand.

Die Interpretation des Wappenmotivs ist ebenfalls umstritten. Zum einen dient es bekanntlich als Glückssymbol, zum anderen sollen die vier Blätter für die irischen Provinzen Ulster, Munster, Connaught und Leinster stehen. Eine Legende behauptet zudem, man habe 1892 bei seinem ersten Spiel im Celtic Parc ein vierblättriges Kleeblatt im Mittelkreis vorgefunden. Das alles ist aber Gegenstand bisweilen hitziger Diskussionen.

Zum 100. Jubiläum 1987 kehrte kurzzeitig das Keltenkreuz ins Wappen zurück, ehe der Kanadier Fergus McCann den Klub 1994 übernahm und ihn komplett umkrempelte. Unter anderem wurde die Wirtschaftsform verändert, sodass sich der Klubname zu „The Celtic Football Club 1888" verkürzte. Um die schottischstämmige Wirtschaft besser ansprechen zu können, wollte McCann zudem ein neues Wappen einführen. Vorschläge mit einer Distel („Thistle", ein wichtiges heraldisches Symbol Schottlands) oder dem keltischen Tartan-Muster stießen jedoch auf scharfen Protest der Fangemeinde, und so hielt man bislang am vierblättrigen Kleeblatt fest.

- 1 Mit dem Keltenkreuz beginnt Celtics Wappengeschichte
- 2 3 In den 1920er Jahren wurde das Shamrock – ein dreiblättriges Kleeblatt – zum Wappenmotiv
- 4 5 Um 1937/38 wechselte man vom drei- zum vierblättrigen Kleeblatt, dessen Deutung umstritten ist
- 6 Rückkehr des Keltenkreuzes zum 100. Geburtstag
- 7 8 9 1995: Nach dem Wechsel von einer Private Limited Company in eine Public Limited Company wurde aus „The Celtic Football and Athletic Company Ltd." der „The Celtic Football Club 1888"
- 10 Das aktuelle Wappen

1 2 3 4 5

6 7 8 9

10

GEGRÜNDET:
Februar 1872

SPIELSTÄTTE:
Ibrox Stadium (50.817 Plätze)

GRÖSSTER ERFOLG:
Europapokal der Pokalsieger 1972

1. Das erste bekannte Wappen aus der Saison 1881/82 mit Wappenschild, Banderole und Fußballblase
2. 1959: Rundwappen mit Löwe im Schildwappen, dem Klubmotto „Ready" sowie einem Namensring
3. Wappenschildvariante mit schottischem Kreuz
4. 1986: Das heutige Emblem in seiner Urfassung
5. Auch auf dem sichtlich entrümpelten Buchstabenwappen zeigt man sich „Ready"
6. In den 1980er Jahren mit klaren Konturen
7. 1991: Das Blau wird dem der schottischen Nationalflagge angepasst
8. Auf den Trikots trägt man seit 1968 wieder die Klubinitialen

GLASGOW RANGERS

Der Rangers FC ist einer jener Klubs, der neben einem Vereinswappen traditionell auch ein eigenes Trikotwappen aufweist. Es gibt also quasi zwei „offizielle" Embleme.

Das Trikotwappen besteht aus der Buchstabenkombination „RFC" für „Rangers Football Club" und reicht zurück bis in die Gründungstage im Februar 1872 (lassen wir an dieser Stelle mal die Pleite des Urvereins und die Neugründung 2012 außer Acht). Auf dem Vereinswappen wiederum, das auf Briefbögen und offiziellen Publikationen prangt, ist ein roter Löwe in einem blauen Fußball zu sehen, dazu der Klubname sowie das Wort „Ready".

Das älteste überlieferte Wappen der Rangers stammt von einer Mitgliederkarte aus der Saison 1881/82. Es zeigt die ineinander verschlungenen Initialen in einem Wappenschild mitsamt Banderole, die den kompletten Vereinsnamen (übrigens offiziell ohne Ortsbezeichnung, dafür aber mit „The"!) enthält. Bis 1959 galt dies als einziges Klubsymbol und wurde sowohl auf offiziellen Publikationen verwendet als auch – allerdings lediglich die Initialen – auf den Jerseys getragen. Auf dem „Rangers Handbook" zur Saison 1959/60 war dann erstmals das Rundwappen mit dem Löwen in einem Wappenschild sowie dem Klubmotto „Ready" zu sehen. Letzteres geht zurück auf den schottischen Gruß „Aye Ready" („Allzeit bereit"), während der aufrecht stehende Löwe („Lion Rampant") seit 1332 das Wappentier auf der schottischen Königsfahne ist. Auf den Rangers-Trikots war fortan vorübergehend gar kein Emblem mehr zu sehen.

1968 wurde das Wappenschild mit dem Löwen durch einen stilisierten hellblauen Fußball ersetzt, in dessen Zentrum der Löwe steht. Damals entfiel auch das „The" im offiziellen Klubnamen. 1991 schließlich wich das Hellblau des Balles dem der schottischen Nationalfahne entnommenen Dunkelblau.

Auf den Rangers-Trikots ist unterdessen bereits seit 1968 wieder das Piktogramm aus den verschlungenen Buchstaben zu sehen, das neun Jahre zuvor von der Spielkleidung verschwunden war. Seit 2003 wird es von fünf Sternen für 50 gewonnene Landesmeisterschaften gekrönt.

Nach der Pleite des Originalvereins Ende 2012 gab es zunächst Unsicherheiten über die Besitzverhältnisse für die Rechte am Wappen bzw. Vereinsnamen und an der Vereinsgeschichte, die jedoch schlussendlich von der neugegründeten Betreibergesellschaft „Sevco Scotland Limited" (später: „The Rangers Football Club Limited") übernommen werden konnten.

1

2

3

4

5

6

8

7

GEGRÜNDET:
6. März 1902

SPIELSTÄTTE:
Estadio Santiago Bernabéu
(81.044 Plätze)

GRÖSSTER ERFOLG:
Europapokal der Landesmeister / Champions League 1956, 1957, 1958, 1959, 1960, 1966, 1998, 2000, 2002, 2014, 2016, 2017, 2018, 2022, 2024

1. Gründungswappen des „Madrid Foot Ball Club"
2. 1908: Das „M" wird zum „tragenden" Buchstaben
3. 1920: als „Real" mit kastilischer Krone
4. 1925: mit dem purpurnen Streifen Kastiliens
5. 1931-41: Während Republik und Bürgerkrieg als Madrid FC mit Querstreifen und ohne Krone
6. 1935 mit Mauer statt Krone
7. 1941: im neutralen Gold
8. 1941 nun als „Real Madrid Club de Fútbol" und wieder mit Krone
9. 1997: Blau statt Purpur im Querstreifen
10. Seit 2001: Mit blauen Konturen um die Buchstaben
11. Für den arabischen Markt: Variante ohne christliches Kreuz

REAL MADRID

Vor einigen Jahren geriet Real Madrid in die Schlagzeilen, weil man in seinem Wappen klammheimlich ein winziges Element entfernt hatte. Es ging um das Kreuz auf der königlichen Krone, das 2012 bei der Präsentation eines letztendlich nicht zustande gekommenen Vergnügungsparks in den Vereinigten Arabischen Emiraten sowie 2014 auf einer Kreditkarte der „National Bank of Abu Dhabi" jeweils fehlte. In beiden Fällen hatten die Madrilenen das christliche Symbol entfernt, um die islamische Kundschaft nicht zu verprellen.

Ist die Kreuz-Frage vor allem Ausdruck der Globalisierung des Fußballs und damit Medienthema, so stören sich viele Real-Fans eher an der Farbgestaltung ihres Wappens. Dort ist nämlich seit 1997 der Querstreifen nicht mehr in Violett bzw. Purpur gehalten, sondern in Blau. Das geschah unter der Präsidentschaft des mächtigen Lorenzo Sanz und vor dem Hintergrund, dass es Probleme gegeben hatte, das bisherige Wappen als Markenzeichen zu schützen. In den Klubstatuten ist der violette Querstreifen bis heute festgeschrieben.

Der Verein entstand 1902 als „Madrid Foot Ball Club" und gab sich seinerzeit ein schlichtes Buchstabenwappen mit den Initialen „MFC" – übrigens in dunkelblauer Farbe; es gibt also auch da durchaus eine Tradition. Auf den Trikots trug man parallel dazu das Madrider Stadtwappen. 1908 wurde das Emblem in seine heutige Kerngestalt modifiziert, ehe der Klub am 29. Juni 1920 von König Alfons XIII. den Titel „Real" – „königlich" – verliehen bekam und die Königskrone im Logo Einzug hielt. Auch andere spanische Klubs wurden seinerzeit „königlich", wie beispielsweise in Saragossa, Santander, Sevilla oder San Sebastián.

Mit Beginn der Zweiten Spanischen Republik 1931 wurden monarchistische Relikte verboten, griff man wieder auf den Namen Madrid FC und dessen Buchstabenwappen zurück. Bereits seit 1925 gab es einen purpurnen Querstreifen, der an den Comuneros-Aufstand im 16. Jahrhundert erinnert – Purpur ist die Farbe des Banners von Kastilien, also Zentralspaniens. Nach Ende des Bürgerkriegs 1941 kehrte nicht nur die Krone zurück, sondern wurde aus dem englischsprachigen „Madrid Foot Ball Club" zugleich der spanische „Real Madrid Club de Fútbol". Außerdem erhielten die Initialen eine goldene Färbung. Dabei blieb es im Grunde bis 1997, als wie erwähnt aus Violett Blau wurde, während das Entfernen des Kreuzes für den arabischen Markt wohl unter der Rubrik „zielgruppenorientiertes Marketing" zu verbuchen ist. Nichtsdestotrotz stellt es natürlich einen bemerkenswerten Eingriff dar.

Bleibt noch eine Anmerkung: „Real" oder „Die Königlichen" sagt in Spanien niemand. Dort sind viele Institutionen bzw. Vereine mit dem Königshaus verbunden, sodass Real Madrid kein Alleinstellungsmerkmal hat. Stattdessen spricht man von „El Real Madrid" oder „El Madrid", während mit „La Real" in der Regel Real Sociedad San Sebastián gemeint ist.

1 2 3 4

5 7

10

6 8

9 11

GEGRÜNDET:
29. November 1899

SPIELSTÄTTE:
Camp Nou (99.354 Plätze)

GRÖSSTER ERFOLG:
Triple 2009, 2015 (Spanischer Meister, Spanischer Pokalsieger, Champions-League-Sieger)

1. An das Stadtwappen angelehnt: das erste Emblem des „Football Club Barcelona"
2. 1910 ersann Carlos Comamala das charakteristische Klubwappen. Neben dem Georgskreuz und der katalanischen Flagge sind die Farben Rot-Blau dazugekommen
3. 1939 wurde unter Franco aus dem FC Barcelona der „Club de Fútbol Barcelona"
4. Zur 50-Jahr-Feier 1949 durfte man die katalanische Flagge wieder zeigen, wurde das Kürzel zu „C.F.B." verkürzt
5. 1974: Rückkehr zum Ursprungskürzel „FCB"
6. 2002: Entschnörkelung

FC BARCELONA

Dass Fußball und Politik miteinander verbunden sind, zeigt kaum ein Verein so konkret wie der FC Barcelona. Die Kapitänsbinde des Klubs ist in den Farben der katalanischen Flagge gehalten, und 2017 stand man bei den Unabhängigkeitsbestrebungen in Katalonien hinter den Befürwortern und nutzte seine enorme Strahlkraft zur Werbung. Schon in der Gründungsphase des Vereins spielte Politik eine Rolle, denn Barça entstand als explizit liberaler und weltoffener Klub, der sich der Idee der Verbindung der Völker und Überwindung von Grenzen verschrieb.

Die Geschichte des Vereinswappens zeichnet diese Philosophie anschaulich nach. Nach der Gründung im Jahr 1899 spielte man zunächst unter dem Stadtwappen. Erst 1910 erhielten die Blau-Roten ihr bis heute im Kern genutztes Schildwappen, das vom damaligen Spieler Carlos Comamala entworfen worden war. Oben links ist das St.-Georgs-Kreuz zu sehen, das auch im Stadtwappen zu finden ist: Der Heilige Georg, ein vermutlich 305 n. Chr. gestorbener christlicher Märtyrer, der während der „Renaixença" im 19. Jahrhundert zur Symbolfigur des „Katalanismus" wurde, ist Barcelonas Schutzpatron. Oben rechts befindet sich die katalanische Flagge „Senyera", eine Anordnung von vier roten Streifen auf gelbem Grund, als Symbol für Katalonien bzw. Barcelona. Auch sie ist im Stadtwappen zu finden. Unterhalb der Klub-Initialen steht ein Fußball im blauroten Feld, das die Klubfarben repräsentiert. Deren Herkunft ist umstritten. Eine Theorie behauptet, Klubgründer Hans Gamper habe sie von seinem Schweizer Heimatverein FC Excelsior Zürich (wahlweise auch dem FC Basel) mitgebracht. Laut einer anderen habe der Vater von Gründungsmitglied Arthur Witty vorgeschlagen, die Farben seines Rugbyteams aus der englischen Heimat Crosby zu nehmen. Jedenfalls ist der FC Barcelona auch als die „Azulgrana" (Spanisch) bzw. „Blaugrana" (Katalanisch) bekannt. Veränderungen am Wappen gab es im Laufe der Zeit einige, in seinem Kern blieb es aber so, wie es 1910 vorgestellt wurde. Die anfangs verspielt filigrane Umrandung wurde geglättet, der Fußball „modernisiert", die Initialen geglättet. Ab 2002 kamen sie ohne Punkte daher.

Zwischen 1939 und 1974 trug der Klub allerdings den Namen Club de Fútbol Barcelona – also „CFB" statt „FCB". Auch da hatte die Politik ihre Hände im Spiel. Bürgerkriegsgewinner Franco ordnete 1939 das Ausmerzen alles Katalanischen bzw. die allgemeine Hispanisierung an. Barça musste nicht nur seinen bis dahin englischen Namen („Football Club") ändern, sondern zudem die katalanische Flagge aus dem Wappen entfernen. Man löste dies durch Verwendung von nun drei gelben und zwei roten Streifen, was die Kernaussage zumindest für Insider bestehen ließ. Erst 1949 durfte die „Senyera" im Zuge des 50-jährigen Vereinsjubiläums zurückkehren, und sogar noch bis 1974 spielte man als „CFB", ehe auch die Originalinitialen wieder freigegeben wurden – wobei aus dem einstigen „Football Club" nun der katalanische „Futbol Club" (nicht „Fútbol Club", das wäre Spanisch!) wurde.

1

2

3

4

5

6

GEGRÜNDET:
26. April 1903

SPIELSTÄTTE:
Wanda Metropolitano
(67.703 Plätze)

GRÖSSTER ERFOLG:
Sieger Europapokal der Pokalsieger 1962 / Europa-League-Sieger 2010, 2012, 2018

1. Buchstabenwappen analog dem des Athletic Club Bilbao aus dem Gründungsjahr 1903
2. 1911: Kombiniertes Fahnen- und Buchstabenwappen
3. 1917: Das heutige Wappen nimmt Form an
4. Ab 1939 lief man als Club Atlético Aviación mit Luftwaffenflügeln auf
5. 1947: Nach Rückzug des Luftwaffenministeriums als Club Atlético
6. Modifiziertes Emblem von 1980
7. Zur Eröffnung des neuen Stadions gab es 2017 ein geliftetes Wappen mit einem nunmehr nach rechts blickenden Bären

ATLÉTICO MADRID

Früher war man der Verein der Luftwaffe, dann lange Zeit Herzensangelegenheit des 2004 verstorbenen exzentrischen Präsidenten Jesús Gil y Gil, immer der „kleinere" Klub in Madrid – und ist doch seit Jahrzehnten ein ganz Großer in Europa.

Die wechselvolle Geschichte des Club Atlético de Madrid wird auch in seiner Wappenhistorie erzählt, beginnend mit jenem Buchstabenlogo, das ebenfalls bei Athletic Bilbao zu finden ist. Kein Zufall, denn Bilbao ist der „Bruderverein" der Madrilenen, die sich 1903 bei ihrer Gründung an den Basken orientierten. Und ihre Wappen ähneln einander bis heute.

Im 1947 vorgestellten Madrider Emblem symbolisieren die rot-weißen Streifen die Spielkleidung und stehen der Legende zufolge für den Spitznamen „Los Colchoneros", die „Matratzenmacher". Hintergrund: Spaniens einst meistverkaufte Matratze war rot-weiß gestreift. Im oberen Feld des Wappens ist ein Bär an einem Baum abgebildet, eine Darstellung, wie sie auch im Stadtwappen von Madrid zu sehen ist. Der Bär repräsentiert den Adel, der Baum (ein Erdbeerbaum, Spanisch: madroño, wovon der Stadtname abgeleitet ist) den Klerus und das Gesamtensemble deren Einigkeit und Bedeutung vor allem im Mittelalter. Die sieben Sterne stehen für das Sternbild „Großer Bär" und sind ebenfalls im Stadtwappen zu finden. Ihre jeweils fünf Spitzen symbolisieren die an Madrid grenzenden Provinzen Segovia, Ávila, Guadalajara, Cuenca und Toledo.

Zu seiner Zeit als Klub der Luftwaffe (1939 bis 1947) waren dem Wappenschild ein Flügelpaar sowie eine königliche Krone beigefügt.

1

2

3

7

4

5

6

GEGRÜNDET:
1898

SPIELSTÄTTE:
San Mamés (53.289 Plätze)

GRÖSSTER ERFOLG:
Finalist UEFA-Cup / Europa League 1977, 2012

1. Erstes Wappen 1898
2. 1910: Buchstabenwappen im Fahnensymbol
3. 1913: Modifiziertes Fahnenwappen
4. 1917: Das heutige Wappen bahnt sich an
5. Zwischen 1922 und 1936 in Gebrauch
6. Zur Zeit der franquistischen Diktatur musste man ab 1940 unter dem spanischen Namen Atlético de Bilbao auflaufen
7. Erst 1972 wurde die Rückkehr zur englischen Version Athletic Club Bilbao erlaubt
8. 2008 erhielt das Wappen ein Lifting in Richtung Moderne

ATHLETIC BILBAO

Der Athletic Club aus Bilbao sieht sich als fußballerischer Bannerträger des Baskenlandes und ist für seinen Grundsatz berühmt, ausschließlich Basken einzusetzen („la Cantera"). Das beruht auf langen persönlichen Verbindungen zwischen Athletic-Präsidenten und der baskischen Nationalpartei PNV.

Natürlich wird diese Botschaft auch im Klubemblem transportiert, in dem die Brücke und die Kirche von San Antón sowie die Wölfe der mächtigen Haro-Familie, die Bilbao 1300 gründete, zu sehen sind. Darüber hinaus integrierte man aus dem Wappenschild der Biskaya den Baum von Guernica sowie das Kreuz von San Andrés. Die rot-weißen Streifen bilden das traditionelle Vereinstrikot ab.

Seit 1917 dient diese Kombination im Kern als Vereinswappen, nachdem man bis dahin mit einem Buchstaben- bzw. Fahnenemblem gearbeitet hatte. Das heutige Wappen durchlief einige Veränderungen – vor allem zwischen 1940 und 1972, als man unter Generalissimus Francisco Franco seinen englischen Namen ablegen und als „Atlético" spielen musste. Die Ähnlichkeit mit dem Wappen von Atlético Madrid ist übrigens kein Zufall – die Initialzündung zu dessen Gründung kam aus Bilbao.

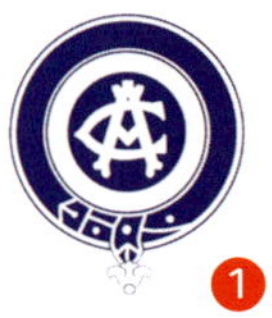
1

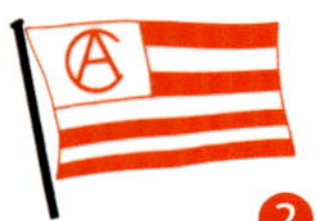
2

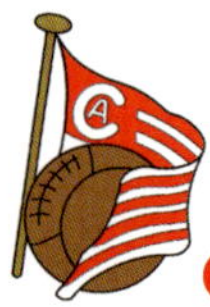
3

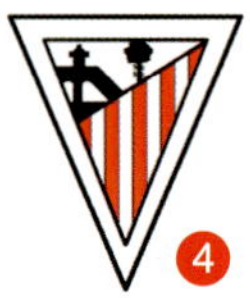
4

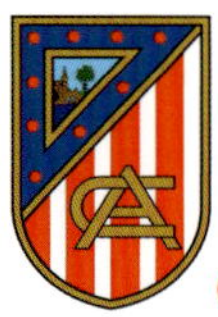
5

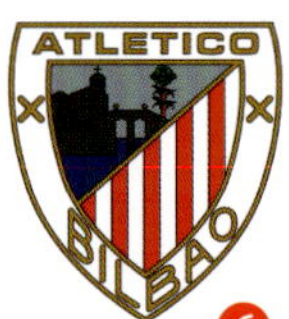

6

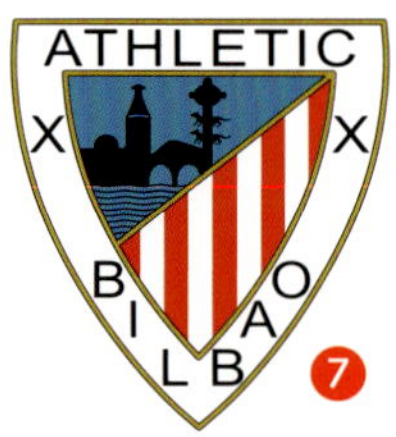

7

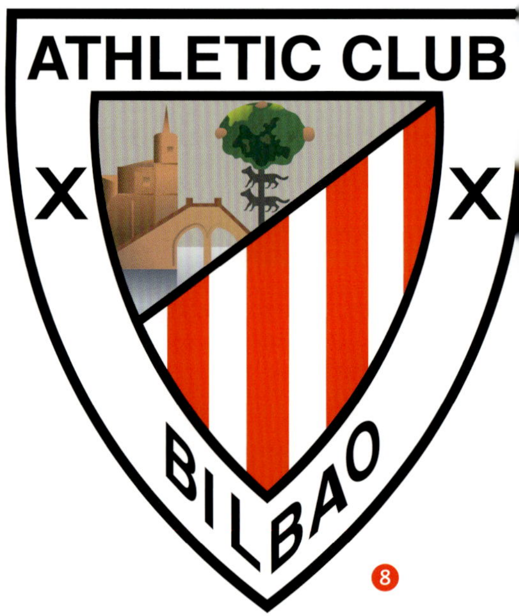

8

SEVILLA FC

Am Estadio Ramón Sánchez Pizjuán des Sevilla FC prangt ein Keramik-Mosaik mit dem eigenen Vereinsemblem im Zentrum und den Logos früherer Gegner drum herum. Ein schönes Beispiel für den hohen Stellenwert eines Wappens in der Klubphilosophie!

Ohnehin kommt dem Vereinslogo beim fünffachen UEFA-Cup- bzw. Europa-League-Sieger besonderes Augenmerk zu, denn es transportiert eine vielschichtige Botschaft. Im oberen rechten Feld ist das Kürzel „SFC" zu sehen, das 1908 von Juan Lafita entworfen und zunächst als eigenständiges Abzeichen in vier verschiedenen Versionen getragen wurde, ehe Pablo Rodríguez Blanco 1921 die Urform des heutigen Emblems vorlegte: ein Schildwappen, in dem das Buchstabenemblem integriert ist und das außerdem rot-weiße Streifen, einen zeitgenössischen Fußball sowie das Stadtwappen von Sevilla enthält. Letzteres zeigt die Stadtheiligen Isidor von Sevilla, Ferdinand III. von Kastilien sowie Leander von Sevilla. Über die Jahrzehnte wurde das in Herzform angelegte Wappenschild immer wieder modifiziert und an moderne technische Gegebenheiten angepasst.

Über die Bedeutung der rot-weißen Streifen gibt es unterschiedliche Theorien. Für die einen sind es schlicht die Vereinsfarben, andere beziehen sich auf eine entsprechende Flagge, die König Ferdinand III. von Kastilien während der Reconquista in Sevilla 1248 trug.

1 2 3 4 5 6 7 8 9 10 11 12

GEGRÜNDET:
25. Januar 1890

SPIELSTÄTTE:
Ramón Sánchez Pizjuán (45.000 Plätze)

GRÖSSTER ERFOLG:
UEFA-Cup- / Europa-League-Sieger 2006, 2007, 2014, 2015, 2016, 2020, 2023

1 Das erste Klubwappen in Ballform und mit komplettem Namen

2-5 Evolution eines Wappens Teil 1

6 Die von Pablo Rodríguez Blanco 1921 gestaltete Urform des heutigen Emblems

7-10 Evolution eines Wappens Teil 2

11 Zum 100. Jubiläum griff man auf sein Traditionswappen zurück

12 Seit 1995 läuft der Sevilla FC unter dieser Variante auf

GEGRÜNDET:
28. Februar 1904

SPIELSTÄTTE:
Estádio da Luz (64.642 Plätze)

GRÖSSTER ERFOLG:
Europapokal der Landesmeister 1961, 1962

1. Wappen des 1904 gegründeten Sport Lisboa ...
2. ... und des Fusionspartners Grupo Sport Benfica
3. Das 1908 vorgelegte Fusionswappen
4. 1930: Der Adler wird gelb, die Banderole erhält die portugiesischen Landesfarben
5. Die modernisierte und abgespeckte Version von 1999

BENFICA LISSABON

Ein eigentlich unscheinbarer Stadtteil wird zum Markenzeichen im weltweiten Fußball. Das gilt für Gelsenkirchen-Schalke, das gilt aber noch viel mehr für Lissabon-Benfica. Der Stadtteil ist heute nicht nur Lissabons grüne Lunge, sondern vor allem Namensgeber von Portugals berühmtestem Fußballklub. Dabei stammten die Benfica-Gründer eigentlich aus Belém im Westen der portugiesischen Kapitale. Ein schicker Bezirk, der zudem Heimat von Stadtrivale Belenenses ist. In Belém gründeten 1904 einige Schüler und Zöglinge der Lehranstalt Real Casa Pia den Klub „Sport Lisboa", der 1908 mit dem „Grupo Sport Benfica" zum heutigen „Sport Lisboa e Benfica" verschmolz. Eine Vernunftehe. Sport Lisboa war mit einem bemerkenswerten Reichtum an Talenten gesegnet, hatte aber keine eigene Spielstätte, der Grupo Sport Benfica wiederum verfügte mit dem Campo da Feiteira über ein eigenes Gelände, war aber auf dem Fußballfeld weitestgehend erfolglos.

Das Wappen des Fusionsklubs stellte eine gelungene optische Melange der beiden Ursprungsvereine dar. Es wurde 1908 von Luís Faria Leal, bis zur Fusion Präsident des Grupo Sport Benfica, ersonnen und ist in seinem Kern bis heute das Symbol des portugiesischen Rekordmeisters. Die Basis lieferte das Emblem von Sport Lisboa. Das betrifft sowohl die Vereinsfarben Rot-Weiß, den prominenten Adler (der mit gespreizten Flügeln und herausfordernd geöffnetem Schnabel auf dem Wappen sitzt) und den über einem Fußball liegenden Querstreifen mit den Klubinitialen als auch das Vereinsmotto „E Pluribus Unum" („Aus vielen, einer"). All das hatte sich Sport Lisboa schon 1904 bei seiner Gründung gegeben, wobei der lateinische Slogan (übrigens auch im Hoheitszeichen der USA zu finden) der Legende nach fälschlicherweise mit „Einer für alle und alle für einen" übersetzt wurde. Grupo Sport Benfica steuerte lediglich den Ring bei, auf dem Benficas Wappen heute steht. Es ist allerdings kein gewöhnlicher Ring, denn mit seinen Speichen steht er für die Radsporttradition des Fusionspartners, dessen entsprechende Sparte unter dem gemeinsamen Dach Benficas zu einer der erfolgreichsten des Vereins aufstieg.

Bestand das Wappen zunächst nur aus roten, weißen und schwarzen Elementen, erhielt es 1930 mehr Farben und näherte sich dem heutigen Emblem an. Der Adler war nun goldgelb, und in der Banderole mit dem Wappenspruch sind seitdem die portugiesischen Landesfarben Grün und Rot zu finden. Damit wurde Benfica 1936 erstmals nationaler Meister und stieg spätestens in den 1950er Jahren zum fußballerischen Aushängeschild des Landes und „Verein des Volkes" auf. Seit 1999 trägt Benfica nun sein den Erfordernissen der Digitalisierung angepasstes gegenwärtiges Wappen. Das Rad ist kaum noch als ein solches zu erkennen, der Adler hat an Klarheit gewonnen, das Klubkürzel erhielt gelbe Buchstaben.

1

2

3

4

5

GEGRÜNDET:
1. Juli 1906

SPIELSTÄTTE:
Estádio José Alvalade XXI
(50.095 Plätze)

GRÖSSTER ERFOLG:
Europapokal der Pokalsieger
1964

1. Wappen des Vorgängervereins SC Belas Lisboa
2. Gründungswappen des „Sporting Clube de Portugal" von 1906
3. 1913, nun mit vollständigem Vereinsnamen
4. Der Wechsel zum Wappenschild erfolgte 1930, zugleich verschwand die Zunge des Löwen

5 6 Ab 1945 das jahrzehntelange internationale Erkennungszeichen des „SCP"

7. Seit 2001 zieren die Querstreifen des Trikots und der ausgeschriebene Klubname das Wappen

SPORTING LISSABON

In Sachen Fußball ist Portugal gespalten. „Benfica oder Sporting", so lautet die Frage, zumindest wenn man nicht aus dem Norden kommt und verbunden ist mit dem dort dominierenden FC Porto. Historisch ist Sporting die aristokratische Adresse in Portugals Hauptstadt. Über Jahrzehnte wurde der Verein von der wohlhabenden Familie Alvalade gelenkt. Mit 18 Landesmeisterschaften deutlich weniger erfolgreich als Stadtrivale Benfica (36), umgibt den Klub zugleich ein wenig die Aura des tragischen Verlierers.

Zu seinen Identifikationsobjekten gehört neben den grün-weiß gestreiften Trikots ein Löwe (Portugiesisch: „Leões"). Der stammt aus dem Familienwappen von Dom Fernando de Castelo Branco, einem Adeligen, der den Vereinsgründern nahestand. Der Löwe ist zugleich die historische Konstante in der Wappenchronologie des „Sporting Clube de Portugal" (ohne Stadtnamen!), der 1906 durch die Fusion von SC Belas und Campo Grande FC entstand. Schon im Ursprungslogo nahm der Löwe eine zentrale Position ein und wurde flankiert von den Klubinitialen „SCP", die im Alltagsgebrauch übrigens kaum Verwendung finden. Stattdessen spricht man in Portugal schlicht von „Sporting".

1913 gab sich der Klub ein neues Emblem, das ein Wappenschild mit Löwen in einem Kreis zeigte und den kompletten Vereinsnamen aufführte. 1930 wurde das Wappenschild herausgelöst, stand der fein herausgearbeitete Löwe fortan allein mit den flankierenden Initialen. Nach dem Zweiten Weltkrieg erhielt Sporting schließlich 1945 jenes Emblem, unter dem der Klub international bekannt wurde. Die über dem filigran gearbeiteten Wappenschild stehenden Initialen sind frei- und in moderner Schrifttype dargestellt.

Dabei blieb es bis zum Jahr 2001, als es zu einem kompletten Relaunch kam. Als zusätzliches Element traten die Querstreifen des Trikots dazu, zudem wurde der Name nun ausgeschrieben. Das „Portugal" erhielt dadurch eine doppelte Botschaft, was vor allem auf den nichteuropäischen Märkten eine Bedeutung hat.

1

2

3

4

5

6

7

GEGRÜNDET:
28. September 1893

SPIELSTÄTTE:
Estádio do Dragão
(50.033 Plätze)

GRÖSSTER ERFOLG:
Europapokal der Landesmeister / Champions League 1987, 2004

1. Das erste Wappen von 1910
2. Die ikonische Fußballblase mit den Initialen entsteht
3. 1922: Eine komplexe und heraldisch erzählte Geschichte verdrängt die Initialen nach unten; die Fußballblase wird beibehalten
4. 2005: Glättung des fein gearbeiteten heraldischen Schildes für die digitale Welt

FC PORTO

Während sich in Portugals Süden Benfica und Sporting um die Fan-Gunst streiten, beherrscht der FC Porto den Norden des Landes. 1922 wurde man erster nationaler Meister, und heute ist der FCP nach Benfica der erfolgreichste Klub Portugals.

Das Gründungsdatum des Vereins sorgte lange für Verwirrung. Jahrzehntelang ging man vom 2. August 1906 aus. Dann stellte sich jedoch heraus, dass damals lediglich ein bereits 1893 vom Weinexporteur António Nicolau d'Almeida gegründeter und zwischenzeitlich eingeschlafener „Futebol Clube do Porto" wiederbelebt worden war. Diesmal blieb der seit 1909 in blau-weiß längsgestreiften Trikots auflaufende FCP bestehen und avancierte zum fußballerischen Aushängeschild der nordportugiesischen Hafenstadt.

Das erste Klubwappen war ein einfaches Buchstabenensemble vor blauem Hintergrund. Es wurde schon bald ersetzt durch ein Symbol mit zeitgemäßer Fußballblase und klassischer Nähverbindung sowie den Initialen „FCP". Bereits 1922 kam auf Initiative von FCP-Spieler und Grafiker Augusto Baptista Ferreira (Künstlername: „Simplício") jenes filigran gearbeitete heraldische Kunstwerk hinzu, das bis heute das Wappen dominiert und im vorbildlichen heraldischen Erzählstil eine ganze Geschichte kolportiert. In seinem viergeteilten Schild zeigt es das ehemalige königliche Wappen der portugiesischen Monarchie (oben links und unten rechts) sowie das frühere Wappen der Stadt Porto mit der Abbildung von Maria, die das Jesuskind hält (oben rechts und unten links). Flankiert wird die Mutter Gottes von zwei Türmen, die ein Banner mit der lateinischen Aufschrift „Civitas Virginis" („Stadt der Jungfrau") halten.

Das im Schildzentrum stehende und die Elemente verbindende Herz symbolisiert König Peter IV., dessen sterbliche Überreste in einer Urne in der Igreja da Lapa von Porto liegen. Umgeben ist das Wappenschild vom Großkreuz des Turm- und Schwertordens sowie der königlichen Krone mitsamt fauchendem Drachen. Dieser wiederum zeigt eine Banderole mit der lateinischen Aufschrift „Invicta" („Unbesiegbar"), ein Attribut, das der Stadt Porto von Königin Maria II. verliehen worden war.

Mit diesem einzigartigen Kunstwerk als zentralem Element seines Wappens spielte sich der FC Porto nach dem Zweiten Weltkrieg allmählich in die europäische Spitze vor. Erst 2005 legte man vorsichtig Hand an das Emblem, um es den modernen, digitalen Zeiten anzupassen. Seitdem sind die einzelnen Elemente klarer und weniger filigran dargestellt, blieben aber im Kern erhalten.

1

2

3

4

GEGRÜNDET:
16. Dezember 1899

SPIELSTÄTTE:
Stadio Giuseppe Meazza
(80.018 Plätze)

GRÖSSTER ERFOLG:
Europapokal der Landesmeister / Champions League 1963, 1969, 1989, 1990, 1994, 2003, 2007

1. Mit dem Stadtwappen begann es 1899
2. Erstes Wappen des Urvereins Milan Foot Ball and Cricket Club

3 4 Ab 1905 als „Milan Foot Ball" Club bzw. „Milan Football Club"

5. 1938-45: Unter dem zwangsitalienisierten Namen „Associazione Calcio Milan "

6 7 Nach dem Zweiten Weltkrieg: Rückkehr zum Ellipsenwappen

8. 1980: Als „Diavoli Rossi" – Rote Teufel
9. 1986: Rückbesinnung auf die Ellipse
10. 1995: Das aktuelle Emblem

AC MAILAND

Das muss man erst mal nachmachen: Seit Gründung des heutigen AC Milan im Jahre 1899 läuft der Klub mehr oder weniger mit seinem Ursprungswappen auf! Eingriffe gab es nur, wenn sich der Name änderte (was insgesamt viermal der Fall war) sowie in den wilden 1960er bis 1980er Jahren, als Italiens Fußballklubs mit allerlei modischem Schnickschnack experimentierten. Eine bemerkenswerte Kontinuität!

Was ist zu sehen im Milan-Wappen? Zunächst das Georgskreuz, das heutzutage eher mit England verbunden wird. In Mailand verweist es auf den Stadtheiligen Sankt Ambrosius, Bischof von Mailand von 374 bis 397 n. Chr., nach dem auch die berühmte Basilika Sant'Ambrogio benannt ist. Seit dem 10. Jahrhundert dient das Georgskreuz Mailand zudem als Stadtfahne. Die vermeintliche Verbindung nach England wiederum ergibt insofern „Sinn", als der „Milan Foot Ball and Cricket Club" im Dezember 1899 von englischen Einwohnern Mailands gegründet wurde.

Die rot-schwarzen Streifen begleiten den Klub ebenfalls seit 1899. Sie stehen der Überlieferung zufolge für die Leidenschaft der eigenen Spieler (Rot) und die Furcht des Gegners, diese herauszufordern (Schwarz). Milans Kosename lautet „Rossoneri" – die Rot-Schwarzen. Auch die heutige Ausformung des Logos als Ellipse ist alt und wurde schon vor dem Ersten Weltkrieg erstmals verwendet.

Aber Milan hat auch ein paar Irrwege in seiner Wappenhistorie unternommen. Das Team ist als „Il Diavolo" („Teufel") bekannt. Und genau der tauchte zwischen 1961 und 1974 immer mal wieder auf Souvenirartikeln auf, ohne dass er offiziell wurde. So waren eben die Zeiten, als das Wappen noch nicht zu den unantastbaren und nahezu heiligen Symbolen eines Vereins gehörte. Zuletzt war der Teufel von 1980 bis 1986 in einer stark stilisierten Fassung zu sehen – diesmal sogar als offizielles Emblem!

1986 kehrten die „Rossoneri" zur Ellipse und dem Urwappen zurück, bei dem die rot-schwarzen Streifen sowie das Kreuz in einem separaten Kreis gehalten werden. Zunächst ummantelt vom Schriftzug „Milan" und dem Gründungsjahr, seit 1995 nur noch mit Letzterem sowie den Initialen „ACM".

❶ ❷ ❸ ❹

❺ ❻ ❼

❽ ❾ ❿

GEGRÜNDET:
9. März 1908

SPIELSTÄTTE:
Stadio Giuseppe Meazza (80.018 Plätze)

GRÖSSTER ERFOLG:
Triple 2010 (Italienischer Meister, Italienischer Pokalsieger, Champions-League-Sieger)

1 Gründungswappen von 1908 in Schwarz-Weiß ...

2 ... und in Farbe

3 1928: Nach der Fusion zu SS Ambrosiana

4 1929: Als AS Ambrosiana

5 1931: Als Ambrosiana-Inter"; 1943 wurde die Rückkehr zum Ursprungswappen (2) erlaubt

6 7 Mit der „Biscione" in den1960er und 1970er Jahren

8 Von 1978 bis 1988: Abermals mit Schlange

9 Von 1997 bis 2007 mit Stern und Namen

10 2007: Gründungswappen mit Meisterstern

11 Von 2014 bis 2021 offizielles Emblem

12 Im März 2021 wurde ein modifiziertes Wappen präsentiert

INTER MAILAND

Ein klassisches Buchstabenwappen aus der Frühgeschichte des Fußballs prägte bis 2021 das Emblem der „Nerazzurri" (Schwarzblauen). Es geht zurück ins Gründungsjahr 1908, als der Maler Giorgio Muggiani das erste Wappen des in jenem Jahr aus dem Milan FBC (heute AC Milan) abgespaltenen Vereins schuf. Mit der Namensgebung „Internazionale" wollte man seine Offenheit für sämtliche Nationen und Kulturen ausdrücken – in Abgrenzung zum britisch geprägten Milan, das beispielsweise Italiener ausschloss.

Wer genau hinschaut, entdeckt in dem Buchstabensalat die Initialen „FCIM" für „Football Club Internazionale Milano". Zunächst war es Schwarz-Weiß, ehe Inters Farben Blau-Schwarz für Lebendigkeit sorgten. Der goldene Kreis kam noch später hinzu. Als man 1928 unter Mussolinis Faschisten zur Fusion mit der US Milanese gezwungen wurde (zunächst zu SS Ambrosiana, ab 1930 AS Ambrosiana), kam kurzzeitig eine Kombination aus Elementen der Mailänder Heraldik zum Einsatz: zum einen eine Schlange, die einst als Stadtwappen diente, zum anderen das Georgskreuz, das seit dem 10. Jahrhundert Mailands Stadtfahne darstellt.

Schon 1929 folgte jedoch ein eigenes Emblem, in dem die blau-schwarzen Längsstreifen des Trikots aufgegriffen wurden. Der Name „Ambrosiana" erinnerte übrigens an Mailands Stadtheiligen Sankt Ambrosius. 1931 durfte das „Inter" wieder in den Namen integriert werden, woraufhin sich der Klub ein auf der Spitze stehendes Rechteck mit blau-schwarzen Streifen und zeitgemäßer Fußballblase zum Wappen gab.

Nach dem Ende des Faschismus kehrten die „Nerazzurri" 1943 umgehend zum Gründungsnamen FC Internazionale und auch zu ihrem Ursprungswappen zurück. Das hatte Bestand bis 1950, als man wie viele Vereine in Italien begann, mit seinem Emblem zu experimentieren. Als neues Element kam wieder die bereits erwähnte Schlange („Biscione" oder „Serpente") hinzu, die in ihrem Original im historischen Mailänder Stadtwappen freilich wesentlich martialischer daherkommt: Dort frisst sie nämlich gerade ein Kind. Diese Darstellung vermied man beim FC Inter und lief bis 1963 unter einer „entschärften" Schlange auf. Heraldisch geht das Schlangensymbol auf das Wappen des Hauses Visconti zurück, bei dem Kind soll es sich der Legende zufolge um ein Mitglied der Sarazenen handeln – ein Volksstamm aus Nordafrika.

Nach 1963 fand abermals das Ursprungswappen Verwendung, ehe von 1978 bis 1988 erneut „il Biscione" in einem Wappenschild als stark stilisierte Schlange (und ohne Kind) zu sehen war. Nachdem ab 2007 wieder das traditionsreiche Buchstabenwappen auf den Hemden der „Neroazzurri" prangte überraschte man im März 2021 mit einer völligen Neugestaltung, die sehr modernistisch daherkommt.

1 2 3 4

5 6 7 8

9 11 12

10

GEGRÜNDET:
1. November 1897

SPIELSTÄTTE:
Allianz Stadium (41.507 Plätze)

GRÖSSTER ERFOLG:
Europapokal der Landesmeister / Champions League: 1985, 1996

1. Das erste Wappen von 1905 mit „Toro" aus dem Stadtwappen
2. 1921: Das Blau stammt vom Stadtwappen und ist ein Verweis auf Turins savoyische Tradition
3. 1929: Statt Stadtwappen nun mit Zebra
4. 1931: Wieder mit Stadtwappen und blauen Anteilen
5. Eine verschlankte Variante von 1940
6. 1971: Rückkehr des savoyischen Blau
7. 1977: Zebra statt Stier, dazu zwei Sterne für 20 Titelgewinne
8. 1989: Rückkehr zur Tradition
9. 2004 gab es eine verschlankte Form für moderne, digitale Zeiten
10. 2017: Piktogramm

JUVENTUS TURIN

Am 17. Januar 2017 stand die Welt der Fans von Juventus Turin kopf. Unter dem Titel „Dal 1897 al 2017. La nostra storia, il nostro futuro" („Von 1897 bis 2017. Unsere Geschichte, unsere Zukunft") veröffentlichte der italienische Rekordmeister einen kleinen Imagefilm, in dem die Entwicklung seines Wappens gezeigt wurde. Der Höhepunkt kam zum Schluss, mit der Vorstellung des neu ersonnenen Repräsentations- und Identifikationsmodells der „Bianconeri". Durch die Fangemeinde ging ein kollektives Aufstöhnen. Denn nichts am neuen Wappen – das eigentlich ein Piktogramm ist – erinnerte an die Historie eines der traditionsreichsten Fußballvereine der Welt. Beim Versuch, modern sein zu wollen, waren die von Klubchef Andrea Agnelli beauftragten Grafiker nach Ansicht vieler Beobachter weit über das Ziel hinausgeschossen und hatten eine schmucklose, futuristische Buchstabenkombination vorgelegt, in der man eigentlich gar nichts erkennt. Zu sehen sein sollen zwei „J" in unterschiedlichen Schrifttypen, die gemeinsam ein „T" für „Torino" bilden sowie die gestreiften Trikots symbolisieren. Klubchef Agnelli lobte, das Wappen spiegele „the Juventus way of living". Außerhalb des Juve-Kosmos erhielt das Logo freilich eine Menge Spott und wurde zum Symbol für den Ausverkauf des Fußballs, der seine historischen Werte abwirft. Acht Jahre später ist das Logo etabliert und wird von vielen als gelungene Transformation von Vergangenheit in die Moderne gefeiert.

Tatsächlich hatte Juventus (Lateinisch für „Jugend") bis 2017 eine bemerkenswerte Kontinuität in seinem Wappen gezeigt. Zwar war es seit der Vereinsgründung 1897 achtmal verändert worden, doch die Grundbestandteile waren fast immer die gleichen gewesen: die schwarz-weißen Längsstreifen für das Trikot, das die Gründer dem einstigen englischen Spitzenklub Notts County abgeguckt hatten, das Stadtwappen von Turin mit dem sich aufbäumenden Stier (Turin bzw. Torino ist vom lateinischen „taurus", also Stier, abgeleitet) sowie der Krone, die auf die Rolle Turins in der römischen Zeit zurückverweist, die konkave Banderole mit dem Vereinsnamen sowie die ovale Form des Wappenschildes – alles seit 1897 irgendwie in Gebrauch. Nur zwischen 1929 und 1931 sowie von 1977 bis 1989 hatte die „Vecchia Signora" („Alte Dame") mit Zebra statt mit Stier gespielt – aufgrund der Spielkleidung gilt Juventus auch als „Le Zebre".

Das aus dem Rahmen gefallene Zebra-Wappen von 1977 lässt sich in der Rückschau als temporärer Tribut an die Moderne bezeichnen, und genau das hoffen viele Juve-Fans in einigen Jahren auch über das aktuelle Logo sagen zu können. Der Widerstand ließ allerdings bald nach, zumal mit Cristiano Ronaldo ein Spieler verpflichtet wurde, der die neue Kreation schlagartig in bestem Licht zur Geltung brachte und für einen Rekordverkauf bei der Spielkluft sorgte.

GEGRÜNDET:
1896

SPIELSTÄTTE:
Stadio Olimpico (70.634 Plätze)

GRÖSSTER ERFOLG:
Europapokal der Pokalsieger 1999

1. Das erste bekannte Wappen von 1909
2. 1914: Der Adler spreizt die Flügel
3. 1921: Das Wappenschild nimmt Form an
4. 1925: Nun als SS Lazio
5. 1940 bis 1941
6. 1941 bis 1943
7. 1943 bis 1958
8. 1958: Der Ursprung des heutigen Wappens
9. 1961 bis 1962
10. 1962 bis 1963
11. 1963 bis 1973
12. 1973 bis 1982
13. 1982: Von Cesare Benincasa geschaffen
14. 1987 bis 1993
15. 1993 bis 1998
16. 1998 bis 2008
17. Seit 2008

LAZIO ROM

Als 1927 in Rom die Fußballkräfte gebündelt wurden, um mit einem Fusionsklub eine starke gemeinsame Kraft zu schaffen, blieb von den diversen lokalen Topteams nur die SS (Società Sportiva) Lazio als eigenständiger Verein erhalten. Das verdankte man General Giorgio Vaccaro, später einer der Organisatoren der WM 1934 ... und Lazio-Fan. Seitdem umgibt Lazio der Ruf als „faschistischer Klub", dem man insbesondere zu Zeiten des umstrittenen Torjägers Paolo Di Canio sowie durch seine rechtsorientierte Fanszene reichlich Brennstoff gab (und gibt).

Benannt nach der die Stadt Rom umgebenden Region Latium (ital. „Lazio"), erhielt der 1896 gegründete, allerdings erst ab dem 9. Januar 1900 über eine Fußballabteilung verfügende Klub seine himmelblau-weißen Farben aus der griechischen Mythologie. Sie erinnern an die Bedeutung der antiken Olympischen Spiele und brachten dem Verein den Beinamen „il Biancocelesti" („Die Weiß-Himmelblauen") ein. Bestandteil bereits des ersten Wappens war zudem ein Adler, der auf Gründungsmitglied Luigi Bigiarelli zurückgeht und auf Zeus verweist, in der griechischen Mythologie der Gott des Himmels und des Donners, im Italienischen „Aquila" – Adler – genannt. Bei den römischen Legionen stand der majestätische Vogel zugleich als Symbol für Kraft, Sieg und Wohlstand.

Über die Jahrzehnte kursierten diverse Wappen, mal mit, mal ohne Adler, ehe 1982 unter der Präsidentschaft von Gian Chiarion Casoni vorübergehend ein nahezu kompletter Bruch mit der Wappentradition vollzogen wurde. Einzig der Adler und die Klubfarben verblieben in dem nun hexagonalen Emblem mit klaren und schlichten Strukturen. Nach nur fünf Jahren wurde das Experiment zwar bereits wieder aufgegeben, bis heute erfreut sich diese Wappenvariante jedoch in Fankreisen einer bemerkenswerten Beliebtheit.

1 2 3 4

5 6 7 8

9 10 11 12

13 14 15 16

17

GEGRÜNDET:
7. Juni 1927

SPIELSTÄTTE:
Stadio Olimpico (70.634 Plätze)

GRÖSSTER ERFOLG:
Messestädtepokal-Sieger 1961

1 – 3 Die drei Vorgängerklubs FC di Roma, SGS Fortitudo und Alba Audace

4 Das Gründungsemblem: ein einfaches Buchstabenwappen in den Farben Rot-Gelb

5 Mit der Kapitolinischen Wölfin – die Roma war als städtisches Aushängeschild konzipiert

6 Version 1960 bis 1979

7 Von 1979 bis 1997 gab es die Wölfin nur als Kopfsilhouette

8 Version 1997 bis 2000 ...

9 ... und 2000 bis 2013

10 2013: Die Initialen sind ersetzt durch „Roma" bzw. das Gründungsjahr

11 Aktuelle Version seit 2016

AS ROM

Als die „Associazione Sportiva Roma" am 7. Juni 1927 entstand, war der Faschismus in Italien auf dem Höhenflug. Roms Fußball indes befand sich im Niedergang. Auf höhere politische Anweisung kam es daher zum Zusammenschluss mehrerer Klubs mit dem Ziel, ihn wieder nach oben zu bringen – dem Status der „Ewigen Stadt" angemessen. Während sich Lazio dieser Anordnung entziehen konnte, verbanden sich drei Vereine zur neuen „Roma", die unterschiedlicher kaum hätten sein können: Der FC Roma repräsentierte den Adel und das Großbürgertum, die SGS Fortitudo kirchliche Kreise und Alba Audace das Proletariat. Massiv von den Faschisten gefördert – Mussolini selbst soll Roma-Fan gewesen sein –, holte man bereits 1931 die Vizemeisterschaft und wurde schließlich 1942 erstmals Meister.

Wappen und Farben spiegeln den Anspruch der Roma als städtischer Repräsentationsklub wider. Die gelb-roten Farben, die schon Gründungsverein FC Roma getragen hatte, sind die der Stadt Rom. Das zentrale Element im oberen Teil des Wappenschildes stellt die Kapitolinische Wölfin dar, die den Gründungsmythos der Stadt transportiert. Zu sehen ist eine Wölfin, die die Zwillinge Romulus und Remus, Söhne von Mars und Rhea Silvia und der Mythologie zufolge Gründer von Rom, säugt. Im Streit um die Benennung erschlug Romulus später Remus, und die Stadt erhielt den Namen Rom. Die Originalskulptur, um deren Entstehungsgeschichte sich ebenfalls allerlei Mythen ranken, befindet sich in den Kapitolinischen Museen und gilt als eines der wichtigsten Symbole der Stadtgeschichte.

Die Roma trägt auch die Beinamen „I Giallorossi" („Die Gelbroten") bzw. „La Lupa" („Die Wölfin"). Zwischen 1979 und 1997 führte man ein Rundwappen in den Klubfarben, in dem lediglich ein Wolfskopf abgebildet war. Davon abgesehen hält der Verein aber seit seiner Gründung am Schildwappen mit der mythologischen Darstellung fest. 2013 wurden die verschlungenen Initialen „ASR" allerdings durch den Stadtnamen ersetzt, was einer besseren Erkennbarkeit in digitalen Zeiten dienen soll.

1 2 3 4

5 6

11

7 8

9 10

GEGRÜNDET:
29. August 1926

SPIELSTÄTTE:
Stadio Artemio Franchi
(43.147 Plätze)

GRÖSSTER ERFOLG:
Europapokal der Pokalsieger
1961

1. Mit der Florentiner Stadtwappen-Lilie begann es 1926
2. Ein Jahr später entstand die klassische Rautenform
3. Veränderte Rautenform ab 1950
4. 1960 wurde die Raute in ein Wappenschild integriert und der Vereinsname hinzugefügt
5. 1980 brach der damalige Klubchef Flavio Pontello mit der Rautentradition und führte ein Logo mit einer nur schwer als Lilie zu erkennenden Silhouette in einem blauen Kreis ein
6. 1992: Rückkehr zur Raute mit den Klubinitialen
7. Das aktuelle Wappen

AC FLORENZ

Eine rote Lilie ist das zentrale Element des Wappens der ACF Fiorentina (wie die Violetten aus Florenz seit der Pleite des Ursprungsvereins 2002 heißen), und das schon seit 1926, als der ursprüngliche AC Fiorentina aus der Fusion der Fußballsektionen des Radsportklubs CS Firenze und des Turnvereins „Palestra Ginnastica Fiorentina Libertas" entstand.

Die Lilie ist ein uraltes toskanisches Symbol und hat eine lange heraldische Tradition als Wappenzeichen der Stadt Florenz sowie diverser Organisationen der Toskana. Es handelt sich dabei um eine „Florentiner Lilie", die sich von einer gewöhnlichen Lilie (wie beispielsweise der von Darmstadt 98) durch zwei Staubfäden (Blütenstände) unterscheidet. Im Italienischen spricht man auch von „Giglio bottonato" – geknospte Lilie.

Schon 1927 gab sich der AC Florenz eine Raute um die Lilie, die in den 1960er Jahren zunächst in ein Wappenschild mit dem Klubnamen aufgenommen wurde. Seit 1992 ist sie in einer weiteren Raute integriert und bildet das heute genutzte Emblem. Nach der Pleite und dem Neustart 2002 durfte man das alte Logo zunächst nicht mehr einsetzen. Während die Stadt Florenz dem Verein immerhin erlaubte, eine simplifizierte Toskanische Lilie zu verwenden, erwarb Klubchef und Schuhfabrikant Diego Della Valle die Rechte am alten Logo erst 2003 für 2,5 Mio. Euro zurück

1

2

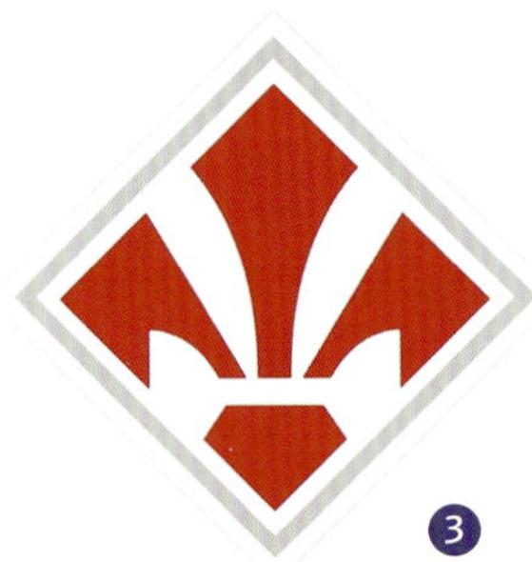
3

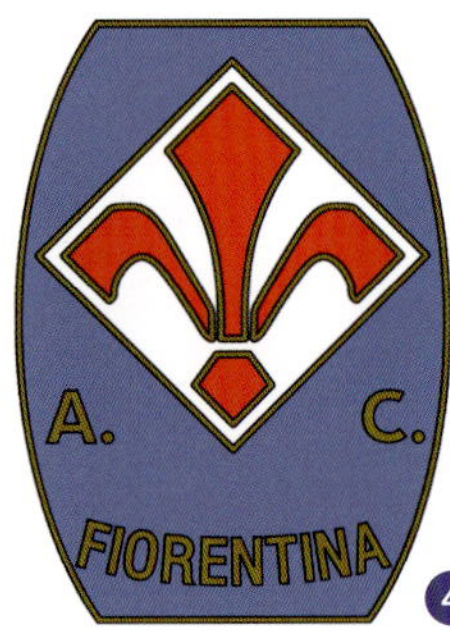

4

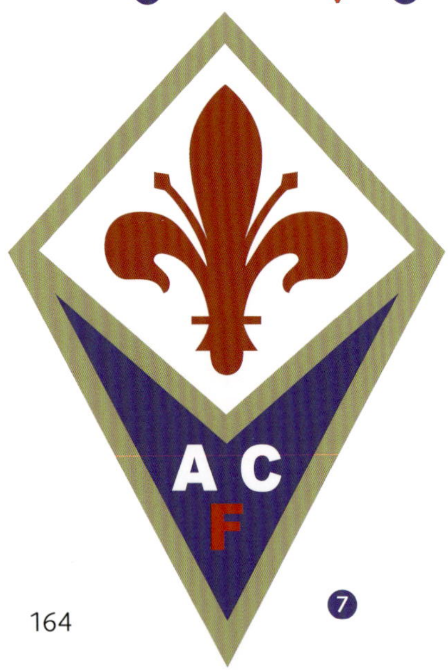

7

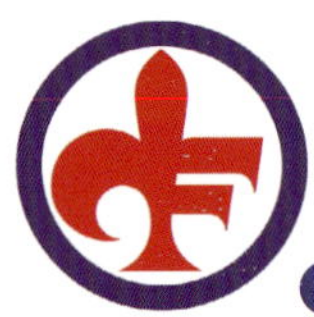
5

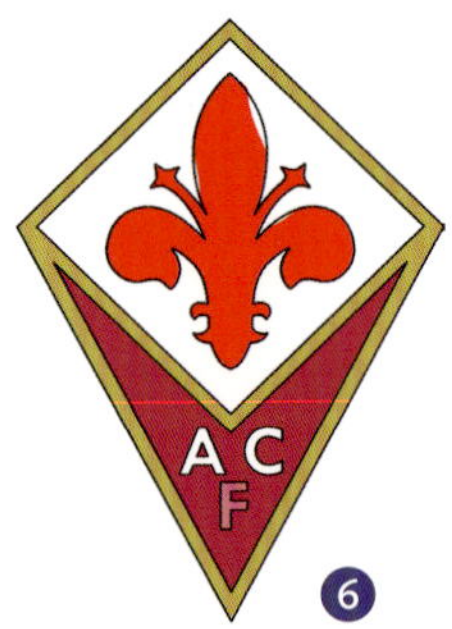

6

SAMPDORIA GENUA

Der Name „Sampdoria" ist eine Melange aus „Sampierdarenese" und „Andrea Doria", zwei aus den 1890er Jahren stammende Klubs, die 1946 zur heutigen Unione Calcio Sampdoria fusionierten. Deren Wappen zeigt eine pfeifenrauchende Kopfsilhouette, die für einen Seemann steht und Genuas lange Tradition als Hafenstadt symbolisiert. Es handelt sich um eine im Volksmund „Baciccia" genannte Figur der Lokalfolklore, deren Name eine Koseform von „Giovanni Battista" ist und somit auf Johannes den Täufer anspielt, den Schutzpatron der Stadt.

Die Klubfarben Weiß, Blau, Rot und Schwarz gehen zurück auf die beiden Urvereine, die Rot-Schwarz (Sampierdarenese) bzw. Weiß-Blau (Andrea Doria) trugen. Sie bilden ein weiteres wesentliches Element des Wappens, in dem der dem Traditionstrikot entnommene Brustring in Weiß-Rot-Schwarz-Weiß auf blauem Grund zu sehen ist. Sampdoria wird auch „I Blucerchiati" genannt – die „Blauumrahmten".

GEGRÜNDET:
12. August 1946

SPIELSTÄTTE:
Stadio Luigi Ferraris
(36.599 Plätze)

GRÖSSTER ERFOLG:
Europapokal der Pokalsieger
1990

1. Das Wappen der SGC Sampierdarenese …
2. … und das von Fusionspartner SG Andrea Doria
3. 1946: Gründungswappen der UC Sampdoria mit Georgskreuz
4. Langjähriges Emblem des Fusionsklubs Sampdoria Genua
5. 1980: Der „Baciccia" wird Vereinssymbol …
6. … und rückt ins Wappenschild mit dem Brustring
7. Später trat kurzzeitig noch der Klubname hinzu

GEGRÜNDET:
7. September 1893

SPIELSTÄTTE:
Stadio Luigi Ferraris
(36.599 Plätze)

GRÖSSTER ERFOLG:
Italienischer Meister 1898, 1899, 1900, 1902, 1903, 1904, 1915, 1923, 1924

1. Mit dem aus dem Stadtwappen entlehnten Georgskreuz begann es 1893
2. Das über weite Strecken der Klubgeschichte verwendete Emblem
3. Variante aus den 1970er Jahren ...
4. ... und den 1980ern
5. Zwischen 1991 und 1998 liefen die Rotblauen („Rossoblu") unter diesem Wappen auf
6. Seit 2022 weist der Schweif von Wappentier „il Grifone" historisch korrekt nach oben

GENUA 93

Wer ein Spiel des ältesten Fußballklubs von Genua besucht, wundert sich möglicherweise über die vielen englischen Fahnen im Stadion. Das ist keineswegs eine Hommage an die globale Fußballwiege – sondern eher andersherum. Als nämlich im Mittelalter die Kreuzfahrer u. a. von Genua aus loszogen, um das Heilige Land zu befreien, segelten sie unter einem Tuch mit rotem Kreuz auf weißem Grund. Wann und wie genau jenes zur Stadtflagge Genuas wurde, ist umstritten – jedenfalls gelangte das Georgskreuz (St. Georg war Schutzpatron der Republik von Genua) erst nach England, als englische Schiffe die Flagge ab 1190 im Mittelmeerraum benutzten, um sich unter den Schutz der genuesischen Flotte zu stellen.

Im aktuellen Wappen des Genoa Cricket and Football Club – im Allgemeinen besser als Genua 93 bekannt – nimmt das Georgskreuz eine prominente Rolle ein. Es wird begleitet von einem Greif, jenem Mischwesen aus Adler und Löwe, das ebenfalls im Stadtwappen zu finden ist. Nachdem der Schweif des „il Grifone" genannten Wappentieres zunächst fälschlicherweise nach unten wies, hat man dies 2022 korrigiert und ihn nach oben ausgerichtet, wie es historisch korrekt ist

FC TURIN

Der 4. Mai 1949 wird in alle Ewigkeit mit dem Torino FC verbunden sein. Damals zerschellte das Flugzeug mit der Mannschaft beim Landeanflug auf Turin an der Basilika von Superga und riss ein Team in den Tod, das zu den besten in der italienischen Fußballgeschichte zählte. Dreimal in Folge war Torino Meister geworden. Nach dem Unfall kam man nie wieder in die Erfolgsspur, gehört aber bis heute zu den beliebtesten Klubs des Landes – vor allem in Turin, wo man sportlich indes tief im Schatten von Juventus steht.

Beiname des Klubs ist „Il Toro" – der Stier. Der ist zentrales Motiv von Turins Stadtwappen, das zeitweise auch im Emblem des Stadtrivalen Juventus zu finden war und seit 1936 auch im Torino-Wappen erscheint. Seine Klubfarben Granatrot und Weiß hat man der Überlieferung zufolge vom Herzog der Abruzzen sowie dem Haus Savoyen, unter denen Turin 1706 von Frankreich befreit wurde. Andere Quellen schreiben die Farben allerdings ganz profan Gründungsmitglied Alfredo Dick zu – der Schweizer war Fan von Servette Genf, dessen Farben Granatrot-Weiß sind.

Im Laufe seiner Geschichte trug „Il Toro" sieben verschiedene Namen und änderte entsprechend oft sein Wappen. Fester Bestandteil blieb dabei der aufrecht stehende Stier, der zumeist wie im Stadtwappen mit Krone dargestellt wurde. Weiteres prägendes Element war lange Zeit die Teilung des ovalen Wappenschildes in eine rote und eine weiße Seite, wobei das Rot erst in den 1980er Jahren zum Granatrot wurde.

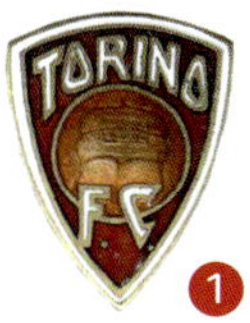

1

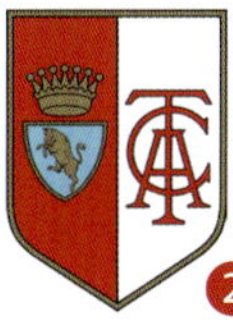
2

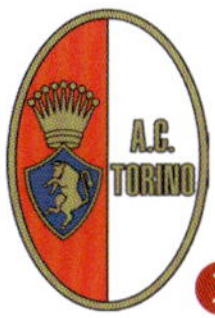

3

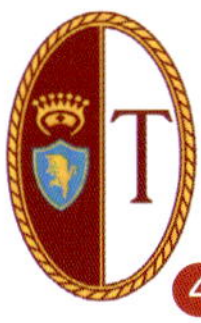
4

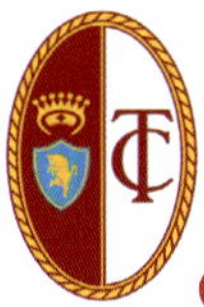
5

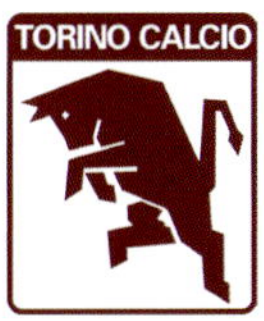

6

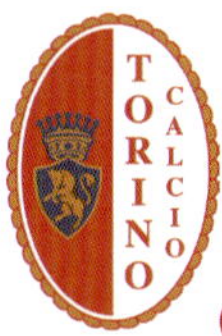

7

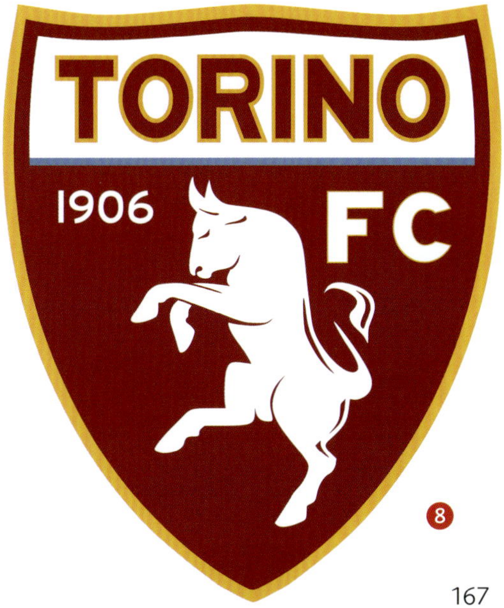

8

GEGRÜNDET:
3. Dezember 1906

SPIELSTÄTTE:
Stadio Olimpico Grande Torino (28.177 Plätze)

GRÖSSTER ERFOLG:
Italienischer Meister 1928, 1943, 1946, 1947, 1948, 1949, 1976

1 1906: Das Gründungswappen des Torino FC

2 3 1936: Als AC Torino nun mit Wappenschild und „Toro"

4 1958/59: Intermezzo als Talmone Calcio – Talmone war der Name einer Schokoladenfabrik

5 1970: Umbenennung in Torino Calcio

6 1983: Dieses Emblem wurde 2013 bei einer Umfrage des „Guerin Sportivo" zum schönsten italienischen Wappen aller Zeiten gewählt

7 1990: Rückkehr zum Traditionswappen

8 2006: Gründung des Nachfolgers Torino FC; Neugestaltung als granatrotes Wappenschild mit Stier

GEGRÜNDET:
12. August 1970

SPIELSTÄTTE:
Parc des Princes (47.929 Plätze)

GRÖSSTER ERFOLG:
Europapokal der Pokalsieger 1996

1. Gründungswappen von Paris Saint-Germain FC
2. 1972: Nun mit Eiffelturm, Wiege und Lilie in einem blau-roten Rundwappen
3. 1982: Die Silhouette des Stadions Parc des Princes wird hinzugefügt
4. 1986/87 lief man mit dem Logo der Pariser Olympia-1992-Bewerbung auf
5. 1992: Buchstabenemblem statt „sprechendes" Wappen
6. 1996: Rückkehr zum Ursprungslogo mit Namensring
7. 2002: Blauer Namensring
8. 2013: „Saint-Germain" tritt zurück, Jahreszahl und Wiege verschwinden

PARIS SAINT-GERMAIN

Obwohl erst seit 1970 auf der Fußballlandkarte, weist Paris Saint-Germain eine eindrucksvolle Wappenbiografie auf. Im modebewussten und innovativen Frankreich kommt der Bewahrung eines Vereinsemblems eben spürbar weniger Bedeutung zu als in anderen Ländern. Im Falle von PSG handelt es sich zudem um einen Retortenverein ohne große Tradition. 1969 entstand der Paris FC, aus dem sich 1970 die Amateursektion herauslöste und mit Vorortklub Stade Saint-Germain zum Paris Saint-Germain FC fusionierte. Binnen Kurzem drehten sich die Verhältnisse, wurde „Amateurklub" PSG die führende Kraft, während „Profiklub" PFC tief abstürzte und erst seit der Millenniumswende wieder erfolgreicher ist.

Das erste PSG-Wappen zeigte einen stilisierten Fußball mit einem historischen Segelboot in voller Fahrt und bezog sich damit auf das Pariser Stadtwappen, in dem seit 1210 als Hinweis auf die Stadtgründung auf der Île de la Cité ein Schiff zu sehen ist. Schon 1972 gönnte man sich jedoch ein komplett reformiertes Vereinslogo. Noch deutlicher als das Ursprungsemblem war es eine Hommage an die Stadt Paris. Es zeigte den Eiffelturm in Rot auf blauem Grund, eine Kinderwiege sowie eine Lilie. Die Wiege geht zurück auf das Wappen der Gemeinde Saint-Germain-en-Laye, ein Herrschaftssitz mit langer Tradition, in dem u. a. der berühmte „Sonnenkönig" Ludwig XIV. geboren wurde. Die Lilie („La Fleur de Lys") stammt vom Pariser Stadtwappen und galt dort als Symbol königlicher Stärke. Auch die Klubfarben Blau-Rot sind denen von Paris entlehnt.

Es war ein „sprechendes" Wappen, mit dem der Retortenverein die Herzen der Pariser erobern wollte. Das erwies sich allerdings als schwieriges Unterfangen, denn es dauerte Jahrzehnte, ehe man sportlich den Durchbruch schaffte und akzeptable Besucherzahlen registrierte. 1992 brach der Verein einstweilen mit seinem aussagekräftigen Emblem und gab sich ein modernes Buchstabenwappen in den Klub- und Stadtfarben, das von den Initialen „PSG" dominiert wurde und bei den Fans nur wenig Anklang fand. Bereits 1996 kehrte man daher zu Eiffelturm, Wiege und Lilie zurück, wobei der Klubname nun in einem umlaufenden Kreis zu lesen war und das Gründungsjahr „1970" hinzugefügt wurde.

Dass das Anhängsel „Saint-Germain" laut Fusionsvertrag von 1970 nicht aus dem Vereinsnamen entfernt werden darf, ist seit Übernahme des Klubs 2011 durch Qatar Sports Investments (QSI) ein Problem. Es ist ein offenes Geheimnis, dass QSI den provinziell wirkenden Namenszusatz gern entfernen würde. Zwei Jahre nach der Übernahme wurde bereits ein vielsagender Eingriff ins Wappen vorgenommen: Die Schriftgröße von „Saint-Germain" verringerte sich gegenüber der von „Paris" deutlich, und das Gründungsjahr verschwand völlig. Höchst umstritten war die Entfernung der Wiege, die die historische Verbindung zu Saint-Germain-en-Laye repräsentierte. Unterhalb des Eiffelturms ist seither lediglich die Pariser Lilie zu sehen – zudem in Gold und nicht mehr in Weiß.

1

2

3

4

PSG
PARIS SAINT-GERMAIN
5

PARIS SAINT-GERMAIN
1970
6

PARIS SAINT-GERMAIN
1970
7

PARIS
SAINT-GERMAIN
8

GEGRÜNDET:
1933

SPIELSTÄTTE:
Stade Geoffroy-Guichard
(41.965 Plätze)

GRÖSSTER ERFOLG:
Finalist Europapokal der Landesmeister 1976

1. 1933: Einfaches Wappenschild mit den Vereinsinitialen nach der Fusion zur ASSE
2. 1940: Innovatives Emblem, das an die Automobilindustrie erinnert
3. 1960: Das klassische Wappenschild entwickelt sich
4. 1968: „Les Panthères Noires"
5. 1978: Rückkehr zum Wappenschild
6. 1980: Nüchtern, zweckmäßig, aussagekräftig
7. 1988: Nun wieder mit Panther
8. Gelungene Verbindung von Tradition und Moderne
9. 1993: Mit Meisterstern in den Farben der Trikolore
10. 2022: Wappenschild mit integriertem Stadtwappen

AS SAINT-ÉTIENNE

Er ist neben Olympique Marseille der wohl mythischste Klub Frankreichs und steht für herausragende Fußballkultur mit Namen wie Michel Platini, Robert Herbin oder Rachid Mekhloufi. Zugleich ist er ein klassischer Werksverein, der aus der Betriebsmannschaft der Supermarktkette „Casino" hervorging und später zum fußballerischen Aushängeschild einer von Schwerindustrie geprägten Stadt wurde.

ASSE – die Association Sportive Saint-Étienne – entstand 1933 durch Zusammenschluss mehrerer Klubs, um die Provinzstadt im Herzen Frankreichs im damals neuen Profifußball zu etablieren. Die Wappengeschichte von „Les Verts" („Die Grünen") begann nüchtern-schlicht mit einem weißen Wappenschild und den Klubinitialen in grüner Schrift – Grün ist die Farbe der den Verein unterstützenden Supermarktkette „Casino". Es folgte 1940 ein vergleichsweise innovatives Logo aus drei miteinander verbundenen Kreisen, das man freilich eher in der Automobilindustrie als im Fußballbereich erwarten würde.

Erst in den 1960er Jahren nahm das heutige Emblem allmählich Form an. Zunächst als grünes Wappenschild mit drei weißen Längsstreifen sowie weißer Banderole mit den Klubinitialen. Unter diesem Logo feierte ASSE 1964 seine zweite Landesmeisterschaft nach 1957 und stieg zu den beliebtesten und erfolgreichsten Klubs in Frankreich auf. Dass im gesellschaftlich so aufrüttelnden Jahr 1968 plötzlich ein Schwarzer Panther im Vereinswappen auftauchte, war ein Verweis auf Stürmer Salif Keïta, mit dem „Les Verts" seinerzeit zum Serienmeister wurden und der den Beinamen „La Panthère Noire" trug. Die neue Kreation war aus einem Wettbewerb unter Studenten an der École des Beaux-Arts (Schule der schönen Künste) hervorgegangen.

Mit dem Panther auf der Brust stieg ASSE in den 1970er Jahren auch in die europäische Elite auf und erreichte 1976 sogar das Endspiel um den Europapokal der Landesmeister (0:1 gegen den FC Bayern). Zwei Jahre später wich der Panther wieder seinem Vorgängeremblem, ehe Anfang der 1980er Jahre ein nüchternes Wappenschild mit dem vollständigen Klubnamen im Kopf zum neuen Erkennungssymbol wurde. 1988 kehrte noch einmal ein Panther auf die Brust von „Les Verts" zurück, bis dort 1993 erstmals das heutige Wappen zu sehen war.

Anschließend trat ASSE mit einem Rundwappen auf, in dem als historische Bestandteile die grün-weißen Längsstreifen sowie die Banderole mit den Initialen vereint waren. Als neues Element kam etwas später noch ein Stern in den Farben der französischen Trikolore hinzu, der für die zehn Landesmeisterschaften des Klubs steht. 2022 wechselte man zu einem Wappenschild mit angedeuteten Trikotstreifen, „ASSE" und Meisterstern, in dem zusätzlich das Stadtwappen zu sehen ist.

1

2

3

4

5

6

7

8

9

10

GEGRÜNDET:
3. August 1950

SPIELSTÄTTE:
Groupama Stadium
(59.186 Plätze)

GRÖSSTER ERFOLG:
Halbfinalist Champions League 2010

1 2 Die Wappen der Vorgängervereine FC Lyon und Lyon Olympique Universitaire

3 Gründungswappen von Olympique lyonnais aus dem Jahr 1950

4 Ab 1961 kam das Emblem verspielter, luftiger und mit freigestelltem Löwen daher

5 1989: Kompletter Bruch mit der Tradition

6 Die Rückkehr zum Wappenschild mit Löwen erfolgte 1996

7 2006: Aktuelle Variante mit veränderter Farbe im Wappenkopf

OLYMPIQUE LYON

Ein Löwe im Wappen, eine Heimatstadt mit dem Namen „Lyon" – alles sieht so einfach aus bei Olympique Lyon. Ist es aber nicht! Denn die Stadt Lyon entstand unter dem lateinischen Namen Lugdunum („Festung des Lug"), woraus im Laufe der Jahrhunderte „Lyon" wurde. Der Name hat also nichts mit dem französischen Wort für Löwe – „lion" – zu tun.

Nichtsdestotrotz ist im Stadtwappen von Lyon ein Löwe zu finden. Und dort tauchen auch die Farben Blau und Rot auf, die der Fußballklub Olympique Lyonnais (OL) ebenfalls in seinem Wappen hat und auf der Kleidung trägt.

Schon der Vorgängerverein FC Lyon, 1918 Finalist im allerersten Endspiel um den französischen Pokal, hatte einen Löwen als Wappentier. Der wurde 1935 bei der Fusion mit Lyon Olympique Universitaire (LOU) zu Lyon Olympique Villeurbanne (ab 1936 Lyon Olympique Universitaire, seit 1950 Olympique Lyonnais) übernommen.

Erst nach der Umbenennung in OL kam der Verein 1950 zu den blau-weiß-roten Klubfarben, die auf Anregung des Chirurgen Marcel Trillat der Stadtfahne entnommen wurden. Als Emblem diente ein klar gegliedertes Wappenschild mit dem Löwen auf rotem Grund und dem Kürzel „OL" in der Kopfzeile. Bereits 1961 gab man sich jedoch ein verspielteres Wappen mit einer vereinfachten und zudem freigestellten Silhouette des Löwen, der auf einem Fußball steht und die miteinander verbundenen Buchstaben „OL" trägt.

Unter dem Vorsitz von Jean-Michel Aulas, der 1987 zu OL kam und seither dort präsidiert, wurde im damaligen Stade Gerland alles umgekrempelt. Davon betroffen war auch das Vereinswappen. 1989 gaben sich „Les Gones" ein zeitgemäßes neues Logo, das lediglich aus den beiden Buchstaben „OL" sowie einer blau-roten Keilform bestand. Die verwies auf das seinerzeitige Trikot, das seit 1967 einen charakteristischen „V"-Ausschnitt hatte.

Anschließend war OL erst einmal löwenlos, ehe 1996 jene komplett neue Kreation vorgestellt wurde, die bis heute getragen wird. In einem Schildwappen stehen die Klubinitialen, wobei das „O" den Lyoner Löwen enthält. In der Kopfzeile ist der Klubname zu sehen. Bis 2006 war die Schrift golden, seitdem ist sie weiß.

Der Klubname „Olympique Lyonnais" heißt im Übrigen frei übersetzt „lyonisches" bzw. „Lyoner Olympique". Aufgrund des adjektivischen Gebrauchs als Herkunftsbezeichnung wird „lyonnais" im französischen Original eigentlich auch klein geschrieben. Bleibt noch der Spitzname „Les Gones": Der steht im regionalen Arpitan-Dialekt für „Die Kinder".

1

2

3

4

5

6

7

GEGRÜNDET:
31. August 1899

SPIELSTÄTTE:
Stade Vélodrome (67.394 Plätze)

GRÖSSTER ERFOLG:
Champions-League-Sieger 1993

1 OM-Urzelle Football Club de Marseille

2 Das erste OM-Wappen ...

3 ... war angelehnt an das Familienwappen von Vereinsmitgründer René Dufaure de Montmirail

4 1935 im Art-déco-Stil

5 1972: Rückkehr zum Traditionswappen, zunächst ohne Banderole ...

6 ... dann auch wieder mit. In Frankreich spricht man von „Version kitsch"

7 8 1986 bis 1998: Klare Formen, aber Wechsel in der Farbkombination

9 2000: Himmelblaues „M", weißes „O"

10 2004: Das aktuelle Wappen

OLYMPIQUE MARSEILLE

Zu seinem 111. Geburtstag offerierte Olympique de Marseille im Jahr 2010 eine Kollektion von Souvenirartikeln, die unter dem Slogan „La Passion laisse toujours des Traces" („Leidenschaft hinterlässt immer Spuren") stand. Darauf abgebildet waren acht Wappen, die der Klub seit seiner Gründung getragen hat. Eine großartige Kampagne, die nicht nur geschickt eine Brücke von der Vergangenheit in die Gegenwart schlug, sondern zudem zeigte, dass „l'OM" – wie der Klub in Frankreich nur genannt wird – immer irgendwie „l'OM" geblieben ist.

Denn schon das allererste Wappen aus dem Gründungsjahr 1899 enthielt jenes filigrane Buchstabenornament aus einem über einem „O" stehenden „M", unter dem der Klub heute weltweit bekannt ist. Geschaffen wurde es von Vereinsmitgründer René Dufaure de Montmirail, der sich am Siegel seiner eigenen Familie orientierte, das die Buchstaben „D" und „M" ähnlich darstellte. Der in Algerien aufgewachsene erste OM-Präsident hatte den Fußball zuvor bei einem Praktikum in England kennengelernt und nach Marseille gebracht.

Auch das Klubmotto „Droit au but" („Direkt zum Ziel", wobei „but" im Französischen auch für das Tor im Fußball steht) geht auf Dufaure de Montmirail zurück. Es stammt aus den Gründungstagen des OM-Ursprungsvereins Football Club de Marseille, der 1899 als Rugbyverein entstanden war. Nach einer Fusion mit einem Fechtklub zu Olympique de Marseille rückte der Slogan als Banderole auf das OM-Emblem und begleitet den Klub seither ebenfalls durch seine ganze Geschichte. Als Vereinsfarben dienten das Weiß der olympischen Bewegung sowie das Himmelblau der Stadtflagge von Marseille.

1935 gab es einen radikalen Bruch, als ein Art-déco-Schild das Traditionswappen ablöste. Erst 1972 – OM errang unter Vorsitz des ehrgeizigen Verlegers Marcel Leclerc erstmals das Double und stürzte die Provence ins Fußballfieber – kehrte das ornamentarisch verspielte Urwappen zurück. Über die Jahre wurde es zwar immer mal wieder etwas verändert – so verlor die Banderole mit dem „Droit au but" ihre geschwungene Form, wechselten die himmelblau-weißen Farben, kam 1993 ein Stern für den Gewinn des Europapokals der Landesmeister hinzu –, doch im Kern hielt man an der traditionsreichen Struktur fest.

Erst beim bislang letzten Wappenrelaunch 2004 kam es erneut zu einem spürbaren Bruch. Geschuldet war dies den Erfordernissen des digitalen Zeitalters, in dem Wappen eine klare und auf den ersten Blick erkennbare Botschaft transportieren sollen. Das Klubmotto rückte – nun ohne Banderole, dafür aber im selben Goldton wie der über allem thronende Stern – unter die „OM"-Ornamente, die deutlich simplifiziert und mit einer einheitlichen himmelblauen Farbfläche ausgestattet wurden. Tragende Aussage ist nun das programmatische „Droit au but" – immer direkt zum Ziel!

GEGRÜNDET:
1. Oktober 1881

SPIELSTÄTTE:
Stade Matmut-Atlantique
(42.115 Plätze)

GRÖSSTER ERFOLG:
Finalist UEFA-Cup 1996

1. Über viele Jahre verwendetes Symbol. Der V-Kragen ist als solcher zu erkennen, im Zentrum befinden sich die Mondsicheln sowie ein Anker als Verweis auf die Seefahrertradition
2. 1980: modifiziertes Wappen mit einem betontem V-Kragenkeil, ausgelagerten Mondsicheln und einem Symbol, das die Buchstaben „gb" für Girondins Bordeaux zeigt
3. 1990: nun mit umlaufendem Namensring
4. Nach Pleite und Auflösung des Girondins Bordeaux FC erfolgte 1993 der Neustart unter diesem Wappen
5. Von 2002 bis 2020 getragenes Emblem
6. Seit 2020 das Emblem der Girondins

GIRONDINS BORDEAUX

Was macht ein „V" im Wappen des „Football Club des Girondins de Bordeaux"? Gar nichts, denn es handelt sich überhaupt nicht um einen Buchstaben! Stattdessen ist der wie ein „V" geformte Keil eine Hommage an die traditionsreiche Spielkluft der Girondins, die einen weißen Spitzkragen auf blauem Grund aufweist. In früheren Versionen des Vereinswappens ist diese Anlehnung deutlich einfacher zu erkennen als in den seit 2002 verwendeten.

In dessen Zentrum stand bis 2020 noch ein weiteres eigenartiges Symbol: ein futuristisch anmutendes Gebilde aus drei miteinander verschlungenen Sicheln. Es handelt sich dabei um Mondsicheln, die dem Stadtwappen von Bordeaux entnommen sind. Die Darstellung bezieht sich auf den historischen Stadtnamen Port de la Lune („Hafen des Mondes") und unterstreicht Bordeaux – Rolle für den Seehandel. Der Volksmund spricht indes spöttisch von „les trois croissants" („die drei Croissants").

Der Vereinsname wiederum geht zurück auf das Département Gironde, verweist zugleich aber auch auf die Girondisten der Französischen Revolution.

STADE REIMS

Mitunter verschwinden Wappen, die ikonisch sind und deren Verlust schwer wiegt. So wie das langjährige Identifikationssymbol von Stade de Reims, einem Klub, der ab Mitte der 1950er bis in die frühen 1960er Jahre zu den erfolgreichsten in Europa gehörte. Entstanden war er 1931 als Auslagerung der Fußballabteilung der bereits seit 1910 existierenden Betriebssportgruppe des Champagnerproduzenten Pommery & Greno, dessen Einfluss im Wappen durch eine stilisierte Sektflasche symbolisiert wurde. Champagnerfußball unter dem Champagnerlogo, dafür stand Stade Reims spätestens ab 1956, als die Nordfranzosen erstmals das Endspiel um den Europapokal der Landesmeister erreichten.

1991 endete die große Tradition des Vereins mit der Liquidation. Die Neugründung „Stade de Reims Champagne FC" übernahm zunächst die Sektflasche, ehe man sie mit Verweis auf das Werbung für Alkohol verbietende Gesetz „Loi Évin" ablegen musste und bis 1999 ohne offizielles Logo war. Nach der Rückkehr in die dritthöchste Spielklasse nahm der Klub im selben Jahr den alten Traditionsnamen wieder an und gab sich ein völlig reformiertes Wappen, das von Christophe Blottin ersonnen wurde. Es zeigt neben den Initialen „SR" eine stilisierte Darstellung des „Lachenden Engels" („L'Ange au Sourire"), der als eines der wichtigsten Symbole der Stadt Reims auch als Skulptur an der örtlichen Kathedrale zu finden ist. Das seit 2020 geführte piktogrammartige aktuelle Wappen wurde von der Agentur Leroy entworfen und zeigt die Umrisse der Reimser Kathedrale

GEGRÜNDET:
18. Juni 1931

SPIELSTÄTTE:
Stade Auguste-Delaune
(21.127 Plätze)

GRÖSSTER ERFOLG:
Finalist Europapokal der Landesmeister 1956, 1959

1. Champagnerflasche, Fußball, Klubname: So machte Stade Reims in den 1950er und 1960er Jahren in Europa Furore
2. Nach dem Konkurs-Aus von Stade de Reims entstand 1992 der Stade de Reims Champagne FC 92, der ebenfalls eine Sektflasche im Emblem zeigt. Wegen des Verbots von Werbung für Alkohol musste man das Wappen bald aufgeben und war eine Zeitlang ohne Emblem.
3. Von etwa 1999 bis 2020 traten die Remois unter diesem Rundwappen auf. Die Strichzeichnung im Zentrum symbolisiert den „Lachenden Engel"
4. 2020 legte der Klub ein futuristisches Wappen vor, das neben den Initialen „SR" die Umrisse der Reimser Kathedrale zeigen will

GEGRÜNDET:
1924

SPIELSTÄTTE:
Stade Louis-II (18.523 Plätze)

GRÖSSTER ERFOLG:
Finalist Champions League 2004

1. Wappenschild mit Initialen und rot-weißen Längsstrichen zur Klubgründung 1924
2. Ein Jahr nach Gewinn der ersten französischen Landesmeisterschaft kam 1962 die Krone dazu
3. 2002 verselbstständigte sich die Profiabteilung als „ASM FC"
4. Seit 2013 unter schwungvoll geliftetem Wappen mit vollem Ortsnamen

AS MONACO

Das fußballerische Flaggschiff des ebenso winzigen wie schwerreichen Fürstentums an der Côte d'Azur ist eng mit der monegassischen Herrscherfamilie verbunden. Der aktuell regierende Fürst Albert gilt als erklärter Fan des Vereins, dessen Stadion nach Fürst Louis II. (1922–1949) benannt ist.

Viele Jahre war die 1924 durch den Zusammenschluss diverser Kleinvereine entstandene „Association sportive Monaco" eine gewöhnliche Sportorganisation. 1933 verpasste man die Gründung der französischen Profiliga und wurde wegen Stadionschwierigkeiten sowie Überschuldung sogar ins Amateurlager verbannt. Erst 1953 gelang der Aufstieg in die höchste Liga Frankreichs. Acht Jahre später feierten die Monegassen dort ihren ersten Meistertitel, worauf die ASM unter fürstliche Fittiche kam. Das war auch am Emblem abzusehen, denn das seit der Gründung getragene Wappenschild mit den Initialen sowie den drei roten bzw. vier weißen Längsstreifen bekam nun eine Krone aufgesetzt.

Dabei ist es im Kern bis heute geblieben, wobei Krone wie Wappen 2013 umfassend geliftet wurden. Außerdem ist die Profifußballsektion bereits seit 2002 als „AS Monaco FC" eigenständig, was eine entsprechende Emblemanpassung nach sich gezogen hat.

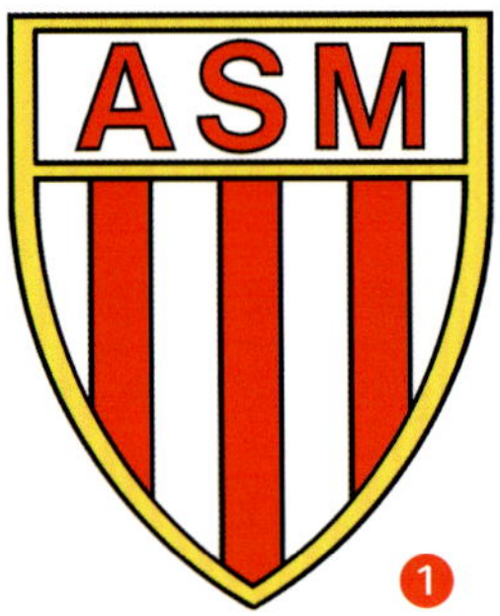

1

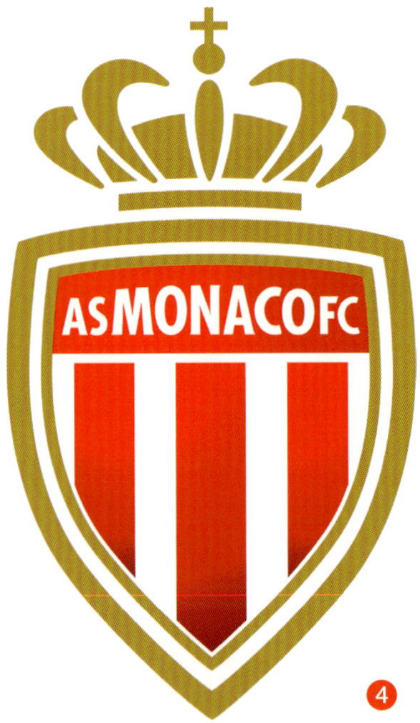

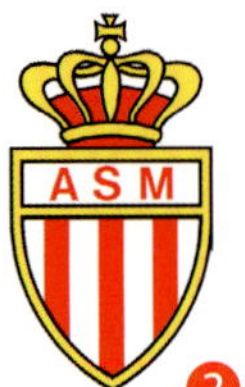

2

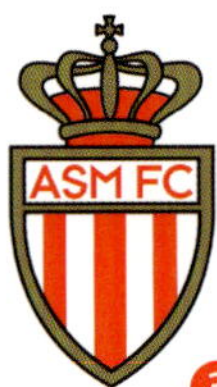

3

4

FC NANTES

Das bis 2019 geführte Wappen des FC Nantes erzählt in allerlei Symbolen die Geschichte eines Vereins, der seit Längerem im Brennpunkt einer landsmännischen Diskussion steht. Historisch gehört Nantes nämlich zur Bretagne, wurde aber 1941 der Region „Pays de la Loire“ zugeschlagen. Wie umstritten das bis heute ist, zeigen die fünf ein bisschen wie Tannenbäume aussehenden Symbole im rechten oberen Feld des aktuellen Wappens: Es sind Hermeline (Kurzschwanzwiesel), die seit 1316 das Symboltier der Bretagne sind.

Die Hermeline wie auch das Segelboot in voller Fahrt im linken oberen Feld sind dem Stadtwappen von Nantes entnommen. Bei dem Boot handelt es sich um einen Schoner (Französisch: „Goélette“). Die acht Sterne in der Bauchbanderole mit dem Klubnamen stehen für die seit 1965 gewonnenen nationalen Meistertitel, während der Fußball sowie das Gründungsjahr in einem gelb-grün längsgestreiften Feld prangen, das an die Trikots der legendären Meistermannschaft von 1995 erinnert. Alles hat also seine Bedeutung.

Abgesehen vom Zeitraum zwischen 1988 und 1997, als die Nantais ein Rundwappen mit einer angedeuteten Welle sowie den Initialen des damaligen „FC Nantes Atlantique“ trugen, sind sowohl die Hermeline als auch das Boot immer Bestandteile des Wappens gewesen – wobei der Schoner bisweilen eher wie ein stolzes Segelschiff daherkam.

GEGRÜNDET:
21. April 1943

SPIELSTÄTTE:
Stade Louis-Fonteneau „La Beaujoire“ (37.940 Plätze)

GRÖSSTER ERFOLG:
Halbfinalist Champions League 1996

1 Gründungswappen von 1943 mit Goélette und Hermelinen

2-6 Varianten aus den 1970ern und 1980ern

7 1988: Die Welle symbolisiert den Atlantik und die in Wellenform errichteten Tribünendächer im neuen Stade Beaujoire

8 1997: Rückkehr des Schoners

9 2003: Simplifizierte Darstellung

10 2007: Auf Anregung von Klubchef Waldemar Kita analog zum Logo des FC Barcelona entwickeltes und via Internetumfrage abgesegnetes aktuelles Logo

11 2019 wechselten die Nantais zu einem Piktogramm-Wappen

GEGRÜNDET:
18. März 1900

SPIELSTÄTTE:
Johan-Cruyff-Arena
(54.990 Plätze)

GRÖSSTER ERFOLG:
Europapokal der Landesmeister / Champions League 1971, 1972, 1973, 1995

1. Um 1908 mit einem Spieler im rot-weiß gestreiften Dress
2. 1911: Nach dem Trikotwechsel
3. 1928: Menelaos gelangt ins Ajax-Wappen
4. Das modernisierte Traditionswappen, getragen bis 1991 sowie 2021/22
5. 1990 wurde das Wappen einer grundlegenden Renovierung unterworfen. Menelaos wird nur noch als Silhouette gezeigt, die gezeichnet ist mit elf Linien, welche für die elf Spieler einer Mannschaft stehen. Das Wappen gilt bei den Fans als unbeliebt; bevorzugt wird das Vorgängerwappen als das „wahre" Emblem des Vereins

AJAX AMSTERDAM

Sowohl um den Namen als auch um das Wappen des Amsterdamsche Football Club Ajax ranken sich diverse Mythen. Ajax ist ein Name aus der griechischen Mythologie, der dort als „Aias" bezeichnet wird und den es gleich zweimal gibt. Beide Ajax bzw. Aias waren bei der legendären Schlacht von Troja dabei. Dem einen, „Aias der Lokerer" oder auch „kleiner Ajax" genannt, werden ungewöhnliche Lauffähigkeiten nachgesagt, ansonsten war er kein so feiner Zeitgenosse. Bei der Eroberung Trojas riss er die Seherin Kassandra vom Thron und vergewaltigte sie. Der andere, „Aias der Telamonier" bzw. „der große Ajax", rettete als legendärer Kämpfer Achills Leiche vor dem Frevel der Trojaner, geriet aber anschließend derart in Zorn, weil die Waffen des toten Achill nicht ihm, sondern Odysseus zugesprochen wurden, dass er Selbstmord beging. Ajax' Ajax war der „kleine Ajax", also der mit den hohen läuferischen Fähigkeiten. Viele Fans des Klubs glauben allerdings, dass ihr Verein nach dem berühmten Kämpfer (also dem „großen Ajax") benannt ist. Doch ob nun der große oder der kleine Ajax Namensgeber war, ist mit Blick auf das Vereinswappen ohnehin nebensächlich, denn da wird keiner von beiden gezeigt. Stattdessen sieht man Menelaos, im griechischen Mythos der König von Sparta. Als Vorbild für das Ajax-Wappen diente eine Büste von Giacomo Brogi, die sich heute im Vatikan befindet und die man auf Wikipedia unter dem Eintrag „Menelaos" schön mit dem älteren Ajax-Wappen abgleichen kann.

Als der Klub im Café Oost Indië in der Kalverstraat von Amsterdam gegründet wurde, war von griechischen Göttern oder Helden im Wappen noch nichts zu sehen. Stattdessen votierten die aus dem Mittelstand und der vielköpfigen jüdischen Gemeinde Amsterdams stammenden Gründer für einen stilisierten Fußballspieler, der das rot-weiß gestreifte Spielkleid mit der schwarzen Hose Ajax' trug – Rot, Weiß und Schwarz sind Amsterdams Stadtfarben. Erst als der Klub 1911 unter Trainer Jack Kirwan erstmals in die höchste Spielklasse aufstieg, erhielt er seine heutigen weißen Jerseys mit rotem Balken und weißer Hose, weil auch Sparta Rotterdam in rot-weiß gestreiften Dressen mit schwarzer Hose auflief.

1928 kam man zum heutigen Wappen. Es ging zurück auf ein Unternehmen, dessen Gründer De Boer einst für Ajax gespielt hatte. Er hatte das Logo für seine Firma ersonnen und es dem Klub zum 25. Jubiläum 1925 aus Dankbarkeit, den Namen „Ajax" für seine Feuerlöscherkollektion verwenden zu dürfen, auf einem Porzellanteller gespendet. Beim AFC Ajax war man derart begeistert von dem Logo, dass es zum neuen Vereinswappen gekürt wurde – in der naheliegenden Annahme, dass es sich bei der abgebildeten Figur eben um Ajax handle. Erstmals zu sehen war es in der Vereinszeitung „Clubnieuws" vom 20. September 1928. Während der Fußballklub Ajax also dem Unternehmen seinen Namen gab, gab das Unternehmen Ajax dem Fußballklub sein Emblem – eine in der Fußballwelt wohl einzigartige Symbiose. Ajax-Feuerlöscher gibt es übrigens bis heute überall in den Niederlanden, aber sie tragen längst nicht mehr das Ajax-Symbol, welches ja ohnehin gar nicht Ajax zeigt, sondern Menelaos. Und da sage noch jemand, Fußball sei profan!

1

2

3

4

5

GEGRÜNDET:
19. Juli 1908

SPIELSTÄTTE:
De Kuip (51.577 Plätze)

GRÖSSTER ERFOLG:
Europapokal der Landesmeister 1970

1 Das erste Wappen der Rotterdamsche Voetbal Vereeniging (RVV) Feijenoord

2 Um 1924: Nun als Rotterdamsche Voetbalen Athletiekvereeniging (RV & AV) Feijenoord mit dem charakteristischen „F" und der rot-weißen Längsteilung

3 Um 1930: Die RV & AV Feijenoord erhält das im Wesentlichen bis heute getragene Wappen

4 Mit gelbem „F"

5 Ab 1974 als SC Feyenoord

6 Bezeichnung und Emblem ab 1978

7 Zum 100. Jubiläum 2009 mit Goldanteilen

8 2022 mit marginalen Veränderungen (helleres Rot, goldener Mittelstrich entfällt, „F" exakt in der Mitte platziert und Abstand zwischen den Buchstaben ausgeglichen)

FEYENOORD ROTTERDAM

Nüchtern, schlicht, aussagekräftig. So könnte man das Wappen von Feyenoord Rotterdam charakterisieren. Zudem ist es mit reichlich Patina besetzt, wird es doch bereits seit über neun Jahrzehnten verwendet.

Der Klub entstand 1908 unter dem Namen „Wilhelmina" in der Bar „De Vereeniging" und wurde 1909 zum Hillesluis-Feijenoord Combinatie bzw. 1911 zur Rotterdamsche Voetbal Vereeniging (RVV) Celeritas. Der Beitritt zum Niederländischen Fußballverband 1912 brachte schließlich die Umbenennung in RVV Feijenoord, nach jenem von Docks und Hafenindustrie geprägten Stadtbezirk im Süden von Rotterdam, in dem der Klub bis heute beheimatet ist. Damals stand man tief im Schatten des bürgerlichen Stadtrivalen Sparta, einem der erfolgreichsten Pioniervereine im niederländischen Fußball. Erst 1917 gelang den Rot-Weißen unter ihrem Motto „Geen Woorden maar Daden" (Keine Worte, sondern Taten) der Aufstieg in die höchste Spielklasse.

Unter seinem Rundwappen mit rot-weißen Längsstreifen spielte sich der Klub nun rasch in den Vordergrund. Nachdem auch der lokale Handel und das Gewerbe auf die Rot-Weißen aufmerksam geworden waren und sie wirtschaftlich unterstützte, gelang 1924 erstmals der Gewinn der Landesmeisterschaft. Fortan sollte man gemeinsam mit Ajax den niederländischen Spitzenfußball dominieren – „de klassieker" wurde geboren.

Damit ging auch ein Wappenwechsel einher: Erstmals traten nun das charakteristische „F" und die rot-weiße Längsteilung auf den Plan. Bis etwa 1930 spielte man unter diesem Logo, ehe jenes Rundwappen ersonnen wurde, das der Verein im Wesentlichen bis heute trägt. Über die Jahrzehnte gab es allerdings einige Modifizierungen, die bisweilen von Namensänderungen verursacht wurden. Seit 1956 als Gründungsmitglied in der Profiliga Eredivisie vertreten (deren Einrichtung maßgeblich auf den damaligen Klubpräsidenten Cor Kieboom zurückging) und 1970 als erster niederländischer Verein Gewinner des Europapokals der Landesmeister, erfolgte 1974 die Umbenennung in SC Feyenoord, um durch das „y" auf internationaler Ebene leichter „aussprechbar" zu sein. Die Profisektion wiederum firmiert seit dem 17. Mai 1978 schlicht unter dem Label „Feyenoord Rotterdam".

1

2

3

4

5

6

7

8

GEGRÜNDET:
31. August 1913

SPIELSTÄTTE:
Philips Stadion (35.000 Plätze)

GRÖSSTER ERFOLG:
Europapokal der Landesmeister 1988

1 Mit einer Glühlampe ging es 1913 los

2 Mitte der 1930er Jahre gab man sich ein Wappenschild

3 1938: Das heutige Emblem mit dem Wimpel auf ovalem rot-weißem Schild entsteht

4 5 6 Verschiedene Varianten aus den Jahrzehnten

7 Das aktuelle Wappen

PSV EINDHOVEN

Die Sportvereinigung der Eindhovener Philips-Werke ist hinter Ajax und Feyenoord die Nummer 3 im niederländischen Fußball. Trotz der Nähe zu dem Elektrogiganten wird die PSV häufig „Boeren" (Bauern) genannt – im Vergleich zu Amsterdam oder Rotterdam erscheint die 230.000-Einwohner-Gemeinde Eindhoven eben eher ländlich.

Das erste Wappen des Werksvereins wies eine Glühlampe mit der Klubbezeichnung „Philips Sport" auf. Mitte der 1930er Jahre zeigte man dann ein Wappenschild mit bis 1970 auch als Trikotmuster getragenen rot-weißen Längsstreifen, auf dem die Buchstaben „PSV" standen. Es fand nur kurz Verwendung, denn schon um 1938 nahm der Klub die Grundform seines heutigen Wappens in Gebrauch. Es zeigt ein ovales Feld mit rot-weißen Querstreifen, in das ein Wimpel mit den Buchstaben „PSV" eingearbeitet ist.

FC KOPENHAGEN

1992 wurde Dänemark unerwartet Europameister und schloss damit zu den „Großen" im europäischen Fußball auf. Ausgerechnet die Hauptstadt Kopenhagen stand damals jedoch außen vor. Ålborg, Århus, Odense und Vorstadtklub Brøndby hatten den einst namhaften Vereinen der Stadt den Rang abgelaufen. Unter Führung von Ex-Italienprofi Harald Nielsen warben einige Geschäftsleute daher für eine Fusion und überredeten die Fußballabteilungen der Traditionsklubs KB 1876 und B1903 zum Zusammenschluss. Eine perfekte Kombination: B1903 war zwar 1992 Vizemeister geworden, hatte aber keine große Fangemeinde, KB 1876 hingegen spielte vor großem Publikum lediglich zweitklassig.

Der neue Klub hieß FC København, reklamierte das just renovierte Nationalstadion „Parken" als Heimstätte für sich und gab sich ebenso ambitioniert wie angriffslustig. Den Führungsanspruch spiegelt auch das Klublogo wider, das sowohl die Nationalflagge „Danebrog" als auch den aus Kopenhagens Stadtwappen stammenden Löwen zeigt. Von den Emblemen der beiden Ursprungsvereine, die noch immer bestehen, ist nichts zu sehen. Allerdings übernahm der FCK die KB-1876-Farben Blau-Weiß.

1

2

3

GEGRÜNDET:
1. Juli 1992

SPIELSTÄTTE:
Parken (38.065 Plätze)

GRÖSSTER ERFOLG:
Dänischer Meister 1993, 2001, 2003, 2004, 2006, 2007, 2009, 2010, 2011, 2013, 2016, 2017, 2019, 2021, 2023

1 2 Die Wappen der beiden Ursprungsvereine KB 1876 und B1903

3 Mit dem Danebrog und Kopenhagens Löwen zum Angriff auf die lokale Fußballhegemonie: Das seit 1992 unveränderte Wappen des FC København

GEGRÜNDET:
3. Dezember 1964

SPIELSTÄTTE:
Brøndby Stadion (29.000 Plätze)

GRÖSSTER ERFOLG:
Dänischer Meister 1985, 1987, 1988, 1990, 1991, 1996, 1997, 1998, 2002, 2005, 2021

1. Bei der Gründung 1964 übernahm man das Ortswappen und fügte lediglich eine Banderole mit dem Vereinskürzel „B.I.F." hinzu
2. Ab Anfang der 2000er Jahre ersetzte das Gründungsjahr das Vereinskürzel in der Banderole

BRØNDBY IF

Erst 1964 durch den Zusammenschluss zweier unbedeutender Amateurvereine gegründet, avancierte die Brøndbyernes Idrætsforening („Brøndbyer Sportvereinigung") aus der Kopenhagener Vorstadt in den 1980er Jahren zum gefeierten Überflieger. Grundlage war eine erfolgreiche Nachwuchsarbeit, aus der u. a. die Laudrup-Brüder und Peter Schmeichel hervorgingen, sowie eine moderne Wirtschaftspolitik, die den Klub 1987 als ersten dänischen Verein an die Börse brachte und ihn zu inzwischen zehn Landesmeistertiteln führte.

Bezüglich seines Wappens orientierte man sich an der Heimatgemeinde Brøndby, deren Emblem die Blau-Gelben schlicht übernahmen. Es zeigt einen Brunnen, was an die Vergangenheit von Brøndby als „Brunnenstadt" erinnert – genau das heißt der Ortsname im Dänischen nämlich. Zunächst zeigte das Emblem in der unteren Banderole das Kürzel „B.I.F.", ehe dieses um die Millenniumswende vom Gründungsjahr „1964" abgelöst wurde. Die beiden Sterne verweisen übrigens nicht auf fußballerische Erfolge, sondern sind Bestandteil des Ortswappens, von dem der Klub auch die Vereinsfarben Blau-Gelb übernahm.

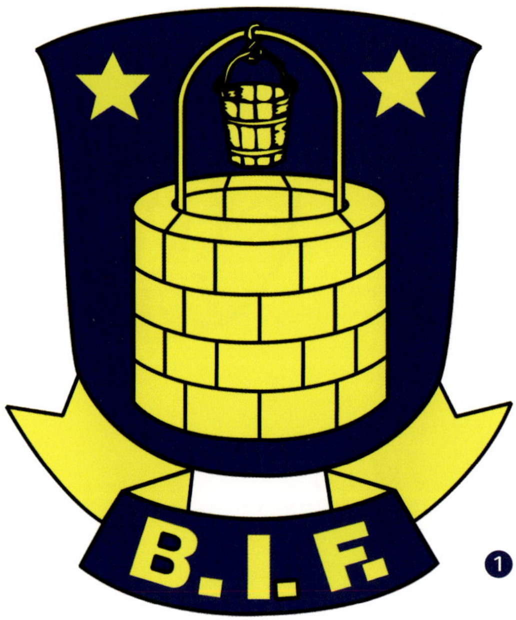

1

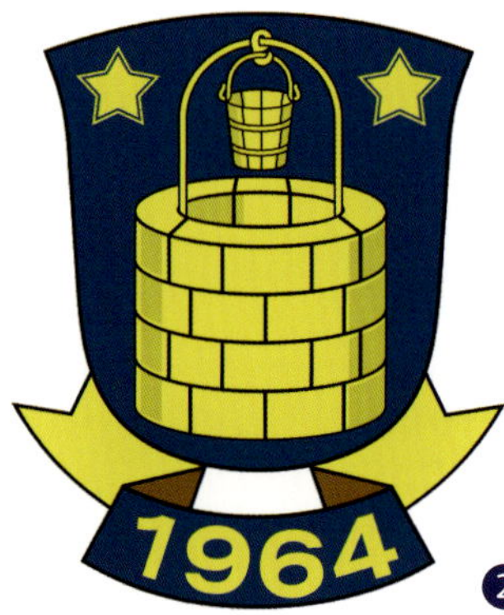

2

MALMÖ FF

Es ist immer eine schöne Sache, wenn Tradition und Vergangenheit in die Gegenwart transportiert und mit Leben gefüllt werden können. Beim schwedischen Spitzenklub Malmö FF ist dies der Fall. Seit 1931 spielt man unter einem himmelblau-weißen Wappenschild mit von fünf Zinnen bewehrtem Kopf samt Klubkürzel „MFF" („Malmö Fotboll Förening"). Unter dem langjährigen Klubchef Eric Persson (1937-75) kamen später lediglich noch ein Stern sowie der volle Ortsname hinzu, um im Ausland leichter identifizierbar zu sein.

Als Schiffbau-Hochburg hat Malmö eine proletarische Tradition, die auch von den „Himmelsblått" (Himmelblauen) gespiegelt wird. Zugleich sind sie einer der erfolgreichsten Vereine Schwedens und erreichten 1979 als erstes schwedisches Team das Endspiel um den Europapokal der Landesmeister (0:1 gegen Nottingham Forest). Als wohl berühmtester Spieler der Klubgeschichte darf Zlatan Ibrahimović gelten, der sich bis heute dazu bekennt, ein Fan der „Himmelsblått" zu sein.

Wappenhistorisch hatte MFF mit einem Rundwappen samt inliegendem stilisiertem Fußball begonnen, das zwischen 1910 und 1920 zeitweise auch als Fahnenemblem in den damaligen Vereinsfarben Rot und Weiß Verwendung fand. Anschließend trug man bis 1931 ein schlichtes Schildwappen.

GEGRÜNDET:
24. Februar 1910

SPIELSTÄTTE:
Swedbank Stadion
(24.000 Plätze)

GRÖSSTER ERFOLG:
Finalist Europapokal der Landesmeister 1979

1. Rundwappen aus dem Gründungsjahr 1910
2. In den 1910er Jahren lief man in Rot-Weiß mit diesem Emblem auf ...
3. ... ehe 1920 die Rückkehr zu Blau-Weiß und einem Schildemblem erfolgte
4. 1931: Geburt des heutigen Wappens
5. Mit Stern und erklärendem Namenszug für den internationalen Markt

GEGRÜNDET:
4. Oktober 1904

SPIELSTÄTTE:
Gamla Ullevi (18.416 Plätze)

GRÖSSTER ERFOLG:
UEFA-Pokalsieger 1982, 1987

1 1919: Göteborgs Stadtwappen wird mit der IFK-Banderole verbunden. Im Gegensatz zum Stadtwappen schaut der Löwe nach links

2 Nun wieder analog zum Stadtwappen mit nach rechts blickendem Löwen

3 1981: Erneute Drehung nach links, die Konturen werden einfacher und klarer

4 Das seit 1997 in Gebrauch befindliche Emblem

IFK GÖTEBORG

Ein schildbewehrter Löwe mit Schwert vor einem blau-weißen Hintergrund gibt ein starkes Symbol für einen Fußballverein ab. Im Falle des schwedischen Rekordmeisters IFK Göteborg repräsentiert es zudem einiges an Kultur- und Landesgeschichte. Die markanten Elemente basieren nämlich auf Göteborgs Stadtwappen, das sich auf uralte Traditionen stützt: Der Löwe samt Querstreifen stammt vom Wappen der einflussreichen Familie Bjälboätten, die drei Kronen im vom Löwen getragenen Schild sind Schwedens Nationalsymbol.

Im Stadtwappen blickt das Tier allerdings nach rechts, was heraldisch als „fliehender Löwe" interpretiert wird. Als IFK („Idrottsföreningen Kamraterna", „Sportvereinigung ‚Die Kameraden'") 1919 das Löwen-Element aufgriff, ließ man es zunächst nach links blicken und experimentierte im Laufe der Jahrzehnte immer mal wieder mit der Blickrichtung.

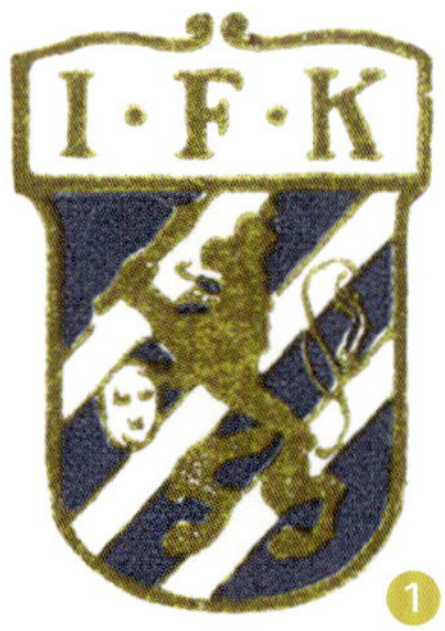

1

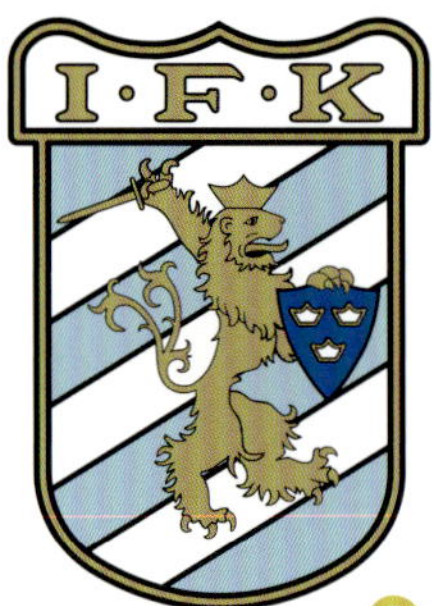

2

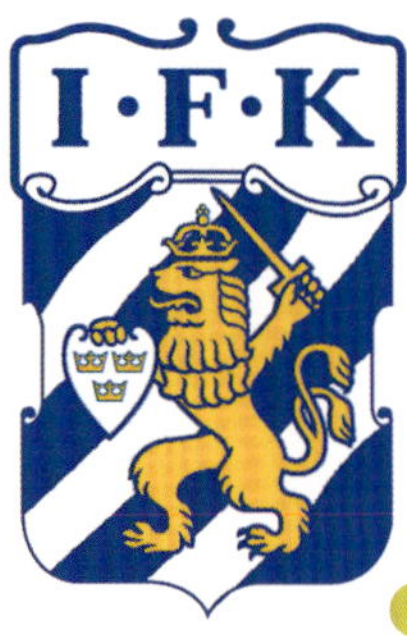

3

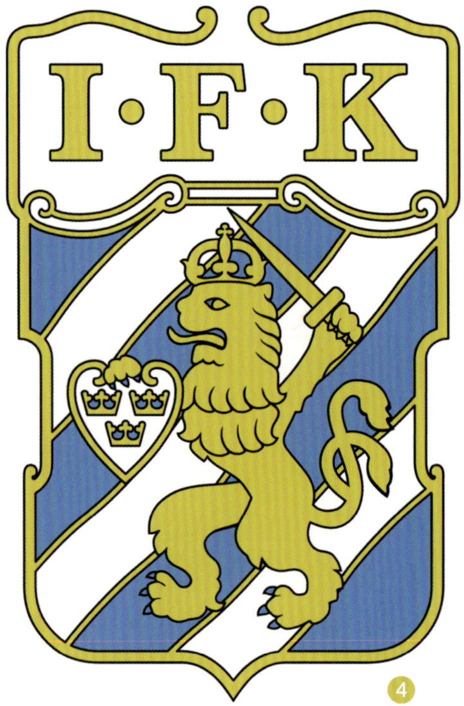

4

BEŞIKTAŞ ISTANBUL

Mit Legenden ist das so eine Sache. 1952 traf eine komplett mit Spielern von Beşiktaş bestückte türkische Nationalmannschaft im Beşiktaş-Stadion auf den Erzrivalen Griechenland. Obwohl man 0:1 verlor, habe der Nationalverband dem Verein anschließend erlaubt, das türkische Nationalsymbol mit dem Halbmond und dem Stern in sein Wappen aufzunehmen, heißt es. Leider aber erweist sich die schöne Geschichte als historisch nicht sonderlich belastbar, denn schon vor 1952 hatte der „Beşiktaş Jimnastik Kulübü" („Beşiktaş Gymnastik-Klub") Halbmond sowie Stern in rotem Feld im Wappen.

Der Verein entstand 1903 in Istanbuls Hafenviertel Beşiktaş, nach dem er auch seinen Namen trägt. Man begann in den Farben Rot und Weiß, wechselte aber nach der türkischen Niederlage in den Balkankriegen 1912/13 zu Schwarz-Weiß, um symbolisch den Landverlust zu betrauern. Das erste Wappen zeigte den Ortsnamen sowie die Initialen „JK" in arabischer Schrift. Als die Türkei 1928 zum lateinischen Alphabet wechselte, kam ein filigranes Schildwappen in Gebrauch, das Halbmond und Stern vor rotem Hintergrund enthielt. In den 1930er Jahren firmierte der Verein zeitweise unter dem Namen „Beşiktaş Gençlik Kulübü" („Beşiktaş Jugendklub"). Nach dem erwähnten Spiel gegen Griechenland rückte das türkische Nationalemblem 1953 dann allerdings ins Zentrum des Wappens, das zudem eine einfache Schildform erhielt.

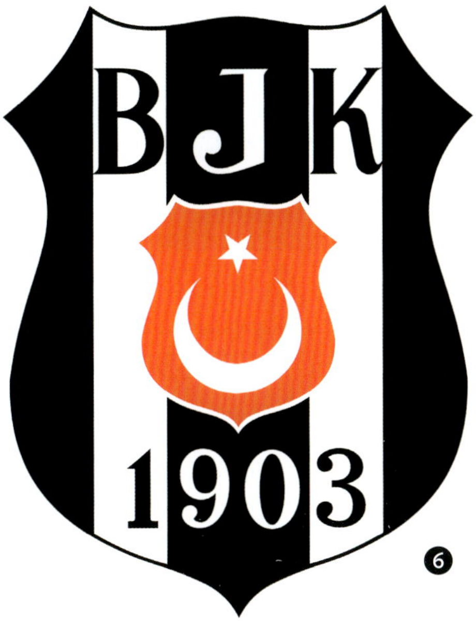

6

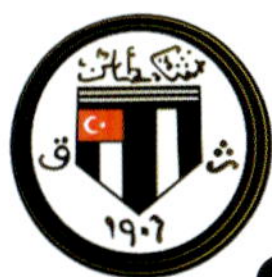

1

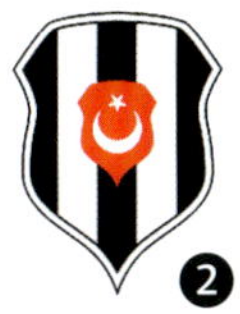

2

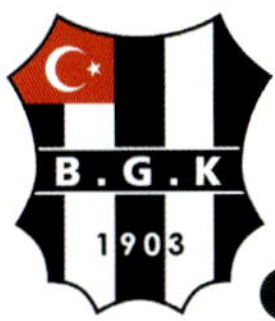

3

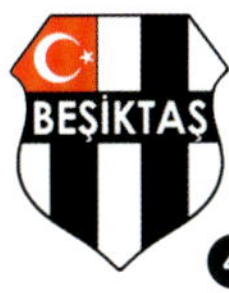

4

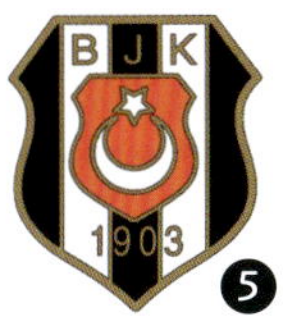

5

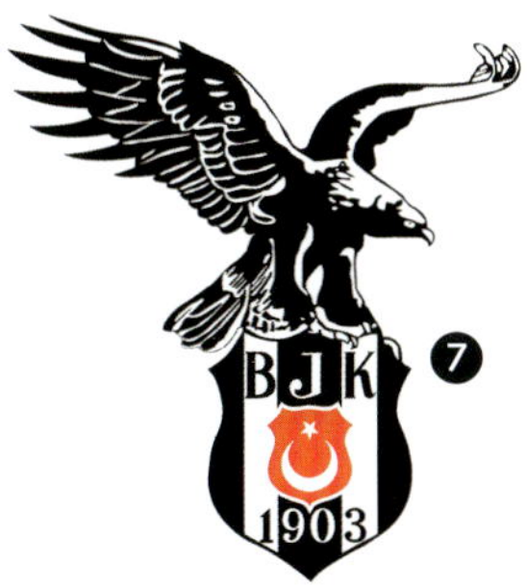

7

GEGRÜNDET:
19. März 1903

SPIELSTÄTTE:
Vodafone Park (41.903 Plätze)

GRÖSSTER ERFOLG:
Türkischer Meister 1957, 1958, 1960, 1966, 1967, 1982, 1986, 1990, 1991, 1992, 1995, 2003, 2009, 2016, 2017, 2018, 2019, 2022, 2024

1. Das erste überlieferte Wappen von 1915 in arabischer Schrift
2. 1928: Wappenschild
3. Als „Beşiktaş Gençlik Kulübü" in den 1930er Jahren
4. Mit Ortsname
5. 1953 erhielt man sein klassisches Wappenschild
6. Seit 2000: Filigranere Formen und Buchstaben
7. Inoffizielle Variante mit Adler – Beşiktaş trägt den Beinamen „Kara Kartallar" („Schwarze Adler")

GEGRÜNDET:
3. Mai 1907

SPIELSTÄTTE:
Ülker Stadyumu (47.834 Plätze)

GRÖSSTER ERFOLG:
28-facher türkischer Meister (Rekordmeister, zuletzt 2014)

1 Das erste Wappen von 1910 …

2 … ab 1928 in lateinischer Schrift

FENERBAHÇE ISTANBUL

Fenerbahçe – ein Name mit Aussagekraft. „Fener" ist im Türkischen der „Leuchtturm", in diesem Fall konkret der, welcher auf dem Kap Fenerbahçe im Istanbuler Stadtteil Kadıköy steht. „Bahçe" wiederum ist der „Garten", und in dem sind jene Narzissen zu finden, denen der „Fenerbahçe Spor Kulübü" das Weiß-Gelb seiner ursprünglichen Klubfarben verdankte.

Drei Jahre nach der Klubgründung im erwähnten Kadıköy im asiatischen Teil Istanbuls entwarf der damalige Spieler Topuz Hikmet 1910 ein Emblem, das in seiner Grundstruktur bis heute geführt und von fünf Farben geprägt wird: Das Weiß des Außenrings, in dem sich der Klubname befindet, soll für Reinheit und Offenherzigkeit stehen, das Rot im Hintergrund des Schildwappens im Zentrum die Liebe und Zugehörigkeit zur Türkei widerspiegeln, das Gelb im Schildwappen symbolisiert die Bewunderung, das Marineblau den Adel und das Grün des Eichenzweiges den ewigen Erfolg des Klubs. Der Eichenzweig selbst steht für Kraft und Macht. Man sieht: Bei „Fener", Umfragen zufolge heute der beliebteste Klub in der Türkei, wurde nichts dem Zufall überlassen.

Als 1928 unter Atatürk das lateinische Alphabet das arabische ersetzte, wurde das Wappen entsprechend angepasst, blieb ansonsten aber erhalten.

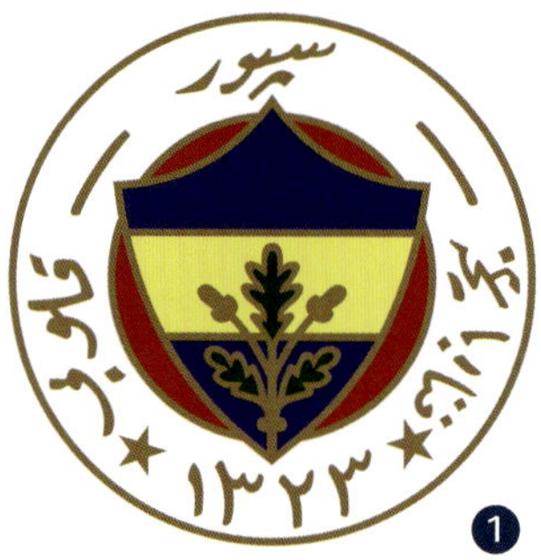

1

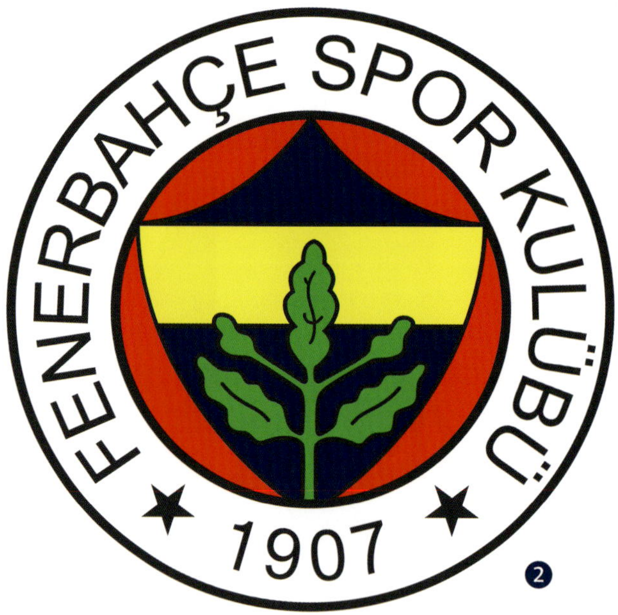

2

GALATASARAY ISTANBUL

GEGRÜNDET:
1. Oktober 1905

SPIELSTÄTTE:
Türk Telekom Stadyumu (52.650 Plätze)

GRÖSSTER ERFOLG:
Europa-League-Sieger 2000

Eine Gruppe Studenten des elitären Galatasaray-Gymnasiums („Galatasaray Lisesi") um Ali Sami Yen, den späteren Vorsitzenden des Nationalverbandes, gründete 1905 den Galatasaray Spor Kulübü, der sich zu einem der wichtigsten Pioniere in der Fußballgeschichte der Türkei aufschwang und seit langem mit Fenerbahçe um die Rolle des beliebtesten Klubs des Landes streitet.

Galatasaray steht für „Palast von Galata", und Galata wiederum ist ein Viertel des Istanbuler Stadtteils Beyoğlu. Die ersten Vereinsfarben waren das türkische Rot-Weiß, was aber wegen der repressiven Haltung der Regierung gegenüber Fußball rasch in das heutige Gelb-Rot geändert werden musste. Über dessen Herkunft sagte Klubmitgründer Ali Sami Yen: „Wir stellten uns die Flammen rot-gelben Feuers über unserem Team vor und dachten, dass es uns von Sieg zu Sieg tragen würde." Die Farben brachten dem Verein zudem seinen Spitznamen „Cimbom" ein, der einerseits für „roter Hahn" steht, andererseits aber auf eine beliebte Süßigkeit zurückgeht, die in charakteristischer rot-gelber Folie eingewickelt war.

Das Gründungswappen zeigte die beiden arabischen Buchstaben Ghain und Sin, die bereits 1923 durch die lateinischen Äquivalente „S" und „G" ersetzt wurden – fünf Jahre vor Einführung des lateinischen Alphabets durch Atatürk. Seitdem änderte sich am Emblem nur marginal etwas, kam zu einem nicht genau eruierbaren Zeitpunkt das Gründungsjahr hinzu.

1 Arabisches Gründungswappen mit dem Ghain in Rot und dem Sin in Orangegelb

2 Ab 1923 dann in lateinischer Schrift

3 Nun mit Gründungsjahr

GEGRÜNDET:
10. März 1925

SPIELSTÄTTE:
Karaiskakis-Stadion
(33.296 Plätze)

GRÖSSTER ERFOLG:
Sieger Conference League 2024

1. Der lorbeergeschmückte junge Olympionike ist seit Gründung 1925 das Wappenmotiv
2. Nach der Verselbstständigung der Fußballabteilung 1979 gab es ein an die rot-weiß gestreifte Spielkleidung angelehntes Rundwappen
3. Rückkehr zum Olympioniken
4. Ab 2003 spielten die Fußballer des „Olympiakós Sýndesmos Filáthlon Peiraiós" (Olympische Vereinigung der Sportfreunde von Piräus) unter diesem Wappen
5. Das aktuelle Wappen

OLYMPIAKOS PIRÄUS

Wie die meisten Sportvereine in Griechenland ist Olympiakos ein Vielspartenverein, der nicht nur im Fußball große Erfolge feiert. Die Fußballsektion wird von ihren Fans als „Legende" bezeichnet (Θρύλος, „Thrylos").

Als der Verein 1925 durch Verschmelzung zweier kleinerer Klubs entstand, schlug Notis Kamperos, damals Offizier der griechischen Marine, den Namen Olympiakos vor. Er sollte aussagen, dass der Klub für das olympische Ideal aus Athletik, Ethik und Sportsgeist sowie das griechische Erbe steht. Zentrales Element im Wappen wurde das Bild eines lorbeergekränzten jungen Olympioniken aus der Antike. Die Vereinsfarben Weiß und Rot wiederum sollen Tugendhaftigkeit bzw. Leidenschaft symbolisieren.

Das Team aus der Athener Hafenvorstadt Piräus avancierte rasch zum Klub der Kleinbürger und Hafenarbeiter. Politisch stand man lange der Linken nahe, was die Rivalität mit dem bürgerlichen Rivalen Panathinaikos noch verschärfte. Inzwischen ist Olympiakos allerdings der Verein der „Neuen Mitte" mit einem gewissen Lifestyle.

PANATHINAIKOS ATHEN

Griechenlands bislang einziger Europapokalfinalist (1971, 0:2 gegen Ajax Amsterdam) entstand 1908 als Abspaltung aus dem britisch geprägten Sportklub Panhellinios und hieß zunächst Podosfairikos Omilos Athinon – Athener Fußballverein. Sein damaliges Wappen zeigte ein altes Fußballtor mit einer Fußballblase.

Seit 1922 nennt man sich Panathinaikos, was frei übersetzt „Mannschaft von ganz Athen" bedeutet. Bereits vier Jahre zuvor hatte sich der im konservativen Bürgertum verankerte Klub das Kleeblatt zum Vereinswappen gegeben, mit dem auch die seit 1911 getragenen Klubfarben Grün-Weiß korrespondierten. Hintergrund war die Suche der Vereinsführung nach einem den Klub repräsentierenden Symbol, das in politisch turbulenten Zeiten alle Klassen und Gruppen Athens vereinen sollte.

Das von Michaelis Papazoglu vorgeschlagene Τριφυλλιού („Trifolium" bzw. „Shamrock", ein dreiblättriges Kleeblatt) steht für Harmonie, Einheit und Natur. Papazoglu, der aus dem heute türkischen Istanbul stammte, hatte sich bei seinem Vorschlag vom irisch-kanadischen Marathonläufer Billy Sherring inspirieren lassen, der 1906 bei den olympischen Zwischenspielen in Athen die Goldmedaille gewonnen hatte. Erst mit der Professionalisierung der Fußballabteilung in den 1980er Jahren änderte der Verein sein Wappen wieder. Auf Vorschlag von Georgios Chatzopoulos, Direktor der Athener Nationalgalerie, wurde der Klubname abgekürzt und dafür das Gründungsjahr aufgenommen.

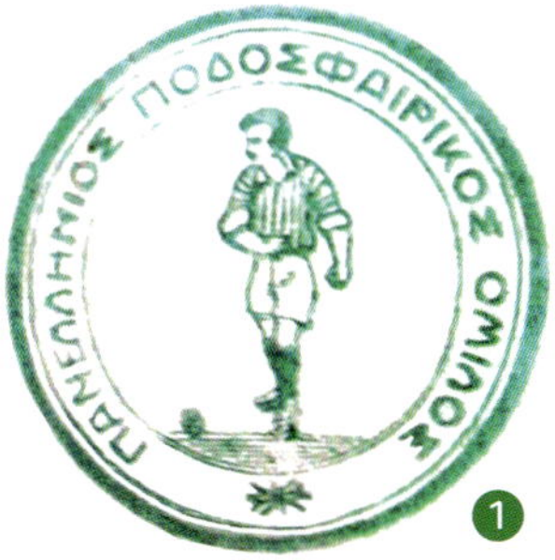
1

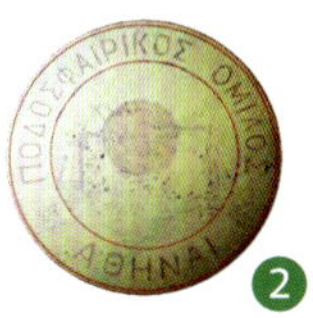
2

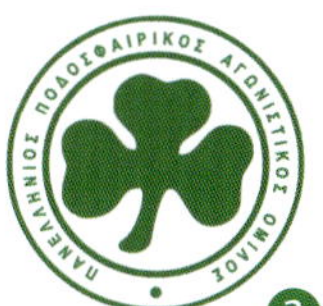
3

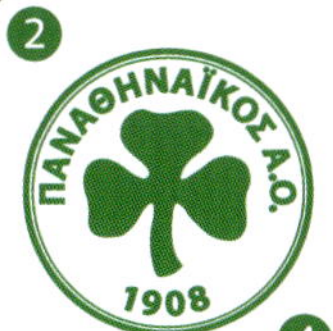

4

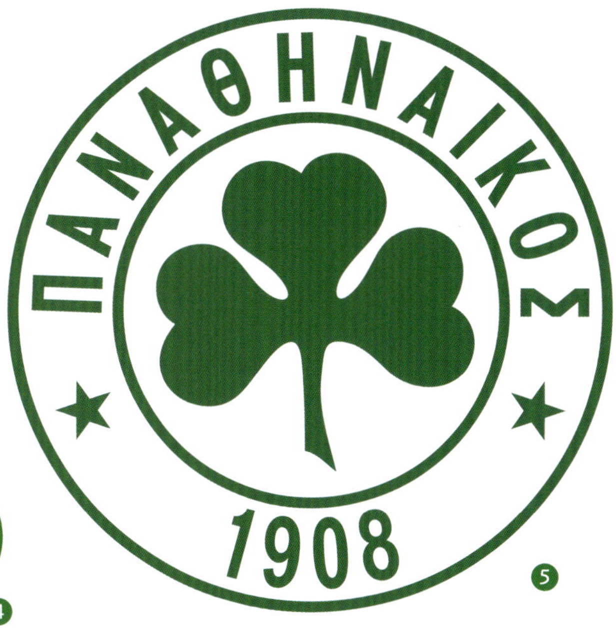

5

GEGRÜNDET:
3. Februar 1908

SPIELSTÄTTE:
Apostolos-Nikolaidis-Stadion (16.620 Plätze)

GRÖSSTER ERFOLG:
Finalist Europapokal der Landesmeister 1971

1. Das Wappens des Urvereins Panhellinios Podosfairikos Omilos
2. 1910: Die Fußballsektion des Podosfairikos Omilos Athinon mit Tor und Fußballer im Rundwappen
3. 1918: Das Kleeblatt ist da
4. 1980er Jahre: Vereinfacht und vom kompletten Namen befreit, dafür mit Gründungsjahr
5. Die aktuelle Variante

GEGRÜNDET:
18. April 1922

SPIELSTÄTTE:
Otkrytije Arena (42.000)

GRÖSSTER ERFOLG:
Halbfinalist Europapokal der Landesmeister 1991

1. Die Urversion des Spartak-Wappens von 1935
2. Ab 1949 mit umgedrehter Farbfolge
3. Fantasiewappen mit Spartakus-Silhouette
4. 1997: nunmehr mit Ball im kyrillischen „C"
5. Aktuelles Wappen mit Ball und Meistersternen

SPARTAK MOSKAU

Spartak gilt in Russland als „Volksklub", was man vor allem der Vergangenheit verdankt. Denn unter dem Sowjetstern war der Verein als Mitglied der Lebensmittelgewerkschaft politisch vergleichsweise „unabhängig". 1922 hatten die Starostin-Brüder Nikolai, Alexander, Andrei und Petr sowie Iwan Artemjew den „Moskowski kruschok sporta" („Moskauer Sportkreis") gegründet, der 1935 zu Spartak wurde. Woher der Name kommt, ist strittig. Eine Theorie besagt, Nikolai Starostin habe seinerzeit gerade ein Buch über den Sklavenführer Spartakus gelesen, eine andere verweist auf eine Deutschlandreise einer russischen Auswahl, bei der man auf ein Team des Spartakusbundes traf.

Das Wappen hat sich seit der Umbenennung 1935 kaum verändert. Allerdings verliefen die beiden roten Streifen in der waagerecht liegenden Raute bis 1949 von unten nach oben, ehe die Farbfolge getauscht wurde. Das kyrillische „C" im Zentrum steht für das lateinische „S" und damit für „Spartak" („Спартак"). 1997 kam ein Fußball im Zentrum hinzu, während das Rundwappen mit einem stilisierten Spartakus, das nach dem Auseinanderbrechen der UdSSR eine Zeit lang kursierte, der Fantasie von Souvenirhändlern entsprang und Teil einer Wappenserie für alle Oberligisten war.

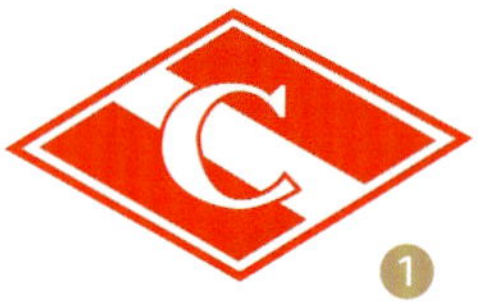
1

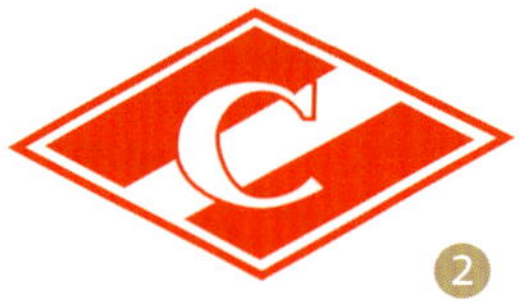
2

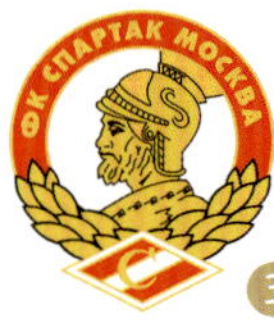

3

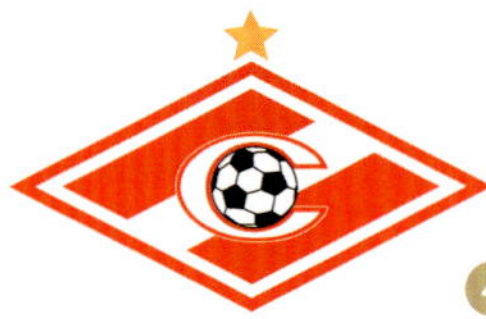
4

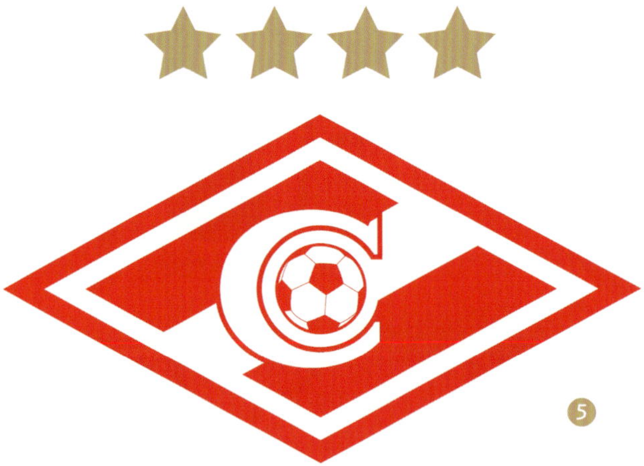
5

CSKA MOSKAU

Wer sich in Moskau auf die Suche nach den Fußballern von CSKA (sprich: Tschesskaa) macht, muss sich gegen Verwirrung wappnen. Denn CSKA gibt es seit dem Ende der UdSSR gleich in 14-facher Form – alle Unterabteilungen haben sich ab 1989 allmählich verselbstständigt und führen nun ein Eigenleben. Das Sportzentrum des „alten" CSKA ist aber noch immer in Betrieb und geprägt von unterschiedlichen Disziplinen, die trotz Trennung weiterhin unter einem Dach leben. Fußballer jedoch sind keine mehr dabei, denn die haben inzwischen ein eigenes Areal etwa zehn Fußminuten entfernt.

Ähnlich verwirrend ist die Wappengeschichte des Moskauer Armeevereins, denn der – ursprünglich als Skiklub gegründet – trug im Laufe seiner Geschichte gleich acht unterschiedliche Namen (siehe Erklärungsspalte). Wesentliches Element, das in jedem Wappen gezeigt wurde, ist der rote Stern des Kommunismus. Auch der heutige Fußballverein PFK CSKA trägt es noch in seinem Wappen, wenngleich er von der Struktur kapitalistisch aufgebaut ist. Sein Emblem unterscheidet sich signifikant von dem des einstigen Gesamtvereins, der ein schlichtes Wappenschild mit den kyrillischen Buchstaben ЦСКА (für CSKA) sowie Stern mit Hammer und Sichel trug. Die CSKA-Fußballer kommen mit einem ziemlich verspielten Logo mit Lorbeerkranz, Banderolen für das Gründungsjahr sowie dem Kürzel Пфк für „Professioneller Fußballklub" und wuchtigem Namenskürzel im Zentrum daher.

GEGRÜNDET:
27. August 1911

SPIELSTÄTTE:
VEB Arena (30.457 Plätze)

GRÖSSTER ERFOLG:
UEFA-Cup-Sieger 2005

1. 1911 OLLS (ОЛЛС, Klub der Skisportfreunde)
2. 1923: OPPW (ОППВ, „Experimentelle und demonstrative Plattform von Vsevobuch")
3. 1928: CDKA (ЦДКА, SK des zentralen Hauses der Roten Armee)
4. 1951: CDSA (ЦДСА, Sportklub des zentralen Hauses der sowjetischen Armee)
5. 1957: CSK-MO (ЦСК-МО, Zentraler Sportklub des Verteidigungsministeriums)
6. 1960: CSKA (ЦСКА, Zentraler Sportklub des Verteidigungsministeriums)
7. 1988: FK CSKA (фк, Fußballklub)
8. 1993: PFK CSKA (Пфк, Professioneller Fußballklub)
9. Aktuelles Wappen

GEGRÜNDET:
18. April 1923

SPIELSTÄTTE:
VTB-Arena (26.121 Plätze)

GRÖSSTER ERFOLG:
Finalist Europapokal der Pokalsieger 1972

1. Gründungswappen von 1923: das markante „D" in der Raute, die vom roten Stern gekrönt ist
2. Seit den 1920er Jahren fester Bestandteil auf dem Spieltrikot: das „D"
3. Variante aus den 1980er Jahren
4. Inoffizielles Wappen aus den ersten Jahren nach dem Ende der Sowjetunion
5. Mit Ortsnamen
6. Das „D" mit den Meistersternen ist das aktuelle Wappen des Klubs

DINAMO MOSKAU

Der Klub des legendären Torhüters Lew Jaschin entstand 1923 und war zunächst der Energiegewerkschaft unterstellt, kam jedoch schon nach kurzer Zeit zum Innenministerium und wurde zum Verein der Geheimpolizei KGB.

Zugleich avancierte er zur Keimzelle einer ganzen Reihe von Dinamo-Mannschaften in der gesamten Sowjetunion, die alle dasselbe Emblem erhielten. Im Zentrum stand das geschwungene „D" in einer Raute, auf der ein roter Stern thronte. Vereinsfarben waren stets Blau-Weiß. Die Moskauer Zentrale, seit dem Ende der Sowjetunion als FK Dinamo eigenständig, spielt noch immer unter diesem „D". Es wurde allerdings ein wenig modifiziert. So steht es heute alleine und wird von zwei Sternen gekrönt.

Auf den Trikots trugen die Dinamos häufig lediglich das charakteristische „D", und aus der unmittelbaren Zeit nach dem Ende der Sowjetunion stammt ein Rundemblem mit der Stadionsilhouette im Vordergrund, das allerdings nie offizielles Wappen war. Es stammt aus einer von Händlern aufgelegten Serie von Klubwappen aller damaligen Oberligisten.

DINAMO KIEW

1927 gründeten Sergei Barminski und Nikolai Channikow in der heutigen ukrainischen Hauptstadt Kiew (russisch: КИЕВ, ukrainisch: КИЇВ) einen Ableger des Moskauer Geheimpolizeiklubs Dinamo. 1936 Gründungsmitglied der sowjetischen Oberliga, stieg er in den 1970er Jahren zu den erfolgreichsten Teams in Europa auf. Als Wappen trug man das übliche Dinamo-Einheitsemblem mit der auf Spitze stehenden Raute plus rotem Stern und klassischem Dinamo-„D" in geschwungener Schreibschrift.

Im Zuge des wirtschaftlichen Aufbruchs im sowjetischen Fußball professionalisierte sich der Klub 1978 als FK Dinamo und veränderte sein Wappen gleich mehrfach. Schon ab 1989 war der Ortsname in ukrainischer Sprache zu sehen, ehe man nach der Unabhängigkeit 1991 auch die ukrainischen Farben Blau-Gelb aufgriff und mit der Heraldik der Sowjetzeit experimentierte. 2011 schließlich erfolgte die Rückkehr zur Raute, nun natürlich ohne roten Stern, aber dafür mit zwei Sternen als Symbole für über 20 gewonnene sowjetische bzw. ukrainische Meistertitel – und noch immer mit dem „D", das die gesamte Wappenchronologie überdauert hat.

GEGRÜNDET:
1. November 1927

SPIELSTÄTTE:
Nazionalnyj sportywnyj komplex (NSK) „Olimpijskyj" („Olympiastadion", 70.050 Plätze)

GRÖSSTER ERFOLG:
Europapokal der Pokalsieger 1975, 1986

1 Das übliche Dinamo-Einheitswappen

2 3 Varianten aus den 1970er Jahren

4 1972: Wappenschild in Rot-Blau mit der (ukrainischsprachigen) Kopfzeile „УРСР" für die „Ukrainische Sozialistische Sowjetrepublik"

5 Von 1989 bis 1991 getragene Variante bereits in ukrainischer Sprache

6 7 8 Nach der Unabhängigkeit der Ukraine mit drei Varianten

9 In den frühen 1990er Jahren getragen

10 Ab 1996 in den ukrainischen Farben Blau-Gelb

11 2011: Rückkehr zur Raute

GEGRÜNDET:
4. März 1945

SPIELSTÄTTE:
Stadion Rajko Mitić („Marakana", 55.538 Plätze)

GRÖSSTER ERFOLG:
Europapokal der Landesmeister 1991

1. 1945: Mit Sportler vor rotem Stern
2. 1950: Roter Stern erhält sein Wappenschild. Die kyrillischen Buchstaben **Фк** stehen für **Фудбалски клуб**, „Fudbalski Klub"
3. 1995: Blaues Bekenntnis zu Rest-Jugoslawien bzw. Serbien
4. 2010: Rückkehr zum modernisierten Wappenschild mit zwei Sternen für 20 Landesmeisterschaften
5. Das Kürzel SD (СД) steht für „Sportsko Društvo" (Sportgemeinschaft) und damit für den Gesamtverein Roter Stern

ROTER STERN BELGRAD

Eindeutiger könnten Name und Wappen wohl kaum sein: Roter Stern Belgrad ist ein Kind des Kommunismus! Allerdings galt der einst durch Studenten der Belgrader Universität gegründete Verein zu jugoslawischen Zeiten tatsächlich ausgerechnet als Liebling derjenigen, die dem kommunistischen System und der jugoslawischen Idee eher skeptisch gegenüberstanden. Zugleich diente man unter Staatschef Tito nach dessen Bruch mit Stalin als Repräsentant des jugoslawischen Nationalismus.

Roter Stern – im serbischen Original Crvena Zvezda (**Црвена звезда**) – begann mit einem Wappen, das den besagten Stern hinter der Silhouette eines Sportlers zeigte. Damals nannte man sich noch FD – Fudbalski Društvo (Fußballgemeinschaft). Der Name „Roter Stern" war aus einer langen Diskussion hervorgegangen, in der es auch Vorschläge wie „Stalin" und „Lenin" gegeben hatte.

1950 erhielt man jenes Emblem, das bis heute verwendet wird, von 1995 bis 2010 allerdings eingebettet in ein Rundwappen mit blauer bzw. rot-weiß längsgestreifter Hälfte – es war Roter Sterns Antwort auf den Zerfall Jugoslawiens und das Bekenntnis zu Rest-Jugoslawien bzw. Serbien.

PARTIZAN BELGRAD

GEGRÜNDET:
4. Oktober 1945

SPIELSTÄTTE:
Stadion Partizana (32.710 Plätze)

GRÖSSTER ERFOLG:
Finalist Europapokal der Landesmeister 1966

1945 als „Jugoslovenska Armija" gegründet, lief Partizan Belgrad zunächst in den serbischen Farben Blau und Rot auf und trug ein einfaches Rundwappen mit fünfzackigem rotem Stern sowie dem Kürzel „JA". Zwei Jahre später erhielt der Armeeklub dann jenes Emblem, das im Kern bis heute geführt wird. Im Zentrum steht weiterhin der rote Stern, der nun von einem Ring mit dem Klubnamen umgeben ist. Als äußerer Ring diente ursprünglich ein Lorbeerkranz, der gekrönt war von zunächst fünf, ab 1963 sechs Flammen (die für die Volksgruppen Jugoslawiens stehen) und den entsprechenden Stäben. Das dem jugoslawischen Staatswappen nachgebildete Emblem wurde von dem Künstler Branko Šotra geschaffen.

1950 wurde der Lorbeerkranz durch den Begriff „Partizan" (der auf die Partisanen-Kämpfer um Marschall Tito im Zweiten Weltkrieg verweist) sowohl in lateinischer als auch kyrillischer Schrift ersetzt (PARTIZAN / ПАРТИЗАН), ehe 1955 aus dem JA Partizan der Sportsko Društvo (SD) Partizan bzw. 1958 der Jugoslovensko Sportsko Društvo (JSD) Partizan wurde. Ein Jahr zuvor waren die Vereinsfarben von Rot-Blau zu Schwarz-Weiß verändert worden. Auf einer Südamerikatournee hatte Partizan nach einem Spiel gegen Juventus Turin zwei Sätze der legendären Juve-Kluft geschenkt bekommen.

Mit dem beginnenden Auseinanderbrechen Jugoslawiens gab es ab 1989 ein schlichtes Wappenschild, das aufgrund seiner Form „Schaufel" genannt wurde und keinen Anklang fand. Schon drei Jahre später kehrte man, nunmehr als FK („Fudbalski Klub") statt JSD, zum Traditionslogo zurück.

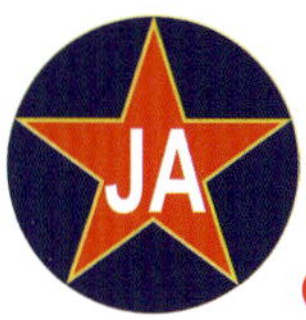

1

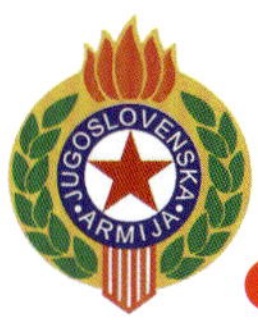

2

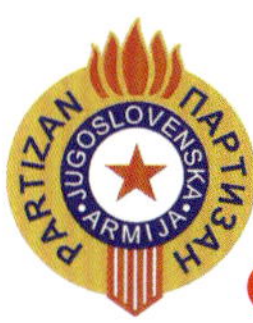

3

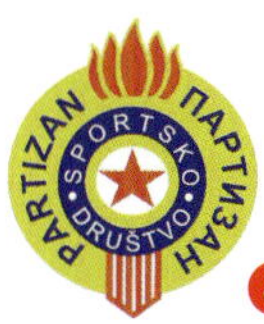

4

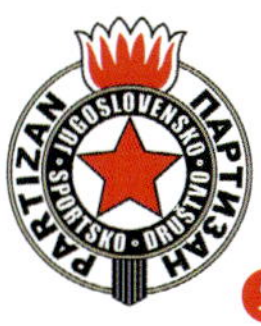

5

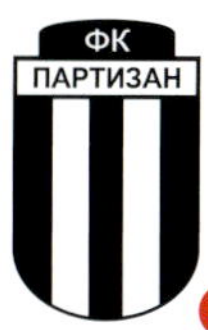

6

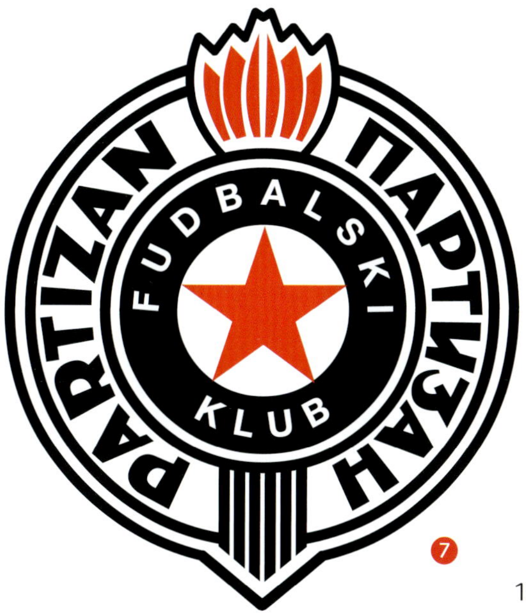

7

1. Gründungswappen von 1945. „JA" steht für „Jugoslovenska Armija" (Jugoslawische Armee)
2. 1947: Mit Lorbeerkranz, fünf Fackeln samt rot-weiß abgesetzten Stäben und erklärendem Namenszug um den roten Stern
3. 1950: Anstelle des Lorbeerkranzes ist nun „Partizan" in lateinischer und kyrillischer Schrift zu lesen
4. 1955: Aus JA Partizan wird SD Partizan
5. 1958: Aus SD Partizan wird JSD Partizan, die Klubfarben waren im Vorjahr zu Schwarz-Weiß geändert worden
6. 1989 bis 1992: Die „Schaufel", die nie von den Fans angenommen wurde
7. Das aktuelle Wappen des FK Partizan

GEGRÜNDET:
16. November 1893

SPIELSTÄTTE:
Generali Arena (20.374 Plätze)

GRÖSSTER ERFOLG:
Halbfinalist Europapokal der Pokalsieger 1973, UEFA-Cup 1992

1. 1894: Der AC Sparta Praha entsteht aus dem 1893 gegründeten AC Královské Vinohrady
2. 1949: ZSJ Sokol Bratrství Sparta Praha
3. 1951: Sokol Sparta ČKD Sokolovo Praha
4. 1953: Spartak Praha Sokolovo

5 6 1965: TJ Sparta ČKD Praha (Kopaná = Fußball)

7. 1990: TJ Sparta Praha
8. 1991: Rückkehr zum Traditionsnamen
9. 1993: Die Fußballsektion spielt nun als AC Sparta Praha Fotbal unter dem historischen „S"-Symbol
10. Als Aktiengesellschaft AC Sparta a.s. (akicová společnost)
11. Ab 2021/22 Einheitswappen aller Sparta-Abteilungen und Gesellschaften

SPARTA PRAG

1893 als AC Královské Vinohrady gegründet, ist Sparta historisch der proletarische Gegenpart zur bürgerlichen Slavia. Seit 1894 läuft man unter der Bezeichnung Sparta auf, trug im Laufe der Zeit aber mehrfach unterschiedliche „Vornamen". Im Gegensatz zur Slavia überstand Sparta die kommunistische Ära bis 1989 einigermaßen unbeschadet und konnte sich unter der Obhut des Maschinenbauers Českomoravská-Kolben-Daněk (ČKD) sogar als Gegenspieler des staatlich geförderten Armeeklubs Dukla etablieren.

Der fünfzackige rote Stern ist bereits seit 1894 fester Bestandteil des Sparta-Wappens. Er stammt also nicht aus der kommunistischen Zeit, sondern steht für die Unterstützung der tschechischen Unabhängigkeitsbewegung durch die Vereinsgründer. Auf ihren schwarzen Trikots trugen die „Železná Sparta" („Eisernes Sparta") genannten Fußballer des damaligen „Athletic Club Sparta" zunächst ein schlichtes „S", ehe man 1906 nach einem Besuch des Vereinspräsidenten Dr. Petřík bei einem Spiel von FC-Arsenal-Vorgänger Woolwich Arsenal in London zum heutigen weinroten Jersey wechselte. Der Klubname geht der Legende zufolge auf die Kämpfer aus dem historischen Sparta zurück, die Farben Blau-Gelb-Rot verweisen auf die Prager Stadtfarben Rot und Gelb sowie auf das symbolisch für „Tempo" bzw. „Sport" stehende Blau.

In den 1920er und 1930er Jahren gehörte Sparta zu den umschwärmtesten und erfolgreichsten Teams in Mitteleuropa. Dreimal gewann der Klub den Mitropacup, eine Art Vorläufer des Europapokals. Nach der Reorganisation des Sports unter den Kommunisten trug man ab 1948 wechselnde Namen, wobei „Sparta" immer irgendwie Bestandteil blieb - nur von 1953 bis 1965 lief man als Sparta**k** Sokolovo auf. Seit 1991 nun wieder als AC Sparta firmierend, verselbstständigte sich die Profiabteilung 1993 als AC Sparta Praha Fotbal und spielte anschließend unter einem Wappen mit dem charakteristischen „S" aus der Gründerzeit. Der weiterhin als Breitensportverein bestehende AC Sparta hingegen hielt am Wappen mit dem roten Stern fest.

Mit Beginn der Spielzeit 2021/22 firmieren alle Sparta-Abteilungen und auch die fußballspielende Aktiengesellschaft unter einem einheitlichen Emblem mit weißen „S" vor schwarzem Hintergrund.

1

2

3

4

5

6

9

7

8

11

10

GEGRÜNDET:
2. November 1892

SPIELSTÄTTE:
Eden Aréna (20.800 Plätze)

GRÖSSTER ERFOLG:
Halbfinalist UEFA-Pokal 1996

1. Das erste Wappen des SK Slavia v Praze („aus Prag")
2. Unter diesem Emblem wurde der Klub in den 1920er Jahren europaweit bekannt
3. 1948: Sokol Dynamo Praha
4. 1949: ZSJ Dynamo Slavia Praha
5. 1953: DSO Dynamo Praha
6. 1954: TJ Dynamo Praha
7. 1964: TJ Slavia Praha
8. 9. 1968: SK Slavia Praha
10. 1973: TJ Slavia Praha IPS
11. 1978: SK Slavia Praha IPS
12. 1991: Zurück zum Traditionsnamen SK Slavia Praha
13. Seit 2022 dient der fünfzackige Stern als Erkennungssymbol

SLAVIA PRAG

Zehn verschiedene Bezeichnungen trug der SK Slavia Prag seit seiner Gründung 1892. Nur wenige der Umbenennungen waren freiwillig, denn zu kommunistischen Zeiten waren die Rot-Weißen nicht sonderlich wohlgelitten und spielten bisweilen sogar als Polizeiverein unter dem Namen „Dynamo".

Ein Element der Vereinsidentität überstand allerdings sämtliche Namensänderungen: der fünfzackige rote Stern. Er ist insofern auch kein Überbleibsel der kommunistischen Ära, sondern vielmehr eine frühe Hommage Slavias an die tschechische Unabhängigkeitsbewegung aus der Zeit der Klubgründung zur 19. Jahrhundertwende. Damals gehörte Prag zum Habsburger Reich, stand der Stern für Hoffnung, ewiges Wachstum des Wissens sowie Aufbruchstimmung. Die rot-weißen Klubfarben wiederum repräsentierten Herz und Blut auf der einen sowie Reinheit, Fair Play und „Sportsmanship" auf der anderen Seite. Der Stern wurde bereits ab 1898 auf dem Slavia-Jersey getragen, während er im Emblem erst in den 1920er Jahren in den Fokus rückte. Das erste Slavia-Wappen hatte ein Banner in den tschechischen Farben Blau-Weiß-Rot gezeigt, das von fünf Blättern eingerahmt war.

Auch die traditionsreiche Spielkluft spiegelt sich im Slavia-Wappen anschaulich wider. „Sešívaní" wird der Klub in Prag genannt, „die Zusammengenähten". Denn seit jeher spielt man in einem Dress mit je einer roten und einer weißen Hälfte, die zu Zeiten der handgefertigten Baumwolltrikots noch händisch zusammengenäht werden mussten – daher der Spitzname. Der Vereinsname wiederum ist abgeleitet von der Ethnie der Slawen – Tschechien gehört zu den westslawischen Ländern.

Historisch galten die Rot-Weißen als Klub der bürgerlichen Mittelschicht Prags. Edvard Beneš, Präsident der Tschechoslowakei bei deren Zerschlagung 1938, war Anhänger der Slavia, in deren Reihen Legenden wie František Plánička und Josef „Pepi" Bican standen. Die Nähe zum Bürgertum erwies sich unter den Kommunisten jedoch als Problem, was neben dem Verlust der ursprünglichen Heimarena im Stadtteil Letná eben auch einen regelmäßigen Wechsel des Klubnamens sowie des geldgebenden Trägerbetriebes mit sich brachte. Von 1948 bis 1964 war man sogar der Polizei unterstellt – und verlor zugleich fast seine komplette Mannschaft an den staatlicherseits geförderten neu gegründeten Militärklub Dukla.

Erst 1964 durfte man den Traditionsnamen Slavia wieder annehmen.

1 SPORTOVNÍ KLUB SLAVIA V PRAZE

2 SK SLAVIA PRAHA 1893

3 SOKOL DYNAMO PRAHA

4 SLAVIA ZSJ DYNAMO PRAHA

5 DSO DYNAMO PRAHA

6 TĚLOVÝCHOVNÁ JEDNOTA DYNAMO PRAHA

7 TJ SLAVIA KOPANÁ

8 SK SLAVIA PRAHA FOTBAL

9 SK SLAVIA PRAHA

10 TJ SLAVIA PRAHA IPS 1893

11 SK SLAVIA IPS

12 SK SLAVIA PRAHA FOTBAL

13

GEGRÜNDET:
7. Juni 1947

SPIELSTÄTTE:
Arena Națională (55.643 Plätze)

GRÖSSTER ERFOLG:
Europapokal der Landesmeister 1986

1. Die ASA București im rumänischen Gelb, Rot und Blau
2. 1948 wurde aus ASA der CSCA (kein Wappen überliefert), zwei Jahre später CCA
3. Ab Dezember 1961 als CSA Steaua
4. Nach dem Umzug ins Ghencea-Stadion 1974 mit Wappenschild
5. 1991: Mit dem Adler des Verteidigungsministeriums
6. 1998: Nun als FC Steaua
7. 2003: Gegen das reformierte Traditionswappen legte die Armee Protest ein
8. Der 2017 entstandene FCSB sieht sich als rechtmäßiger Steaua-Nachfolger

STEAUA BUKAREST

Der rumänische Rekordmeister Steaua Bukarest sorgte 1986 für eine Sensation, als er den FC Barcelona im Endspiel um den Europapokal der Landesmeister im Elfmeterschießen bezwang und als erster Klub des „Ostblocks" einen europäischen Titel errang.

1947 von königlichen Offizieren als ASA („Asociația Sportivă a Armatei", Armeesportverein) Bukarest gegründet, wurden die Blau-Roten nach Umwandlung der Königlichen Armee in die Volksarmee zunächst 1948 zum CSCA („Clubul Sportiv Central al Armatei", Zentraler Sportklub der Armee) bzw. dann 1950 zum CCA („Casa Centrală a Armatei", Zentrales Haus der Armee). 1961 entstand daraus der CSA („Clubul Sportiv al Armatei", Armeesportklub) Steaua, der zum Günstling der Diktatorenfamilie Ceaușescu wurde. Zentrales Wappenelement war der rote Stern – rumänisch „Steaua". Dabei blieb es bis 1991, als sich die Fußballsektion aus der Obhut der Armee herauslöste. Damit verbunden war ein neues Wappen, das nun einen bewaffneten Adler zeigte, auf dessen Brust der Stern als kleines Wappenschild integriert und der der Heraldik des rumänischen Verteidigungsministeriums entnommen war.

Die Trennung von der Armee zog einen Streit um die Namensrechte an „Steaua" nach sich. Nachdem der FC Steaua 2003 unter seinem exzentrischen Fußballchef George Becali zum Traditionswappen zurückgekehrt war, verklagte die Armee 2011 den Verein, der daraufhin eine Zeit lang ohne Wappen spielen und schließlich 2017 seinen Namen in FCSB Bukarest ändern musste. Grund: Im selben Jahr meldete die Armee auch den CSA Steaua wieder zum Spielbetrieb – nun gibt es den einstigen Europapokalsieger also gleich zweimal.

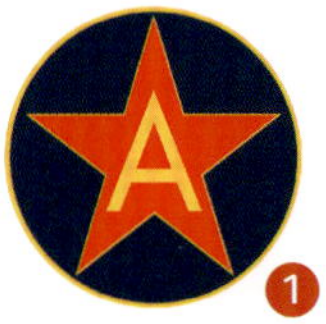

1

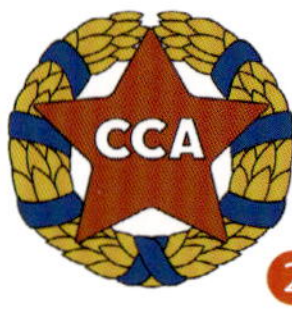

2

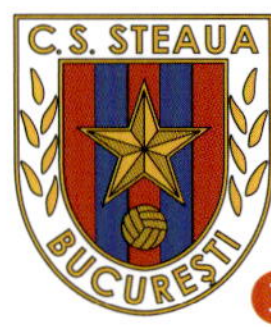

3

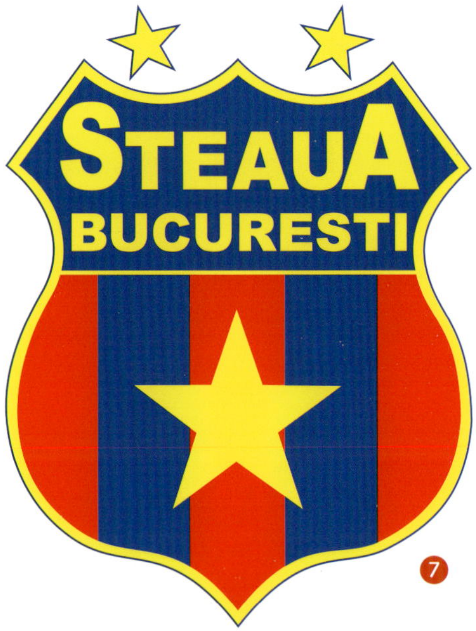

7

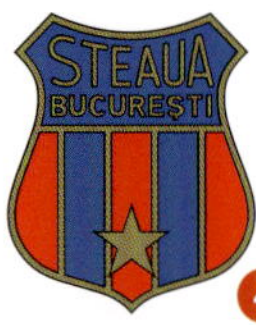

4

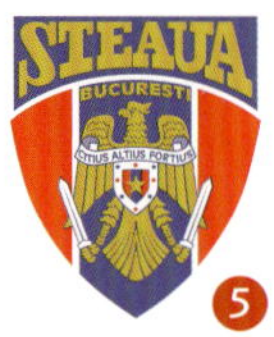

5

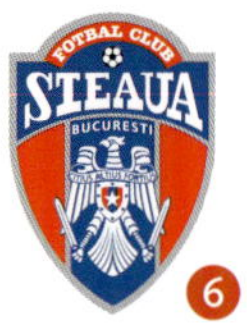

6

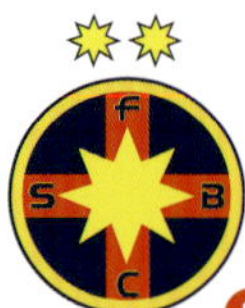

8

COLO COLO

Ein Wappen sendet immer auch eine Botschaft. Im Falle des chilenischen Rekordmeisters Colo-Colo ist es zugleich ein Statement. Denn das Emblem zeigt das Konterfei des legendären Mapuche-Häuptlings Colo Colo (ca. 1490 – ca. 1555), der in Chile symbolisch für den Freiheitskampf des eigenen Volkes gegen die spanischen Eroberer steht. Aus der indigenen Sprache Mapudungun lässt sich „Colo Colo" als „Bergkatze" übersetzen.

Mit einer von harter Arbeit, großer Einsatzbereitschaft und nie erlahmendem Kampfgeist geprägten Spielweise erwarb sich der gleichnamige Fußballverein nach seiner Gründung im April 1925 (hervorgegangen aus der Fußballsektion des chilenischen Pionierklubs Magallanes) rasch einen guten Ruf und erhielt im Volksmund bald die Beinamen „El Cacique" („Der Anführer") bzw. „El Popular" („Der Beliebte"). Vor allem die Arbeiterschaft und der untere Mittelstand verbanden sich mit den zumeist in weißem Hemd und schwarzer Hose, manchmal aber auch in Chiles Landesfarben Blau-Weiß-Rot kickenden Hauptstädtern. Im Vereinsemblem tauchte Colo Colos Konterfei allerdings erst in den 1950er Jahren auf, nachdem der Klub zunächst unter diversen Wappenschildern gespielt hatte.

Der schwarze Balken oberhalb des Schildes gehört übrigens fest zum Wappen und erinnert an Klubgründer David Arellano, der 1927 an den Folgen einer bei einem Gastspiel in Spanien erlittenen Verletzung verstarb.

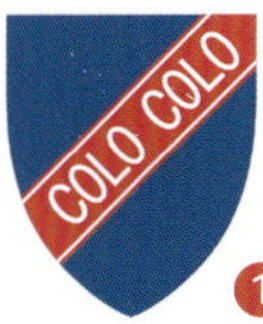

1

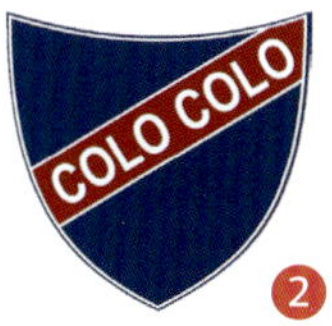

2

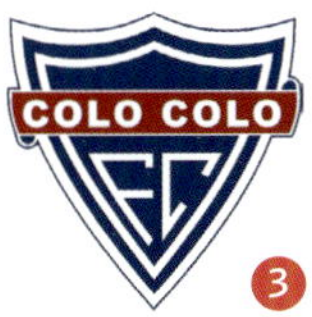

3

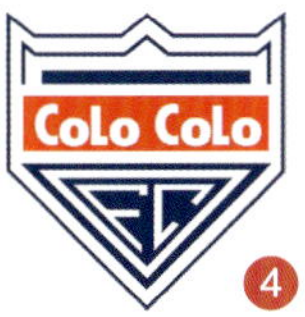

4

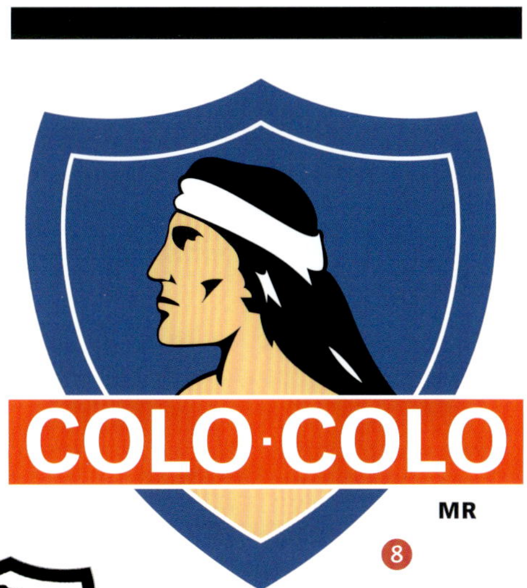

8

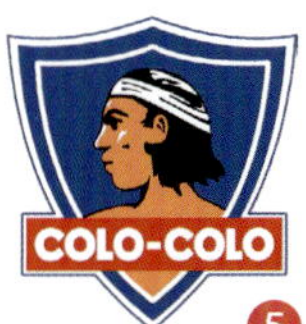

5

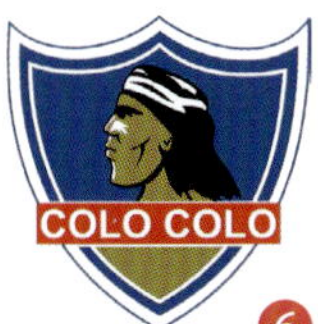

6

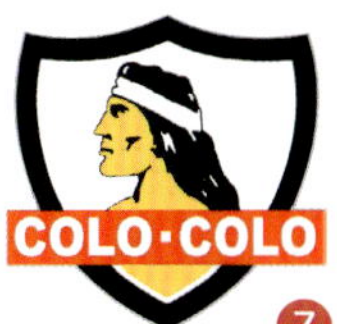

7

GEGRÜNDET:
19. April 1925

SPIELSTÄTTE:
Estadio Monumental
(47.017 Plätze)

GRÖSSTER ERFOLG:
Copa-Libertadores-Sieger 1991

1 2 Das Gründungswappen aus dem Jahr 1925 in zwei Versionen

3 4 Später wurde es abgelöst von einem Wappenschild ...

5 - 7 ... in dem dann in den 1950er Jahren Mapuche-Häuptling Colo Colo auftauchte

8 Das aktuelle Wappen des Club Social y Deportivo Colo-Colo mit dem schwarzen Querbalken für den 1927 verstorbenen Klubgründer David Arellano

GEGRÜNDET:
3. April 1905

SPIELSTÄTTE:
Estadio Alberto J. Armando („La Bombonera", ca. 49.000 Plätze)

GRÖSSTER ERFOLG:
Sieger Copa Libertadores 1977, 1978, 2000, 2001, 2003, 2007

1. Das Gründungswappen als Fußballblase
2. Schon als Wappenschild: das bis 1955 getragene Emblem
3. Zum 50. Jubiläum gab es eine Umkehr der Farben und einen Lorbeerkranz
4. Von 1960 bis 1970 mit ausgeschriebenem Namen
5. Nach der 30. Landesmeisterschaft 1970 gab es Sterne satt
6. 1996: Klare Konturen, neue Schrifttype, königlicheres Blau
7. Auf Wunsch von „Nike" wurde das Emblem 2007 entschlackt
8. 2012: Intensiveres Gelb, dunkleres Blau und 52 Sterne

BOCA JUNIORS

Fußball und Fankultur ruhen auf Symbolen. Argentiniens Kultklub Boca Juniors ist dafür ein prima Beispiel. Das Team aus Buenos Aires' Stadtviertel La Boca, bei dem einst Diego Armando Maradona seinen Durchbruch feierte, läuft seit 1913 in blauen Trikots mit gelbem Brustring auf. Diese Kombination wurde zum Mythos, der sich auch im Vereinswappen spiegelt, wenngleich der Brustring dort seit 1996 nur noch angedeutet wird.

Das zentrale Element neben dem Kürzel „CABJ" (für Club Atlético Boca Juniors) sind 52 Sterne. Sie stehen für jeweils einen nationalen Titelgewinn des Vereins. Das geht zurück auf eine Idee des langjährigen Präsidenten Alberto J. Armando anlässlich der 30. Landesmeisterschaft 1970. Nachdem im Oktober 2012 der 52. Stern hinzugekommen war – diesmal für den Gewinn des Pokalwettbewerbs Copa Argentina –, beschloss die Klubführung allerdings, es bei dieser Zahl zu belassen. Grund: Bocas Sternenbanner ist schlicht „voll".

Seine Wappengeschichte begonnen hatte der Verein mit einer stilisierten Fußballblase und den Klubinitialen. Das 1922 folgende Schildwappen überzeugte dann bereits durch individuelle Klasse und enthielt zudem jenen Brustring, den Boca neun Jahre zuvor adaptiert hatte. Zum 50. Jubiläum 1955 wurde das Logo ersetzt durch ein blaues Wappenschild mit gelbem „Brustring" sowie Lorbeerkranz, woraus sich allmählich das heutige Emblem mit den Sternen und dem Klubkürzel entwickelte.

1996 erhielt ein Designbüro den Auftrag zur Modernisierung des Wappens. Der gelbe Brustring wurde entfernt, das Kürzel „CABJ" erhielt die Schrifttype „College", die zur Corporate Identity des gesamten Vereins wurde. 2007 verschwanden die Sterne einstweilen, verwendete man fortan erneut das blaue Wappenschild mit gelbem Brustring, verwiesen die drei Sterne außerhalb des eigentlichen Wappens auf drei gewonnene Weltpokale. Das ging zurück auf eine Initiative von Sponsor „Nike". Nach nur zwei Jahren kehrten die Sterne jedoch zurück.

Die blau-gelben Klubfarben stammen der Legende zufolge übrigens von der schwedischen Fahne. Eigentlich begann der von vorwiegend italienischen Einwanderern aus dem Großraum Genua gegründete Klub (Boca trägt den Beinamen „Xeneize", was im norditalienischen Dialekt für „Genuese" steht) in Rot-Weiß – also denselben Farben, die auch der damals ebenfalls in La Boca residierende angehende Erzrivale River Plate trug. 1907 soll es, so sagt die Legende, zu einem Entscheidungsspiel um die Farben gekommen sein, das Boca verlor. Daraufhin entschloss man sich, die Farben jenes Schiffes zu übernehmen, das als nächstes im Hafen von La Boca einlief. Es kam aus Schweden. Belege dafür gibt es allerdings keine – Boca ist eben mythenumrankt.

1

2

3

4

5

6

7

8

GEGRÜNDET:
25. Mai 1901

SPIELSTÄTTE:
Estadio Antonio Vespucio Liberti („El Monumental", 61.688 Plätze)

GRÖSSTER ERFOLG:
Sieger Copa Libertadores 1986, 1996, 2015, 2018

1. Die Urfassung von 1928 mit dem roten Querstreifen und den Initialen „CARP"
2. Vereinfachte Variante, ab 1931 getragen
3. 1933: Buchstabenwappen mit den Initialen „CARP"
4. 1941: Der Kreis verschwindet, die Buchstaben erhalten Serifen
5. 1947: Wappenschild, roter Querstreifen und Initialen verschmelzen
6. 1969: Mit dünnerem Querstreifen
7. Das „Leoncito"-Wappen der 1980er Jahre
8. 1993: Wappenschild mit zusätzlichen Konturen
9. 1998: Schlankere Schildform
10. 2006: Feinere Konturen, intensiveres Rot
11. 2022: Optische Rückkehr zur Urversion von 1947

RIVER PLATE

Ikonische Symbole zu schaffen, die global auf den ersten Blick erkannt werden, ist etwas Bemerkenswertes. Argentiniens Rekordmeister Club Atlético River Plate gelang dies mit seinem Trikot, auf dem ein roter Querstreifen auf weißem Grund verläuft. 1932 erstmals getragen, wurde River damit weltweit als „El equipo de la banda roja" (Das Team mit dem roten Band) berühmt.

Natürlich findet sich der Streifen auch im Vereinswappen wieder, das ihn bereits 1928 aufwies. Damals erhielten „Los Millonarios" (Die Millionare) ein Wappenschild mit Querstreifen sowie den Initialen „CARP" für Club Atlético River Plate. Dieses erste Symbol wurde 1931 vereinfacht, ehe es 1933 einem schlichten Buchstabenwappen mit den Initialen „CARP" wich. Jenes wiederum wurde in den 1940er Jahren aus seinem Kreis gelöst. 1947 verschmolz es schließlich im Wappenschild mit dem roten Querstreifen zur Urform des heutigen Emblems. Das hat seitdem nur marginale Veränderungen erfahren.

Lediglich Mitte der 1980er Jahre trug man im Estadio Monumental ein komplett anderes Logo. Auf Wunsch des damaligen Klubpräsidenten Hugo Santilli entstanden, zeigte es eine Silhouette der Heimarena, aus der ein Löwe im klassischen River-Trikot emporragte. Es war der Versuch, Rivers unter Gästefans verbreitetem Spottnamen „Gallinas" („Hühnchen") ein respektableres Image entgegenzusetzen. Das Wappen mit dem „Leoncito" setzte sich jedoch nicht durch. Im Estadio Monumental, gelegen im Barrio Belgrano nordwestlich des Zentrums von Buenos Aires, spielt River übrigens erst seit 1938 – entstanden war der Klub in La Boca als Nachbar des heutigen Erzfeindes Boca Juniors.

GEGRÜNDET:
10. Dezember 1970
(1985 aufgelöst)

SPIELSTÄTTE:
diverse, u. a. Giants Stadium
(78.000 Plätze)

GRÖSSTER ERFOLG:
Meister NASL 1972, 1977, 1978, 1980, 1982

1 Im ersten Wappen ist noch der komplette Name zu sehen

2 Das ikonische Cosmos-Wappen, das auch Franz Beckenbauer auf der Brust trug

NEW YORK COSMOS

Obwohl New York Cosmos einst komplett am Reißbrett entstand, genießt der Klub heute weltweit Kultstatus. Mit ihm schaffte der Fußball in den Vereinigten Staaten den Durchbruch. 1971 von den Industriemoguln Ahmet und Nesuhi Ertegün gegründet und vom Londoner Journalisten Clive Toye gemanagt, wurde Cosmos zum „Wachmacher" für die darbende NASL (North American Soccer League). Grundlage war der Einstieg des Warner-Brothers-Konzerns unter dessen damaligem Präsidenten Steve Ross.

Mit einer geschickten Kombination aus exzessivem Showbusiness und renommierten Fußball-Weltstars wie Pelé und Franz Beckenbauer lenkte man das Interesse der US-Bürger auf den „Soccer" und lockte zuvor unvorstellbare Kulissen zu den Spielen. Der Name Cosmos, abgeleitet von „Cosmopolitan", passte perfekt zum multikulturellen Image von New York und war aus einem Fanwettbewerb als Sieger hervorgegangen. Als Farben wählte Manager Toye das brasilianische Grün-Gelb, mit dem er Pelé nach New York locken wollte. Zugleich bildete die Farbkombination eine Verbindung zum 1968 aufgelösten NASL-Team der New York Generals, das ebenfalls in Grün-Gelb gespielt hatte. Nachdem Pelé tatsächlich geködert worden war, lief Cosmos übrigens in schneeweißen Jerseys auf – wie Pelés Heimatklub FC Santos. In New York war eben alles durchgeplant. Ach, und das Trikotdesign kam von keinem Geringeren als Ralph Lauren.

Das Wappen wurde von Wayland Moore entworfen, einem Künstler aus Atlanta, der sich mit der Kreation des Emblems der Atlanta Chiefs bereits einen Namen gemacht hatte. Sein Auftrag: ein simples Logo mit hohem Wiedererkennungswert, das die vielen Nationalitäten und Kulturen New Yorks widerspiegelte. Das Resultat war vor allem eins: dynamisch. Die drei farbigen Halbmonde treiben den Fußball voran und suggerieren Bewegung. Zunächst stand der vollständige Vereinsname „New York Cosmos" im linken oberen Feld, ehe er 1977 zum schlichten „Cosmos" abgekürzt wurde. Eine Marke war geboren! Bis 1982 währte der Hype um den Klub, ehe er sich aus der NASL zurückzog und noch ein paar Jahre als Hallenfußballteam weiterkickte.

1

2

AL AHLY SC

Die Zahl der Anhänger wird auf rund 40 Millionen geschätzt, und in Ägypten kommt ihm fast der Status eines Heiligtums zu – der al Ahly Sports Club aus Kairo ist einer der ganz großen Fußballvereine der Welt. Das sieht man auch daran, dass es im gesamten arabischen Raum zahlreiche Klubs mit diesem Namen gibt, die sich alle am großen Vorbild aus Ägyptens Hauptstadt orientieren. Das entstand 1907 und wurde ad hoc zum Aushängeschild der seinerzeit aufkommenden ägyptischen Nationalbewegung im Kampf gegen das britische Protektorat. Wappen und Name sind daher aufgeladen mit politischer und kultureller Symbolik. Der Name „al Ahly" bedeutet „das Volk" im Sinne von „Nation", das Rot im Wappen repräsentiert die ägyptische Flagge und der Adler steht für das Wappentier des Königshauses.

ZAMALEK SC

Der große Gegenspieler von al Ahly ist der Zamalek Sporting Club von der gleichnamigen Nil-Insel, auf der auch al Ahly ansässig ist. Die Rivalität reicht in die Pioniertage zurück und hat einen politischen Hintergrund: Wo al Ahly die konservativen Nationalisten vertrat, stand Zamalek für die Liberalen und gab sich international. Seinen heutigen Namen trägt man erst seit 1952. Gegründet wurde der Klub 1911 als „Qasr an-Nil" (ein Stadtteil von Kairo), zwischen 1913 und 1941 spielte man unter dem Namen „al Mokhtalat" („Die Gemischten") und nannte sich von 1941 bis zur Revolution 1952 zu Ehren des Königs „Faruq al-Awal". Zamalek legte stets großen Wert auf seine Offenheit für alle Bevölkerungskreise. Der Stolz auf und die Verbindung mit der ägyptischen Kultur sind auch am Wappen zu sehen, das einen pharaonischen Bogenschützen zeigt, der auf ein Tor zielt.

GEGRÜNDET:
1939

SPIELSTÄTTE:
Stade TP Mazembe
(18.000 Plätze)

GRÖSSTER ERFOLG:
Afrikanischer Champions-League-Sieger 1967, 1968, 2009, 2010, 2015

1. Nach der Übernahme des Ursprungsvereins durch den belgischen Reifenfabrikanten „Englebert" traten die Schwarz-Weißen unter einem dem Juventus-Turin-Wappen nachempfundenen Logo auf
2. 1971 wurde aus „Englebert" der TP Mazembe
3. Unter dem Politiker und Geschäftsmann Moïse Katumbi knüpfte der Klub an glorreiche Zeiten an und gab sich ein Wappen mit einem ballverschlingenden Krokodil
4. Modifiziertes und derzeit aktuelles Klubwappen mit fünf Sternen für fünf Kontinentalmeisterschaften

TP MAZEMBE LUBUMBASHI

Einer der renommiertesten und interessantesten Vereine Schwarzafrikas stammt aus Lubumbashi in der rohstoffreichen Katanga-Region im Südosten der Demokratischen Republik Kongo. 1939 von Benediktinermönchen der Saint-Boniface-Lehranstalt im damaligen Élisabethville (ab 1966 Lubumbashi) als FC Saint-Georges ins Leben gerufen und 1944 in Saint Paul F.C. umbenannt, trennten sich die Mönche in den späten 1940er Jahren von dem Verein. Der wurde daraufhin vom belgischen Reifenfabrikanten „Englebert" übernommen und lief fortan als FC bzw. später TP Englebert auf. Das Kürzel TP steht für „Tout Puissant" (Französisch für: „allmächtig") und wurde anlässlich einer niederlagenlos absolvierten Saison eingeführt.

1966 feierte man die erste Landesmeisterschaft, der 1967 auf Anhieb der Einzug ins Endspiel um die Kontinentalmeisterschaft und dort sogar deren Gewinn folgte. Bis 1970 erreichten „Les Corbeaux" („Die Raben", wegen ihrer zumeist schwarzen Spielkleidung) viermal in Serie das kontinentale Finale, das sie auch 1968 gewannen. Seit 1971 unter dem Namen „Mazembe" („Rabe" auf Kiswahili) auflaufend, kehrte man nach langer sportlicher Durststrecke ab der Millenniumswende unter Präsidentschaft des langjährigen Gouverneurs der Katanga-Provinz, Moïse „Chapwe" Katumbi, allmählich in die Erfolgsspur zurück und errang seither drei weitere Kontinentalmeisterschaften.

Mit dem Aufschwung verbunden war auch ein neues Wappen, in dem nun ein Krokodil zu sehen ist und gleich beiden ikonischen Klubnamen Respekt gezollt wird.

AUTOR

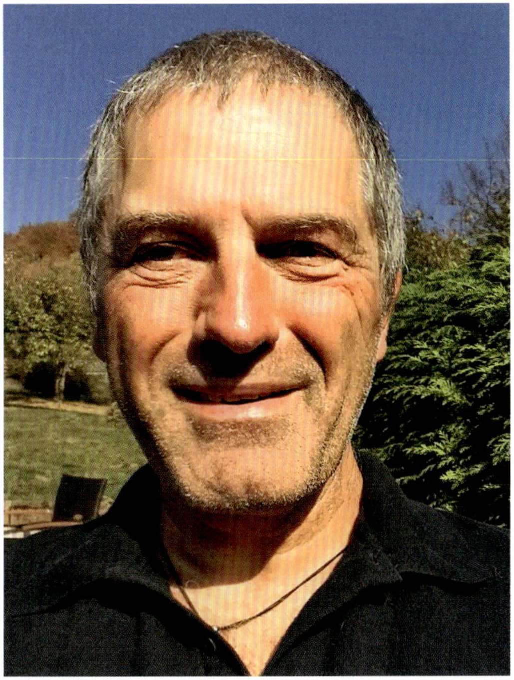

Aktuelle Infos zu Wappenänderungen und überhaupt Fußballwappen gibt es auf der Facebook-Seite **Fußballwappen**.

Hardy Grüne wuchs in Dortmund auf und lebt seit Langem in der Nähe von Göttingen. Seine große fußballerische Liebe ist der 1. SC Göttingen 05, der leider nur noch in einer retortierten Form existiert. Außerdem hält er es seit Jahrzehnten mit dem englischen Klub Bristol Rovers sowie mit En Avant de Guingamp aus der Bretagne. Zunächst als Fan und neugieriger Hobbyforscher, dann als Sozialgeograf und Journalist beschäftigt sich Hardy Grüne seit Langem mit der historischen und gesellschaftlichen Entwicklung des Fußballs. Auslöser war das Wappen des Bonner SC, in dem die Zahlen „01/04" standen. Weil er wissen wollte, wofür diese Zahlen standen, nahm er Ende der 1970er Jahre Kontakt zum Verein auf und erfuhr, dass sie die Gründungsjahre der Vorgängervereine Bonner FV 01 und TuRa 04 Bonn darstellen. Heute tragen zahlreiche Bücher zum weltweiten Fußball seinen Namen. Weitere Informationen unter www.hardy-gruene.de.

Seine Liebe zu Fußballwappen entdeckte Hardy Grüne als knapp 15-Jähriger. Zunächst sammelte er Anstecknadeln, heute sind es Kaffeebecher mit Vereinsemblemen. Weil es inzwischen so viele sind (über 300 weltweit), hat er seine Küche bereits mehrfach umbauen müssen.

Hardy Grüne ist Mitherausgeber des Quartalsmagazins „Zeitspiel – Magazin für Fußball-Zeitgeschichte", das sich mit Fußballgeschichte und -kultur beschäftigt und den Fokus auf den Fußball unterhalb der Kommerzebene legt. Im Zeitspiel-Verlag ist auch sein Buch „Alle Wappen der Klubs der englischen Football League seit 1888" erschienen.
Weitere Informationen unter www.zeitspiel-magazin.de.

ZEICHNER

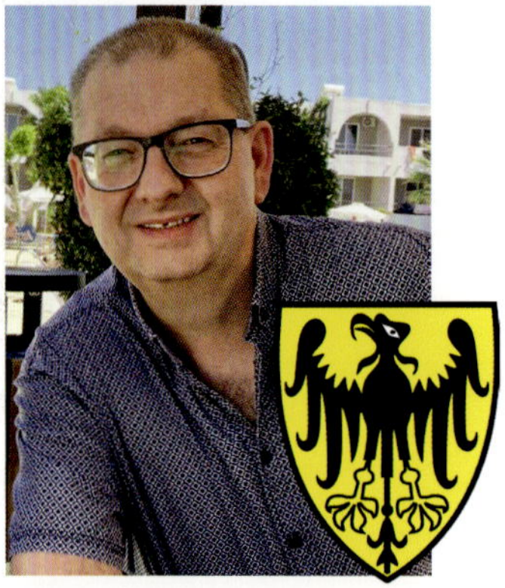

ARTUR PIWKO

Artur Piwko lebt in Aachen und ist mit der Alemannia in den 1980er und 1990er Jahren aufgewachsen. Seit 1979 beschäftigt er sich mit Wappen und Heraldik; sammelte viele Vereinsaufkleber. Als in den 1990er Jahren das Internet ins Haus kam, wurde die Wappensuche intensiviert. Viele Fotos von Anstecknadeln fanden nun den Weg in seine Datenbank. Allerdings war die Qualität der Fundstücke oft nicht zufriedenstellend, sodass er mit Hilfe von CorelDRAW das Zeichnen erlernte und die Vorlagen vektorisierte. Mittlerweile verfügt seine Datenbank über eine stattliche Zahl Vektorwappen.

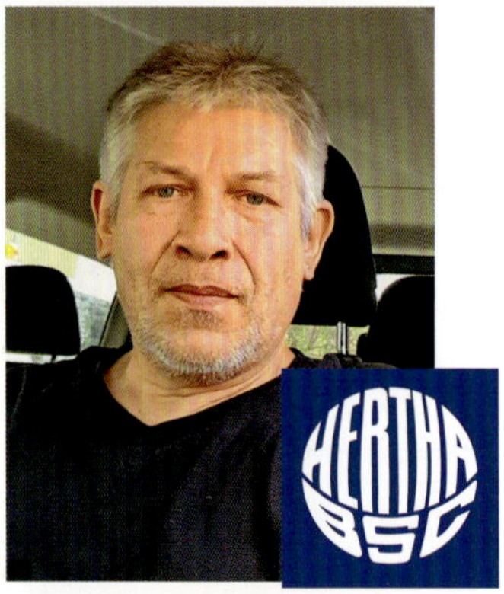

THOMAS SENFTLEBEN

Thomas Senftleben stammt aus Berlin. Sein Fußballherz schlägt für die Hertha, sein Lieblingswappen ist die berühmte „Disco-Kugel" des Klubs. 2007 entdeckte er während einer einjährigen Berufsunfähigkeit nach einem Bandscheibenvorfall die damals „nerdige" Datenbank „Das Fußballstudio" zur Verwaltung von Fußballspielen, die mit grobkörnigen Wappen arbeitete. In Selbstschulung arbeitete er sich in CorelDraw ein und wurde zum Wappenzeichner. Mehrere tausend Embleme entstanden in den folgenden Jahren aus seiner Feder.

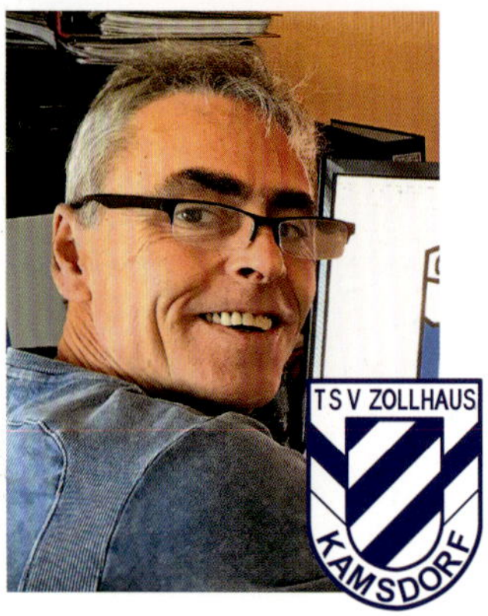

ANDREAS ZIENER

Andreas Ziener lebt in Kamsdorf (Thüringen) und betreibt seit 2006 das Projekt www.wappensalon.de, über das er Vereinen die Erstellung von Vektorgrafiken ihrer Wappen zu fairen Konditionen anbietet. Er beschäftigt sich zudem intensiv mit Vereinswappen aus der Zeit vor dem Zweiten Weltkrieg. Darüber hinaus gehört er den Vorstand seines Heimatvereins TSV Zollhaus an. An einer Vektorisierung ihrer Wappen interessierte Vereine können sich gerne über die Website www.wappensalon.de bei Andreas melden.